纲鉴易知录评注

二

国务院参事室　中央文史研究馆　编

中华书局

纲鉴易知录卷一四

　　卷首语:本卷起汉武帝元狩元年(前122),止征和二年(前91),所记为武帝中后期史事。武帝连年对外征战,导致财政危机,为充实国库制定了一系列与民争利的经济政策,又大量任用酷吏以保推行。此外,武帝还迷信方术,大兴宫室,挥霍无度,晚年更是爆发了影响西汉政局走向的巫蛊之祸。上述事件交错影响,形成恶性连锁反应,致使上层政局黑暗混乱,下层民众亦流离失所,出现所谓"亡秦之迹",国家统治出现动摇。

汉　纪

孝武皇帝

〔汉武帝获麟，改元元狩〕

纲 己未，元狩元年（前122），冬十月，祠五畤，获一角兽，以燎①。始以天瑞纪元。

目 行幸雍，祠五畤，获兽，一角而足有五蹄。有司言："陛下肃祗（zhī）郊祀②，上帝报享，锡一角兽③，盖麟云。"于是以荐五畤④，畤加一牛，以燎。有司又言："元宜以天瑞命，一元曰建⑤，二元以长星曰光⑥，今元以郊得一角兽曰狩云。"

〔淮南王刘安、衡山王刘赐谋反，兵败自杀〕

纲 淮南王安、衡山王赐谋反，自杀。

目 淮南王安与宾客左吴等，日夜为反谋。召中郎伍被与谋反事，且曰："汉廷大臣独汲黯好直谏，守节死义，难惑以非。至如说丞相弘等，如

———————

① 燎：烧柴焚燎，用以祭天。

② 肃祗：恭敬。

③ 锡：同"赐"。

④ 荐：祭献。

⑤ 一元曰建：武帝的第一个年号为建元。

⑥ 二元以长星曰光：武帝的第二个年号因有长星竟天而命名为元光。

发蒙振落耳①!"被自诣吏,告与安谋如此。上使宗正治安②,未至,安自刭。诸所与谋反者皆族。捕得陈喜于衡山王子孝家。孝闻律:先自告③,除其罪。即先自告所与谋反者陈喜等。公卿请逮捕赐治,赐自刭死。

纲 夏四月,立子据为皇太子。

〔张骞出使西域〕

纲 五月晦,日食。

纲 遣博望侯张骞使西域。始通滇国④,复事西南夷。

目 初,张骞自月氏(zhī)还⑤,具为天子言西域诸国风俗:"大宛(yuān)在汉正西,可万里⑥,其俗土著⑦,耕田,多善马,有城郭、室屋。其东北则乌孙,东则于寘。于寘之西,则水皆西流注西海。其东,水东流注盐泽。盐泽潜行地下,其南则河源出焉⑧。盐泽去长安可五千里。匈奴右方居盐泽以东,至陇西长城,南接羌,鬲(gé)汉道焉⑨。乌孙、康居、奄蔡、大月氏,皆行国⑩,随畜牧,与匈奴同俗。大夏在

① 发蒙振落:揭去蒙在眼睛上的障碍,振落树枝上的枯叶,比喻轻而易举。
② 宗正:列卿之一,掌王室亲族事务。
③ 自告:在犯罪未被发觉前主动向官府投案,魏以后称"自首"。
④ 滇国:部族邦国名,因滇池得名,今云南昆明一带。
⑤ 月氏:西域国名,在葱岭西,安息东,后分大小两种,此处指大月氏。
⑥ 可:大约。
⑦ 土著:人与土地相依,不随便迁移。
⑧ 河源:特指黄河源,因河出昆仑之说,古代盛行河源信仰。
⑨ 鬲:同"隔"。
⑩ 行国:游牧国家。

大宛西南,与大宛同俗。臣在大夏时,见邛竹杖①,蜀布,问:'安得此?'曰:'市之身毒②。'身毒在大夏东南可数千里,其俗土著,与大夏同。度大夏去汉万二千里,居汉西南。今身毒又居大夏东南数千里,有蜀物,此其去蜀不远矣。今使大夏,从羌中,险。少北,则为匈奴所得。从蜀,宜径,又无寇。"天子既闻诸国多奇物,而兵弱,贵汉财物,诚得而以义属之,则广地万里,重九译,致殊俗,威德遍于四海,欣然以骞言为然。乃令骞因蜀、犍为③,发间使四道并出,求身毒国。各行一二千里,终莫得通。于是始通滇国,乃复事西南夷。

评张骞凿空西域及丝绸之路的建立:

早在西汉以前,中国的丝绸已开始辗转贩运到中亚,但路途不畅,数量很少。张骞通西域以后,汉朝与西域各国的使者、商人接踵往来,这一通道辐射延伸,经中亚沟通南亚、西亚,被后世学者称为"丝绸之路"。该道路网络推动了东西方经济、文化的交流和发展,汉朝的丝绸、漆器、玉器等工艺品及开渠、凿井等技术传到西方,西域的葡萄、苜蓿、香料、珠宝、良马、狮子等亦相继传入中原。随之东传的佛教和西域的乐舞、绘画等,对中国宗教及艺术的发展产生了积极影响。

纲 庚申,二年(前121),春三月,丞相弘卒。以李蔡为丞相,张汤为御史大夫。

---

① 邛竹杖:邛国产的竹子制成的手杖。
② 身毒:古代对天竺的音译。
③ 犍为:郡名,此时已移治今四川筠连县。

〔霍去病北击匈奴，匈奴浑邪王降〕

纲 以霍去病为票骑将军，击匈奴。败之，过焉支①，至祁连山而还②。

目 霍去病为票骑将军，将万骑出陇西，击匈奴。转战六日，过焉支山千余里，斩首虏获甚众。夏，去病复深入二千余里，至祁连山，斩首虏获尤多。益封五千户。是时诸宿将皆不如去病，由此去病日以亲贵，比大将军矣③。

纲 秋，匈奴浑邪（yé）王降，置五属国以处其众④。

目 匈奴单于怒浑邪、休屠（xiū chú）王为汉所杀虏数万人⑤，欲召诛之。浑邪王与休屠王恐，谋降汉。休屠王后悔，浑邪王杀之，并其众以降汉。发车二万乘迎之，县官无钱，从民贳（shì）马⑥，民或匿马，马不具。上怒欲斩长安令，右内史汲黯曰：“长安令无罪，独斩臣黯，民乃肯出马。且匈奴畔其主而降汉，何至罢敝中国以事夷狄之人乎！”上默然，曰：“吾久不闻汲黯之言，今又复妄发矣！”居顷之，乃分徙降者边五郡故塞外⑦，因其故俗为五属国。休屠王太子日磾（mì dī）没入官，输黄门养马。帝游宴见马，后宫满侧，日磾等数十人牵马过殿下，莫不窃视，至日磾独不敢。日磾长八尺二寸，容貌甚严，马又肥大，上奇焉，即日

① 焉支：燕支山，在今甘肃山丹县东，南接永昌县界。
② 祁连山：匈奴呼天为祁连，故名。又名天山，在今甘肃酒泉市南，南接青海界。
③ 大将军：指卫青。
④ 属国：两汉为安置归附少数民族而设的行政区划。
⑤ 浑邪、休屠：皆匈奴王者之号。
⑥ 贳：赊贷。
⑦ 五郡：陇西、北地、上郡、朔方、云中。

拜为马监,迁侍中、驸马都尉、光禄大夫,甚信爱之。贵戚多窃怨曰:"陛下妄得一胡儿,反贵重之。"上愈厚焉。以休屠作金人为祭天主①,故赐日磾姓金氏。

纲　辛酉,三年(前120),春,有星孛于东方。

纲　秋,山东大水,徙其贫民于关西、朔方②。

纲　作昆明池。

目　上将讨昆明,以昆明有滇池,方三百里,乃作昆明池以习水战。

纲　得神马于渥洼水中③。

目　是岁得神马于渥洼水中。上方立乐府④,及得神马,次以为歌。汲黯曰:"凡王者作乐,上以承祖宗,下以化兆民。今陛下得马,诗以为歌,协于宗庙,先帝百姓岂能知其音邪?"上默然不悦。

上招延士大夫⑤,常如不足。然性严峻,虽素所爱信者,小有犯法,辄按诛之。汲黯谏曰:"陛下求贤甚劳,未尽其用,辄已杀之。以有限之士,恣无已之诛,臣恐天下贤才将尽,陛下谁与共为治乎!"上曰:"何世无才,患人不能识之耳。且才,犹有用之器也,有才而不肯尽用,与无才同,不杀何施!"黯曰:"臣虽不能以言屈陛下,而心犹以为非。愿陛下自今改之,无以臣为愚而不知理也。"居久之,坐法免⑥。

---

① 金人:祭天金人,匈奴祭天用的神像。
② 关西:谓陇西、北地、西河、上郡四郡地。
③ 渥洼水:源出今甘肃敦煌市,即今疏勒河。
④ 乐府:官名,掌管音乐,并负责训练乐工。
⑤ 招延:招致求取。
⑥ 坐法免:因犯法获罪而免官。

〔盐铁、算缗、算舟车等新经济政策〕

纲 壬戌,四年(前 119),冬,造皮币、白金,铸三铢钱,置盐铁官,算缗(mín)钱、舟车①。

目 有司言:"县官用度大空,请更钱造币以赡用。"时禁苑有白鹿,而少府多银、锡,乃以白鹿皮方尺,缘以藻缋(huì)②,为皮币,直四十万。朝觐聘享,必以皮币荐璧,然后得行。又造银、锡为白金三品,大者直三千,次直五百,小直三百。销半两钱,更铸三铢钱。

于是以齐大煮盐东郭咸阳、南阳大冶孔仅为大农丞③,领盐铁事。洛阳贾人子桑弘羊以心计④,年十三侍中。三人言利事析秋毫矣。又令诸贾人末作⑤,各以其物自占,率缗钱二千而一算,及有船车者,皆有算。匿不自占,占不悉,没入缗钱。有能告者,以其半与之。其法大抵出张汤,百姓咸指怨之。

〔卜式输财助边〕

纲 以卜式为中郎,赐爵左庶长⑥。

目 初,河南人卜式数输财县官以助边。天子使使问式:"欲官乎?"式曰:"臣少田牧,不习仕宦,不愿也。"使者问曰:"家岂有冤,欲言事乎?"

---

① 算缗钱:对商人、手工业者、高利贷者和车船所征的赋税。
② 藻缋:彩色的绣纹。
③ 大农丞:官名,大农令副贰,掌钱谷财货等收支工作。
④ 心计:心算,这里强调不用筹算。
⑤ 末作:工商业。
⑥ 左庶长:爵名,二十等爵第十级。

式曰:"臣生与人无分争,邑人贫者贷之,不善者教之,何故有冤! 无所欲言也。"使者曰:"苟如此,子何欲?"式曰:"天子击匈奴,愚以为贤者宜死节于边,有财者宜输委也①。"上以问公孙弘,弘曰:"此非人情。不轨之臣,不可以为化。"至是上以式终长者,欲尊显以风百姓②,乃召拜式为中郎,赐爵左庶长。

纲 春,有星孛于东北。

纲 夏,长星出西北。

〔霍去病封狼居胥〕

纲 遣卫青、霍去病击匈奴。青部前将军李广失道③,自杀。去病封狼居胥山而还④。诏以青、去病皆为大司马⑤。

目 上与诸将议曰:"赵信为单于画计,常以为汉兵不能度幕轻留⑥,今大发士卒,其势必得所欲。"乃令大将军青、票骑将军去病各将五万骑,而敢力战深入之士皆属去病。去病出代郡,青出定襄。李广为前将军,公孙贺为左将军,赵食其为右将军,曹襄为后将军,皆属大将军。

青既出塞,捕虏知单于所居,乃自以精兵走之,而令前将军广并于右将军,军出东道。广自请曰:"臣部为前将军,且结发而与匈奴战,今

---

① 输委:捐献财物。
② 风:教化。
③ 失道:迷失道路。
④ 狼居胥山:古山名,今蒙古国肯特山,后世以封狼居胥代指建立显赫战功。
⑤ 大司马:汉武帝以大司马为加官号,以冠大将军、骠骑将军、车骑将军等,起初只授与功勋卓著的将帅,后多授显贵外戚,成为左右朝中政务的职位。
⑥ 幕:通"漠",沙漠。

乃一得当单于,愿居前先死。"青阴受上诫,以为广老,数奇①,毋令当单于。广固自辞于青,青不听。广不谢而起行,意甚愠怒。

青度幕,见单于兵陈而待。会日且入②,大风起,砂砾击面,两军不相见,汉益纵左右翼绕单于。单于冒围而去,汉发轻骑夜追之,不得单于,捕斩万九千级。

〔飞将军李广自刭〕

广、食其军无导,惑失道,后期③。青使长史急责广之幕府对簿④。广谓其麾下曰:"广年六十余矣,终不能复对刀笔之吏!"遂自刭。广为人廉,得赏赐辄分其麾下,饮食与士共之,士以此爱乐为用。食其下吏,当死,赎为庶人。

去病出代、右北平二千余里,封狼居胥山,禅于姑衍⑤,登临瀚海⑥,斩七万级。

两军出塞,塞阅官、私马凡十四万匹,而复入塞者不满三万匹。

乃益置大司马位,青、去病皆为之。自是之后,青日退而去病日益贵。

青故人、门下士,多去事去病,独任安不背。

去病为人,少言不泄,有气敢往。天子尝欲教之孙、吴兵法,对曰:"顾方略何如耳,不至学古兵法。"然少贵,不省士,其从军,天子为遣太官

---

① 数奇:命运不好,遇事多不利。

② 日且入:太阳快要下山。

③ 后期:过了预定期限。

④ 对簿:受审问。簿指狱辞文书,审讯依据状文核对事实,故称。

⑤ 姑衍:山名,匈奴中小山,在今蒙古国境内。

⑥ 瀚海:又作"翰海",一说为匈奴国境内的大沙地,在今蒙古国境内。一说为湖泊,即今俄罗斯境内的贝加尔湖。

赍(jì)数十乘①。既还，重车余弃粱肉，而士有饥者。其在塞外，卒乏粮，或不能自振，而去病尚穿域蹋鞠②。事多此类。青为人仁，喜士，退让，以和柔自媚于上。两人志操如此。

是时汉所杀虏匈奴合八九万，而汉士卒物故亦数万。是后匈奴远遁，而幕南无王庭。

纲 匈奴请和亲，遣使报之，单于留不遣。

目 匈奴用赵信计，遣使于汉，好辞请和亲。天子下其议，丞相长史任敞曰："匈奴新破困，宜可使为外臣。"汉使敞于单于，单于大怒，留之不遣。博士狄山议以为和亲便，张汤曰："此愚儒无知。"山曰："臣固愚，愚忠；若汤，乃诈忠。"于是上作色曰："吾使生居一郡，能无使虏入盗乎？"曰："不能。"曰："居一县。"对曰："不能。"复曰："居一障间③。"山自度辩穷且下吏，曰："能。"于是上遣山乘障。至月余，匈奴斩山头而去。自是群臣震慑④，无敢忤汤者。

[汉武帝任用酷吏]

纲 以义纵为右内史⑤，王温舒为中尉。

目 先是，宁成为关都尉⑥，吏民出入关者号曰："宁见乳虎⑦，无值宁成之

---

① 太官：官名，属少府，掌膳食。赍：拿东西给人，送给。
② 穿域蹋鞠：挖地修球场踢球。
③ 障：山中小城，汉制每塞上要害处，别筑为城，因置吏士，为障蔽以御寇。
④ 慑：恐惧。
⑤ 右内史：官名，掌治京畿右内史地区。
⑥ 关都尉：官名，掌守备关隘，稽查行人，兼掌税收。
⑦ 乳虎：正在育子的哺乳期母虎，言其攻击力强。

怒。"及义纵为南阳太守,至关,成侧行送迎,纵不为礼。至郡,遂按宁氏,破碎其家,南阳吏民重足敛迹①。后徙定襄太守,初至,掩狱中重罪轻系,一日皆报②,杀四百余人,其后郡中不寒而栗。时赵禹、张汤以深刻为九卿,然其治尚辅法而行。纵专以鹰击为治③。是岁,汲黯坐法免,乃以纵为右内史。

王温舒始为广平都尉④,择郡中豪敢往吏十余人⑤,以为爪牙。纵使督盗贼,盗贼不敢近广平。迁河内太守,捕郡中豪猾,相连坐二千余家。上书请,大者至族,小者乃死。论报,至流血十余里。会春,温舒顿足叹曰:"嗟乎! 令冬月益展一月⑥,足吾事矣!"上以为能,擢为中尉。

纲 方士文成将军少翁伏诛。

目 齐人少翁,以鬼神方见上。上有所幸王夫人卒⑦,少翁以方夜致鬼,如王夫人貌,天子自帷中望焉。于是乃拜少翁为文成将军,以客礼之。文成又劝上为台室,而置祭具,以致天神。居岁余,其方益衰,乃为帛书以饭牛,言曰:"此牛腹中有奇。"杀视得书,书言甚怪,天子识其手书,于是诛之。

纲 癸亥,五年(前118),春三月,丞相蔡有罪,自杀。

---

① 重足敛迹:叠足而立,不敢迈步外出,形容非常恐惧。
② 报:论决。
③ 鹰击:鹰搏击其它动物,比喻严酷凶悍。
④ 广平:郡名,治今河北鸡泽县东南。
⑤ 豪敢往吏:豪杰而性果敢,一往无所顾的官吏。
⑥ 展:延长。王温舒希望冬季延长是因为立春之后不行刑。
⑦ 王夫人:《汉书》作"李夫人"。

目 坐盗孝景园壖地也①。

〔发行五铢钱〕

纲 罢三铢钱,铸五铢钱。

纲 以汲黯为淮阳太守②。

目 于是民多铸钱,楚地尤甚,乃召拜汲黯为淮阳太守。黯为上泣曰：
“臣常有狗马之心③,病,力不能任郡事。臣愿为中郎,出入禁闼④,
补过拾遗,臣之愿也。”上曰：“君薄淮阳耶？吾今召君矣。顾淮阳吏
民不相得,吾徒得君之重,卧而治之。”黯既辞行,过大行李息曰：“黯
弃逐居郡,不得与朝廷议矣。”后上使黯以诸侯相秩居淮阳⑤,十岁
而卒。

纲 夏四月,以庄青翟为丞相。

纲 甲子,六年(前117),冬十月,雨水,无冰。

〔酷吏治告缗,中产之家纷纷破产〕

纲 遣使治郡国缗钱,杀右内史义纵。

目 上既下缗钱令,而尊卜式,百姓终莫分财佐县官。于是杨可告缗钱纵

---

① 壖：宫庙外的空地。
② 淮阳：郡名,治今河南周口市淮阳区。
③ 狗马之心：比喻臣子效忠君主,如犬马报答主人。
④ 禁闼：宫廷门户,代指宫廷。
⑤ 诸侯相秩：诸侯王之相,秩真二千石,在郡守二千石之上。

矣。可告缗遍天下,中家以上①,大抵皆遇告。杜周治之,少反者②。分遣御史、廷尉正监③,即治郡国缗钱,得民财物奴婢以亿万计,田宅亦如之。于是商贾中家以上皆破,民偷食好衣,不事畜业④。内史义纵以为此乱民,部吏捕其为可使者。上以纵为废格沮事⑤,弃纵市。

纲 秋九月,大司马、票骑大将军、冠军侯霍去病卒。

纲 杀大农令颜异⑥。

目 初,异以廉直,至九卿。上既造白鹿皮币,问异,异曰:"今王侯朝贺以苍璧,直数千,而其皮荐反四十万⑦,本末不相称。"上不悦。人有告异他事,下张汤治。异与客语初令下有不便者⑧,异不应,微反唇⑨。汤奏当异见令不便⑩,不入言而腹诽,论死。自是之后,有腹诽之法比⑪,而公卿大夫多诌谀取容矣。

纲 乙丑,元鼎元年(前116),夏,赦。

纲 丙寅,二年(前115),冬,十一月,张汤有罪,自杀。十二月,丞相青翟

---

① 中家:中产之家。

② 反:平反。

③ 廷尉正监:廷尉属官,协助廷尉处理刑事案件。

④ 畜业:积蓄家产。

⑤ 废格:汉罪名,指臣民阻止或不执行皇帝诏令,处罚极重,常弃市。沮事:败坏事情。

⑥ 大农令:即"治粟内史",汉景帝后元年更名。

⑦ 皮荐:皮制垫子。

⑧ 令:这里指缗钱等令。

⑨ 反唇:不服。

⑩ 当:判处。

⑪ 比:例。

下狱,自杀。

目 初,御史中丞李文与汤有郤(xì)①,汤所厚吏鲁谒居阴使人告文奸事②,事下汤治,论杀之。上问:"变事踪迹安起?"汤佯惊曰:"此殆文故人怨之。"谒居病,汤亲为之摩足。赵王告:"汤大臣,乃与吏摩足,疑与为大奸。"事下廷尉。谒居病死,事连其弟。弟告汤与谒居谋共变告李文③,事下减宣,穷竟,未奏。会盗发孝文园瘗(yì)钱④,丞相青翟朝,与汤约俱谢,至前,汤独不谢。上使御史案丞相,汤欲致其文"丞相见知"⑤。丞相长史朱买臣、王朝、边通皆素怨汤⑥,欲死之,乃与丞相谋,使吏捕案贾人田信等⑦,曰:"汤且欲奏请,信辄先知之,居物致富⑧,与汤分之。"事辞颇闻。上问汤曰:"吾所为,贾人辄先知之,益居其物,是类有以吾谋告之者。"汤不谢,又佯惊曰:"固宜有。"减宣亦奏谒居等事。上以汤怀诈面欺⑨,使赵禹切责汤,汤乃为书谢,因曰:"陷臣者,三长史也。"遂自杀。汤既死,家产直不过五百金。昆弟诸子欲厚葬汤,母曰:"汤为天子大臣,被污恶言而死,何厚葬乎!"载以牛车,有棺无椁。上闻之,乃尽案诛三长史⑩,丞相青翟下狱,自杀。

---

① 郤:通"隙"。
② 奸事:不正当之事。
③ 变告:告发谋反等非常事件。
④ 瘗钱:陪葬的钱币。
⑤ 见知:即"见知故纵",见前"见知法"。
⑥ 长史:官名,西汉丞相、太尉、御史大夫等皆置,掌顾问参谋。
⑦ 捕案:逮捕查验。
⑧ 居物:囤积财物。
⑨ 怀诈面欺:心存欺诈,当面欺诬。
⑩ 案诛:查明罪行而处以死刑。

纲春,起柏梁台,作承露盘。

目盘高二十丈,大七围,以铜为之,上有仙人掌以承露,和玉屑饮之,云
　可以长生。宫室之修,自此日盛。

纲以赵周为丞相。

纲三月,大雨雪。

纲夏,大水,人饿死。

〔置均输官,禁郡国铸钱〕

纲置均输①。禁郡国铸钱。

目孔仅为大农令,而桑弘羊为大农中丞②,稍置均输,以通货物。悉禁郡
　国无铸钱,专令上林三官铸③,非三官钱不得行。

〔始与西域交通〕

纲西域始通,置酒泉、武威郡④。

目张骞建言:"以厚币招乌孙以益东,居故浑邪之地,则是断匈奴右臂
　也。既连乌孙,自其西大夏之属,皆可招来而为外臣。"上以为然,使
　骞使乌孙,因分遣副使使大宛、康居、大月氏、大夏、安息、身毒、于阗
　及诸旁国,于是西域始通于汉矣。汉乃于浑邪王故地置酒泉郡,后又

———————————

① 均输:官名,汉武帝时于每郡置均输官以流通货物。
② 大农中丞:大司农属官,掌财用度支、均输漕运诸事。
③ 上林三官:水衡都尉主上林苑,属官有上林均输、钟官、辨铜令,合称上林三官。
④ 酒泉:郡名,治今甘肃酒泉市。武威:郡名,治今甘肃武威市。

分置武威郡,以绝匈奴与羌通之道。

上得宛汗血马,爱之,名曰"天马",使者相望于道以求之。

纲 丁卯,三年(前114),冬,徙函谷关于新安①。

纲 夏,令株送徒入财补郎②。

目 所忠言:"世家子弟、富人乱齐民③。"乃征诸犯令相引数千人,名曰株送徒,入财者得补郎。郎选衰矣。

纲 关东饥,人相食。

纲 戊辰,四年(前113),冬十一月,立后土祠于汾阴脽(shuí)上④,亲祠之。始巡郡国,至荥阳而还。

纲 封周后姬嘉为子南君。

纲 春,以方士栾大为五利将军,尚公主。

目 方士栾大,敢为大言,处之不疑。见上言曰:"臣常往来海上,见安期、羡门之属⑤,曰:'黄金可成,而河决可塞,不死之药可得,仙人可致也。'然臣师非有求人,人者求之。陛下必欲致之,则贵其使者,令为亲属,以客礼待之,则可使通言也⑥。"乃拜大为五利将军,封乐通侯,以卫长公主妻之,贵震天下。于是海上燕、齐之间,莫不扼腕自言有

① 新安:县名,今河南新安县,县南有函谷新关。
② 株送徒:从先捕获的犯人口供中招出同案犯。
③ 齐民:平民百姓。
④ 脽:岸上高堆,如人臀脽,故名。
⑤ 羡门:古仙人名,名子高。
⑥ 通言:互通言语。

禁方①,能神仙矣。

纲 夏六月,汾阴得大鼎。

目 迎至甘泉②,荐之郊庙,群臣皆贺。

纲 以兒宽为左内史③。

目 是时吏治皆以惨刻相尚④,独左内史兒宽,劝农桑,缓刑罚,理狱讼,务
在得人心。择用仁厚士,推情与下,不求名声,吏民大信爱之。收租
税时,裁阔狭⑤,与民相假贷,以故租多不入。后有军发,左内史以负
租课殿⑥,当免。民闻当免,皆恐失之,大家牛车、小家担负输租,繦
属不绝⑦,课更以最。上由此愈奇宽。

纲 以方士公孙卿为郎。

目 上幸雍,且郊,齐人公孙卿曰:"汉兴,复当黄帝之时,宝鼎出而与神
通。黄帝采首山铜⑧,铸鼎于荆山下⑨,鼎既成,有龙垂胡䫇(rán)下
迎⑩,黄帝上骑龙,与群臣后宫七十余人俱登天。"于是上曰:"嗟乎!
诚得如黄帝,吾视去妻子如脱屣耳!"拜卿为郎。

---

① 扼腕:握住手腕,表示激动、振奋。
② 甘泉:甘泉宫,武帝常在此避暑,处理政事。在今陕西淳化县西北甘泉山。
③ 兒宽:即倪宽。左内史:官名,掌治京畿左内史地区。
④ 惨刻:凶狠刻毒。
⑤ 阔狭:缓急宽严。
⑥ 课殿:朝廷对官吏定期考课,政绩最差者。
⑦ 繦属:像钱串一样连贯,形容连续不断。
⑧ 首山:在今河南襄城县湛北乡北姚村,为八百里伏牛之首,故名。
⑨ 荆山:山名,一说在陕西富平县,一说在今陕西大荔县,一说在今河南灵宝市。
⑩ 䫇:同"髯",颊须。

纲 遣使喻南越入朝。

纲 己巳,五年(前112),冬十月,帝祠五畤,遂猎新秦中①,以勒边兵②。

纲 立泰乙及五帝祠坛于甘泉③。十一月朔,冬至,亲郊见。

目 是为泰畤④。自是,三岁天子一郊见。

纲 南越相吕嘉杀使者及其王兴,更立建德为王,发兵反。

纲 秋,遣将军路博德等将兵击南越。

目 遣伏波将军路博德、楼船将军杨仆等击之⑤。

纲 赐卜式爵关内侯。

目 齐相卜式上书,请父子与齐习船者往死南越。诏褒美式,赐爵关内侯,布告天下。天下莫应。

纲 九月,尝酎(zhòu)⑥,列侯百有六人皆夺爵,丞相周下狱,自杀。

目 时列侯以百数,皆莫求从军击越。会九月,尝酎,祭宗庙,列侯以令献金助祭。少府省金,金有轻及色恶者,上皆令劾以不敬,夺爵者百六人。丞相赵周,坐知列侯酎金轻,下狱,自杀。

---

① 新秦中:古地区名,即今内蒙古河套以南、宁夏清水河流域、甘肃环县、陕西吴旗县以北地。秦逐匈奴,取河南地,徙民实之,故名。

② 勒:统率。

③ 泰乙:即"太一",汉代国家祭祀的天帝至高神。

④ 泰畤:在泰畤坛祭祀太一天神。

⑤ 伏波将军:古代将军封号,名义降伏波涛。楼船将军:古代将军封号,名义统领水军主力。

⑥ 尝酎:祭祀时尝饮新酒。

纲 以石庆为丞相。

目 时国家多事,桑弘羊等致利,王温舒之属峻法,而兒宽等推文学,皆为九卿,更进用事①,事不关决于丞相,庆醇谨而已。

纲 栾大伏诛。

目 大装②,为入海求其师,乃之泰山。上使人随验,无所见。而大妄言见其师,方又多不售③,坐诬罔,腰斩。

〔平南越置九郡〕

纲 庚午,六年(前 111),冬,路博德等平南越,获建德、吕嘉,置九郡。

目 南越平,遂以其地为南海、苍梧、郁林、合浦、交趾、九真、日南、珠崖、儋耳郡④。

纲 帝如缑氏观大人迹⑤。

目 公孙卿言见仙人迹缑氏城上。上亲往观,问卿:"得毋效文成、五利乎?"卿曰:"仙者非有求人主,人主自求之。其道非宽假,神不来,积以岁月,乃可致也。"上信之,于是郡国各除道,缮治宫观、名山、神祠,

---

① 更进用事:轮番进用,当权行事。
② 装:整理行装。
③ 不售:没有应验。
④ 南海:郡名,治今广东广州市。苍梧:郡名,治今广西梧州市。郁林:郡名,治今广西桂平市。合浦:郡名,治今广西合浦县。交趾:郡名,治今越南河内市。九真:郡名,治今越南清化市。日南:郡名,治今越南同海市,一说治今越南东河市。珠崖:郡名,治今海口市琼山区。儋耳:郡名,治今海南儋州市。
⑤ 缑氏:县名,今河南偃师市。

以望幸焉。

〔平西南夷置五郡〕

纲平西南夷,置五郡。

目平南夷为牂牁郡。夜郎侯入朝,上以为夜郎王。西夷冉、駹(máng)之属皆振恐,请臣置吏,乃以邛都为越嶲(xī)郡①,笮都为沈黎郡②,冉、駹为汶山郡③,广汉西白马为武都郡④。

纲置张掖、敦煌郡⑤。

目分武威、酒泉地置张掖、敦煌郡。

纲以卜式为御史大夫。

目式既在位,乃言"郡国多不便县官作盐铁,苦恶价贵,或强令民买之,而船有算,商者少,物贵",上由是不悦。

纲帝自制封禅仪。

目初,司马相如病且死,有遗书劝上封泰山。会得宝鼎,上乃令诸儒草封禅仪,数年不成。以问兒宽,宽曰:"封泰山,禅梁父,昭姓考瑞⑥,帝王之盛节也。然享荐之仪,不著于经,非群臣之所能列。唯天子建

---

① 越嶲郡:治今四川西昌市东南。
② 沈黎郡:治今四川汉源县东北。
③ 汶山郡:治今四川茂县北三里。
④ 武都郡:治今甘肃礼县。
⑤ 张掖郡:治今甘肃武威市,一说治今甘肃张掖市甘州区。敦煌郡:治今甘肃敦煌市。
⑥ 昭姓:昭显姓氏。考瑞:迎致祥瑞。

中和之极,兼总条贯,金声而玉振之,以顺成天庆,垂万世之基。"上乃自制仪,颇采儒术以文之,尽罢诸儒不用。

綱 辛未,元封元年(前110),冬十月,帝出长城,登单于台,勒兵而还。

目 上又以古者先振兵释旅①,然后封禅,乃行自云阳历五原②,出长城,北登单于台,勒兵十八万骑,旌旗径千余里。遣郭吉告单于令臣于汉。单于怒,留吉。上乃还,祭黄帝冢,而释兵。

綱 贬卜式为太子太傅,以兒宽为御史大夫。

綱 东越杀王余善以降,徙其民江、淮间。

目 上以闽地险阻,数反覆,终为后世患。乃悉徙其民于江、淮之间,遂虚其地。

[汉武帝举行封禅大典]

綱 春正月,帝如缑氏,祭中岳。遂东巡海上求神仙。夏四月,封泰山,禅肃然③,复东北至碣石而还④。五月,至甘泉。

目 正月,上幸缑氏,礼祭中岳,从官在山下,闻若有言"万岁"者三。上遂东巡海上,益发船求蓬莱,及与方士求神仙。四月,还至奉高⑤,封泰山。封下有玉牒书,书秘。明日,禅泰山下址东北肃然山⑥。

---

① 振兵释旅:收缴兵器,解散军队。
② 云阳:县名,今陕西淳化县。五原:郡名,治今内蒙古包头市。
③ 肃然:山名,在今山东济南市莱芜区西北,位于泰山东北麓。
④ 碣石:山名,具体何处有三说,一是河北昌黎,二是山东无棣,三是辽宁兴城。
⑤ 奉高:在今山东泰安市东北。
⑥ 址:山脚。

祠,夜若有光,昼有白云出封中。天子还坐明堂,群臣上寿,下诏改元。

天子既已封泰山,无风雨,而方士更言蓬莱诸神若将可得。于是上欣然庶几遇之,复东至海上,欲自浮海求蓬莱。东方朔谏曰:"夫仙者,得之自然,不必躁求。若其有道,不忧不得。若其无道,虽至蓬莱见仙人,亦无益也。臣愿陛下第还宫静处以须之①,仙人将自至。"上乃还。是行凡周行万八千里云。

[桑弘羊理财]

纲 赐桑弘羊爵左庶长。

目 先是,桑弘羊领大农,尽幹(guǎn)天下盐铁②。令远方各以其物如异时商贾所转贩者为赋,而相灌输。置平准于京师③,都受天下委输④,贵即卖之,贱即买之,欲使富商大贾无所牟大利,而万物不得腾踊。至是,巡狩所过,赏赐用帛百余万匹,钱金以巨万计,皆取足大农。弘羊又请令吏得入粟补官及罪人赎罪,民不益赋而天下用饶。于是赐弘羊爵左庶长。是时小旱,上令官求雨。卜式言曰:"县官当食租衣税而已,今弘羊令吏坐市列肆,贩物求利。烹弘羊,天乃雨。"

纲 秋,有星孛于东井⑤,又孛于三台⑥。

---

① 须:等待。
② 幹:同"管"。
③ 平准:官名,属大农,掌物价平准事宜。
④ 委输:转运的物资。
⑤ 东井:井宿,二十八宿之一,在玉井之东,故称。
⑥ 三台:亦称三能,共六星,属太微垣,分上台、中台、下台。

目望气王朔言："候独见填星出如瓜①,食顷,复入。"有司皆曰："陛下建汉家封禅,天其报德星云。"

纲壬申,二年(前109),冬十月,帝祠五畤,还祠太乙,以拜德星。

纲春,如东莱②。

目公孙卿言："见神人东莱山,若云欲见天子。"于是幸东莱,留宿数日,无所见。时岁旱,天子既出无名,乃祷万里沙③。还,过祠泰山④。

纲夏,还,临塞决河,筑宣防宫。

目初,河决瓠(hù)子⑤,二十余岁不塞,是岁发卒数万人塞之。上自泰山还,自临决河,沉白马、玉璧,令群臣负薪,卒填决河,筑宫其上,名曰宣防。

纲至长安,立越祠。

目越人勇之言："越俗祠,皆见鬼有效,东瓯王敬鬼得寿。"乃令立越祠,亦祠天神、上帝、百鬼,而用鸡卜。

纲作蜚廉、桂观、通天茎台⑥。

————————

① 候:推测占验。填星:土星,乃德星。"填"通"镇"。
② 东莱:郡名,治今山东莱州市。
③ 万里沙:神祠名,在今山东莱州市东北。
④ 泰山:这里指东泰山,即沂山,俗称小泰山,在今山东临朐县南。
⑤ 瓠子:瓠子河,"河决瓠子"具体地点有滑县、濮阳两种说法。
⑥ 蜚廉:神鸟,鹿身、雀头、有角、蛇尾、豹文。武帝以铜铸像,置观上,故名。桂观:即桂宫。通天茎台:高百余丈,若与天通,故名。

目公孙卿言仙人好楼居,于是上令长安、甘泉作诸台、观而候神人。

纲甘泉房中产芝九茎,赦。

纲旱。

目上以旱为忧,公孙卿曰:"黄帝时,封则天旱,乾封三年。"上乃下诏曰:
　"天旱,意乾封乎!"

纲秋,作明堂于汶上①。

纲以杜周为廷尉。

目周外宽,内深次骨②,其治大放张汤③。时诏狱益多,一岁至千余章,
　逮至六、七万人,吏所增加十余万人。

纲癸酉,三年(前108),冬十二月,雷,雨雹。

目雹大如马头。

〔赵破奴击楼兰〕

纲遣将军赵破奴击楼兰④,虏其王姑师,遂击车(jū)师⑤,破之。

目楼兰王姑师攻劫汉使,为匈奴耳目,上遣赵破奴击之。破奴以七百骑
　虏楼兰王,遂破车师,因举兵威以困乌孙、大宛之属。封破奴浞(zhuó)

---

① 汶上:指汶水沿岸地区,大约在今山东莱芜、泰安一带。
② 次骨:入骨,形容程度极深。
③ 放:通"仿"。
④ 楼兰:西域古国,后更名鄯善,楼兰古城今属新疆巴音郭楞蒙古自治州若羌县。
⑤ 车师:古西域国名,属都护,国都交河城,遗址在今新疆吐鲁番西北。

野侯①。于是酒泉列亭障至玉门矣②。

|纲| 乙亥,五年(前106),夏四月,大司马大将军长平侯卫青卒③。

|目| 青凡七出击匈奴,再益封,并三子,凡二万二百户。后尚长公主。苏建尝责青以招选贤者,青曰:"招贤绌不肖,人主之柄也。人臣奉法,何与招士!"霍去病亦放此意。

〔初置刺史〕

|纲| 初置刺史。

|目| 冀、幽、并、兖、徐、青、扬、荆、豫、益、凉州及朔方、交趾,凡十三部。

〔举茂材、异等〕

|纲| 诏举茂材、异等,可为将相、使绝域者。

|目| 上以名臣文武欲尽,乃下诏曰:"盖有非常之功,必待非常之人。故马或奔踶(dì)而致千里④,士或有负俗之累而立功名⑤。夫泛驾之马⑥,跅(tuò)弛之士⑦,亦在御之而已。其令州、郡察吏、民有茂材、异等,可为将相及使绝国者。"

---

① 浞野:侯国名,今址无考。
② 亭障:边塞险要处筑墙置亭,使人看守,用以守御。玉门:要隘名,汉时为通往西域各地的门户,故址在今甘肃敦煌西北小方盘城。
③ 长平:侯国名,今河南西华县。
④ 奔踶:马乘时奔跑,立时则踢人。一说"奔踶"为连语,可直接解释为"奔驰"。
⑤ 负俗之累:被世俗讥论。
⑥ 泛驾:覆驾,形容马不受驾驭而导致翻车。
⑦ 跅弛:放荡不检点。

纲 丁丑,太初元年(前104),冬十一月,柏梁台灾。

〔作建章宫、造太初历〕

纲 春,作建章宫①。

纲 夏五月,造太初历,以正月为岁首。

目 大中大夫公孙卿、壶遂、太史令司马迁等言:"历纪坏废,宜改正朔。"兒宽议以为宜用夏正。乃诏卿等造汉太初历,以正月为岁首,色尚黄,数用五,定官名,协音律。

〔遣李广利伐大宛〕

纲 秋,遣将军李广利将兵伐宛。

目 汉使入西域,言宛有善马,在贰师城②。上使壮士持千金及金马以请之,宛王不肯。汉使怒,携金马而去,宛贵人令其东边郁成王遮杀之③。于是上欲侯宠姬李氏,乃拜其兄广利为贰师将军,以伐宛,期至贰师城取善马,故以为号。

纲 关东蝗起,飞至敦煌。

纲 中尉王温舒有罪,自杀,夷三族。

目 温舒少文④,居廷惛(hūn)惛不辨,为中尉则心开。素习关中俗,豪恶

---

① 建章宫:宫殿名,故址在今陕西西安市西南。
② 贰师城:汉时西域大宛国地名。
③ 郁成:大宛支国。
④ 少文:缺少文采。

吏皆为用。舞文巧请，行论无出者①。至是坐为奸利，当族，自杀。时两弟及婚家，亦坐他罪族。光禄勋徐自为曰②："古有三族，而温舒罪至五族乎！"

纲戊寅，二年（前103），春正月，丞相庆卒，以公孙贺为丞相。

目时朝廷多事，督责大臣，丞相比坐事死③。贺引拜，不受印绶，顿首涕泣。上起去，贺不得已拜，曰："我从是殆矣！"

纲己卯，三年（前102），秋，睢阳侯张昌有罪④，国除。

目初，高祖封功臣为列侯，百四十有三人。时兵革之余，民人散亡，大侯不过万家，小者五六百户。其封爵之誓曰："使黄河如带，泰山若砺，国以永存，爰及苗裔。"逮文景间，流民既归，户口亦息，列侯大者至三四万户，小国自倍，富厚如之。子孙骄逸，多抵法禁，陨身失国。至是昌坐为太常乏祠⑤，国除。见侯才四人⑥，网亦少密焉⑦。

纲大发兵从李广利围宛。宛杀其王毋寡以降，得善马数十匹。

纲庚辰，四年（前101），春，封李广利为海西侯。

纲秋，起明光宫。

---

① 行论：行法论罪。

② 光禄勋：列卿之一，改郎中令置，掌宫殿门户宿卫，兼侍从皇帝左右，后逐渐演变为总领宫内事务。

③ 比：接连。

④ 睢阳：侯国名，今河南商丘市南。

⑤ 乏祠：掌管祭祀工作不到位。

⑥ 见侯才四人：酂侯萧寿成、缪侯郦世宗、汾阳侯靳石封、睢阳侯张昌。

⑦ 网：指禁防像网一样严密。

纲 冬,匈奴呴犁(hǒu lí)湖单于死,弟且鞮(jū dī)侯单于立,使使来献。

目 上欲因伐宛之威遂困胡,乃下诏曰:"高皇帝遗朕平城之忧,高后时,单于书绝悖逆。昔齐襄公复九世之仇,《春秋》大之。"且鞮侯初立,恐汉袭之,乃曰:"我儿子,安敢望汉天子①!汉天子,我丈人行也②。"因尽归汉使之不降者路充国等,使使来献。

〔苏武牧羊〕

纲 辛巳,天汉元年(前100),春三月,遣中郎将苏武使匈奴。

目 上嘉单于之义,遣苏武送匈奴使留在汉者。既至,单于使卫律召武,欲降之。武谓假吏常惠等③:"屈节辱命,虽生,何面目以归汉!"引佩刀自刺。卫律惊,自抱持之。武气绝,半日复息。单于壮其节,朝夕遣人候问武,而收系武副张胜④,胜请降。

律谓武曰:"苏君!律前负汉归匈奴,幸蒙大恩,赐号称王,拥众数万,马畜弥山,富贵如此!苏君今日降,明日复然。空以身膏草野⑤,谁复知之!"武不应。律曰:"今不听吾计,后虽欲复见我,尚可得乎!"武骂律曰:"汝为人臣子,不顾恩义,畔主背亲,为降虏于蛮夷,何以汝为见!"律白单于,愈欲降之。乃幽武置大窖中,绝不饮食。天雨雪,武啮雪与旃(zhān)毛并咽之⑥,数日不死。匈奴以为神,

① 望:埋怨,冒犯。
② 丈人:尊长之称。行:行辈。
③ 假吏:临时代理职务的官吏。
④ 收系:逮捕监禁。
⑤ 身膏草野:用身体给草地做肥料,指横尸旷野。
⑥ 旃:同"毡"。

乃徙武北海上无人处,使牧羝(dī)①,曰:"羝乳乃得归②。"别其官属,
各置他所。

纲雨白氄③。

〔李陵降匈奴,司马迁因之受刑〕

纲壬午,二年(前99),夏,遣李广利将兵击匈奴,别将李陵战败降虏④。

目贰师出酒泉,击匈奴,斩万余级。师还,匈奴大围之,假司马赵充国与
壮士百余人溃围陷陈⑤,贰师引兵随之,遂得解。汉兵物故什六七。
诏拜充国为中郎。

初,李广有孙陵,善骑射,爱人下士。帝以为有广之风,拜骑都尉⑥,使将
丹阳楚人五千人⑦,教射酒泉、张掖以备胡。至是,上欲使为贰师将辎重,
陵曰:"臣所将皆荆楚勇士,奇材剑客,力扼虎,射命中⑧,愿得自当一队,
分单于兵,毋令专乡贰师军⑨。"上曰:"吾发军多,无骑予汝。"陵对:"无所
事骑,臣愿以步兵五千人,涉单于庭⑩。"上壮而许之。陵于是出居延⑪,

---

① 羝:公羊。
② 乳:产子。
③ 氄:硬而卷曲的毛。
④ 别将:配合主力军作战的部队将领。
⑤ 假:摄事之意,官名加"假"者为摄事之官。
⑥ 骑都尉:统领骑兵之武职,无固定职掌,不统兵时为侍卫武官。
⑦ 丹阳:郡名,治今安徽当涂县,丹阳故属楚国,故云"丹阳楚人"。
⑧ 命:必。
⑨ 乡:同"向"。
⑩ 涉:进入。
⑪ 居延:县名,今内蒙古额济纳旗。

至浚稽山①,与单于相值②,杀数千人。单于大惊,欲去,会军候管敢亡降匈奴③,具言陵军无救,矢且尽。单于大喜,遮道急攻④。陵军南行,一日五十万矢俱尽。陵曰:"无面目报陛下!"遂降。

上闻陵降,怒甚,群臣皆罪陵,惟太史令司马迁盛言⑤:"陵事亲孝,与士信,常奋不顾身以徇国家之急,其素所畜积也⑥,有国士之风。今举事一不幸,全躯保妻子之臣随而媒蘖(niè)其短⑦,诚可痛也! 且陵提步卒不满五千,深蹂戎马之地,抑数万之师,虏救死扶伤不暇,悉举引弓之民共攻围之,转斗千里,矢尽道穷,士张空眷(quān)⑧,冒白刃,北首争死敌,得人之死力,虽古名将不过也。身虽陷败,然其所摧败亦足暴于天下。彼之不死,宜欲得当以报汉也。"上以迁为诬罔,欲沮贰师,为陵游说,下迁腐刑⑨。

〔设绣衣使者,作沉命法〕

纲 遣绣衣直指使者⑩,发兵击东方盗贼。

目 上好尊用酷吏,吏民益轻犯法。东方盗贼滋起,上始使御史中丞、丞

————————

① 浚稽山:古山名,今蒙古国境内古尔班博格多山脉。
② 相值:相遇。
③ 军候:官名,亦省称候,位次校尉。
④ 遮道:拦路。
⑤ 盛言:极力申说。
⑥ 畜:同"蓄"。
⑦ 媒蘖:借端诬罔构陷,酿成其罪。
⑧ 眷:弩弓。
⑨ 腐刑:宫刑,切除男性生殖器的酷刑。
⑩ 绣衣直指:非正式官名,汉武帝天汉年间,民间起事者众,因派直指使者兴兵镇压,后称此等特派官员为"绣衣直指"。

相长史督之,弗能禁,乃使光禄大夫范昆等,衣绣衣,持节,虎符,发兵以兴击。所至得擅斩二千石以下,诛杀甚众,一郡多至万余人。散亡复聚,无可奈何,于是作沉命法曰①:"盗起不发觉,发觉而捕弗满品者,二千石以下至小吏,主者皆死。"其后,虽有盗不敢发,上下相为匿,以文辞避法焉。

时暴胜之为直指使者,衣绣杖斧,所诛杀二千石以下尤多,威振州郡。至渤海②,闻郡人隽不疑贤,请与相见。不疑曰:"凡为吏,太刚则折,太柔则废,威行,施之以恩,然后树功扬名,永终天禄。"胜之深纳其戒,及还,表荐,召拜青州刺史③。

王贺亦为绣衣御史,逐捕群盗,多所纵舍,以奉使不称免。叹曰:"吾闻活千人,子孙有封。吾所活者万余人,后世其兴乎④!"

〔初榷酒酤〕

纲 癸未,三年(前98),春二月,初榷酒酤⑤。

纲 甲申,四年(前97),春正月,遣李广利等击匈奴,不利。族诛李陵家。

纲 夏四月,立子髆为昌邑王⑥。

---

① 沉命法:汉武帝时为督责地方官吏镇压人民反抗而颁行的法令,敢蔽匿盗贼者没其命。
② 渤海:郡名,治今河北沧州市。
③ 青州:青州刺史部,西汉十三州之一,境域大约在今山东东部、北部一带。
④ 后世其兴:王贺为孝元皇后王政君祖父,王莽曾祖父。王莽建立新朝后,追谥其为"元城孺王"。
⑤ 榷酒酤:官府对酒的专卖。
⑥ 昌邑:国名,都今山东巨野县南。

纲 令死罪入赎。

纲 乙酉,太始元年(前96),春正月,徙豪杰于茂陵。

纲 丁亥,三年(前94),春正月,皇子弗陵生。

目 弗陵母曰河间赵倢伃①,居钩弋宫②,任身十四月而生③。上曰“闻昔
　尧十四月而生”,乃命门曰尧母门。

〔巫蛊之祸〕

纲 以江充为水衡都尉④。

目 初,充为赵王客,得罪,亡。诣阙告赵太子阴事⑤,太子坐废。上召充
　与语,大悦之,拜为直指绣衣使者,使督察贵戚、近臣。尝从上甘泉,
　逢太子家使乘车马行驰道中⑥,充以属吏。太子使人谢充曰:“非爱
　车马,诚不欲令上闻之,以教敕无素者⑦,唯江君宽之!”充不听,遂白
　上。上曰:“人臣当如是矣!”大见信用,威震京师。

纲 己丑,征和元年(前92),春三月,赵王彭祖卒。

纲 冬十一月,大搜长安十日。

---

① 倢伃:即婕妤,汉武帝置,亦为皇帝嫔妃,品秩仅次皇后。
② 钩弋宫:赵倢伃手可反屈如钩,故以名宫。
③ 任身:妊娠,怀孕。
④ 水衡都尉:掌上林苑,兼管税收、铸钱。
⑤ 阙:皇宫门前两边供瞭望的楼,借指朝廷。
⑥ 家使:家令。
⑦ 教敕:教诫。无素:不经常。

目 上居建章宫，见一男子带剑入中龙华门，命收之，弗获。上怒，斩门候①，发三辅骑士搜上林②，索长安中，十一日乃解。巫蛊始起。

纲 庚寅，二年（前91），春正月，丞相贺有罪，下狱死，夷其族。

目 贺子敬声为太仆③，骄奢不奉法，擅用北军钱④，发觉，下狱。时诏捕阳陵大侠朱安世甚急，贺自请逐捕安世以赎敬声罪。果得安世。安世笑曰："丞相祸及宗矣！"遂从狱中上书，告敬声与阳石公主私通，祝（zhòu）诅上⑤，有恶言。遂下贺狱，父子死狱中，家族。

纲 以刘屈氂为左丞相。

纲 夏四月，大风，发屋折木。

纲 诸邑、阳石公主及长平侯卫伉皆坐巫蛊死⑥。

纲 帝如甘泉。秋七月，皇太子据杀使者江充，白皇后，发兵反。诏丞相屈氂讨之。据败走湖⑦，皇后卫氏及据皆自杀。

目 初，上年二十九乃生戾太子，甚爱之。及长，仁恕温谨，上嫌其材能少，不类己。皇后、太子常不自安，上觉之，谓大将军青曰："汉家庶事

① 门候：守门之官。
② 三辅：京兆尹、左冯翊、右扶风。骑士：兵种名，三辅骑士诣北军，戍卫京师。
③ 太仆：列卿之一，掌驭及车马。
④ 北军钱：贵戚、近臣被举劾者，允许以钱赎罪，其钱输入北军。
⑤ 祝诅：祝告鬼神，使加祸于别人。"祝"同"咒"。
⑥ 诸邑：在今山东诸城市西南。阳石：县名，今山东莱州市。诸邑公主、阳石公主：皆卫皇后女。
⑦ 湖：县名，今河南灵宝市。

草创,加四夷侵陵中国,朕不变更制度,后世无法,不出师征伐,天下不安。若后世又如朕所为,是袭亡秦之迹也。太子敦重好静,必能安天下。欲求守文之主,安有贤于太子者乎! 闻皇后与太子有不安之意,可以意晓之。”

上用法严,太子宽厚,多所平反,虽得百姓心,而用法大臣皆不悦。卫青薨后,臣下无复外家为据,竞欲构太子。

上与诸子疏,皇后希得见①。太子尝谒皇后,移日乃出。黄门苏文告上曰②:“太子与宫人戏。”上益太子宫人。太子知之,衔文③。文与小黄门宫融等常微伺太子过④,辄增加白之。上尝小不平⑤,使融召太子,融言“太子有喜色”,上默然。及太子至,上察其貌,有涕泣处,而佯语笑,乃诛融。

是时,方士及诸神巫多聚京师,惑众变幻,无所不为。女巫往来宫中,教美人度厄,埋木人祭祀之。更相告讦,以为祝诅。上心既疑,尝昼寝,梦木人数千,持杖欲击上,上为惊寤,因是体不平。江充见上年老,恐晏驾后为太子所诛,因言上疾崇在巫蛊。于是上以充为使者,治巫蛊狱。以巫蛊坐而死者,前后数万人。充因言:“宫中有蛊气。”上乃使充入宫。充掘地求蛊,云:“于太子宫得木人尤多,又有帛书,所言不道,当奏闻。”太子惧,问少傅石德⑥。德惧并诛,因曰:“今无

① 希:通“稀”。
② 黄门:宦官。
③ 衔:恨。
④ 微伺:暗中伺察。
⑤ 小不平:身体有些微不舒服。
⑥ 少傅:即太子少傅,协助太子太傅监护、辅翼、教导太子。

以自明,可矫以节收捕充等系狱,穷治其奸诈。且上疾在甘泉,皇后及家吏请问皆不报,存亡未可知,而奸臣如此,太子不念秦扶苏事邪!"太子曰:"吾人子,安得擅诛! 不如归谢,幸得无罪。"将往甘泉,而充持之急,太子不知所出,遂从德计。七月,使客诈为使者,收捕充等,自临斩之。骂曰:"赵虏! 前乱乃国王父子不足邪? 乃复乱吾父子也!"使舍人持节夜入宫①,白皇后,发兵。苏文亡归甘泉言状,上曰:"太子必惧,又忿充等,故有此变。"乃使使召太子,使者不敢进,归报云:"太子反已成,欲斩臣,臣逃归。"上大怒,赐丞相玺书曰:"捕斩反者,自有赏罚。坚闭城门,毋令反者得出!"太子宣言"帝病困,疑有变",上于是从甘泉来,幸城西建章宫,诏发三辅近县兵,丞相将之。太子亦矫制赦长安中都官囚徒②,命石德及宾客张光等分将。召护北军使者任安,与节,令发兵。安拜受节。入,闭门不出。太子引兵,驱肆市人数万,至长乐西阙下,逢丞相军,合战五日,太子兵败,南奔覆盎城门。司直田仁部闭城门③,以为太子父子之亲,不欲急之。太子得出亡。丞相欲斩仁,御史大夫暴胜之曰:"司直,吏二千石,当先请,奈何擅斩之!"丞相释仁。上闻大怒,下吏责问,胜之皇恐自杀。诏收皇后玺、绶,后自杀。上以为任安老吏,欲坐观成败,有两心,与田仁皆要斩④。诸太子宾客尝出入宫门,皆坐诛。其随太子发兵,以反法族。

---

① 舍人:这里为"太子舍人",太子的亲近左右侍从。
② 中都官:这里指"中都官狱",汉代京师诸官署所置监狱,汉武帝置中都官狱二十六所。
③ 司直:丞相府属吏,掌佐丞相举不法。
④ 要:同"腰"。

上怒甚,群下忧惧,不知所出。壶关三老茂上书曰①:"皇太子为汉適嗣,承万世之业,体祖宗之重,亲则皇帝之宗子也。江充,布衣之人,闾阎(lǘ yán)之隶臣耳②。陛下显而用之,衔至尊之命以迫蹴皇太子,造饰奸诈,群邪错缪③。太子进则不得见上,退则困于乱臣,独冤结而无告,不忍忿忿之心,起而杀充,恐惧逋逃,子盗父兵,以救难自免耳,臣窃以为无邪心。往者,江充谗杀赵太子,天下莫不闻。陛下不察,深过太子,发盛怒,举大兵而求之,三公自将。智者不敢言,辩士不敢说,臣窃痛之!"书奏,天子感悟,然尚未显言赦之也。太子亡,东至湖,匿泉鸠里,主人家贫,常卖履以给太子。发觉。八月,吏围捕太子。太子自经④,皇孙二人皆并遇害。初,上为太子立博望苑⑤,使通宾客,从其所好,故宾客多以异端进。

周金泰 评注

李　霖 审定

----

① 壶关:县名,今山西长治市。
② 闾阎:乡里,泛指民间。
③ 缪:同"谬"。
④ 自经:上吊自杀。
⑤ 博望苑:西汉都城长安苑囿,在今陕西西安市北未央宫西南。

纲鉴易知录卷一五

卷首语:本卷起汉武帝征和三年(前90),止汉宣帝地节二年(前68),所记为武帝末期、昭帝朝、废帝刘贺及宣帝初期之史事。武帝晚年醒悟悔过,调整统治政策,使西汉王朝免于"亡秦之祸"。他立幼主刘弗陵,并命霍光辅政,稳定了统治秩序。昭帝早亡,霍光先立刘贺,又废之而改立出自民间的汉宣帝。昭宣时代实行的一系列统治措施,部分缓解了武帝末年以来的社会矛盾,西汉王朝得以中兴。

汉　纪

孝武皇帝

〔田千秋为戾太子鸣冤,汉武帝族灭江充并作思子宫〕

纲 辛卯,三年(征和三年,前90),秋,以田千秋为大鸿胪①。族灭江
　　充家。

目 吏民以巫蛊相告言者,案验多不实。上颇知太子皇恐无他意,会高寝
　　郎田千秋上急变讼太子冤②,曰:"子弄父兵,罪当笞。天子之子过误
　　杀人,当何罪哉? 臣尝梦见一白头翁教臣言。"上乃大感寤,召见千
　　秋,谓曰:"父子之间,人所难言也,公独明其不然。此高庙神灵使公
　　教我,公当遂为吾辅佐!"立拜千秋为大鸿胪,而族灭江充家,焚苏文
　　于横桥上③。上怜太子无辜,乃作思子宫,为归来望思之台于湖,天
　　下闻而悲之。

纲 壬辰,四年(前89),春正月,帝如东莱。

目 上欲浮海求神仙,群臣谏,弗听。会大风晦冥,海水沸涌,留十余日乃还。

纲 雍县无云如雷者三,陨石二,黑如翳(yī)④。

―――――――――

① 大鸿胪:列卿之一,掌礼宾事务。
② 高寝郎:管理高帝刘邦陵墓的郎官。急变:紧急而重要的奏疏。
③ 横桥:即中渭桥。
④ 翳:黑玉石。

〔汉武帝罢方士〕

纲 三月,帝耕于巨定①。还,至泰山,罢方士候神人者。

目 上耕于巨定。还,幸泰山,修封禅,祀明堂。见群臣,乃言曰:"朕即位以来,所为狂悖,使天下愁苦,不可追悔。自今事有伤害百姓,糜费天下者,悉罢之!"田千秋曰:"方士言神仙者甚众,而无显功,请皆罢斥遣之!"上曰:"大鸿胪言是也。"于是悉罢诸方士候神人者。是后,上每对群臣自叹:"向时愚惑,为方士所欺。天下岂有仙人?尽妖妄耳!节食服药,差可少病而已②。"

纲 夏六月,还宫。

纲 以田千秋为丞相,封富民侯。以赵过为搜粟都尉③。

目 千秋无他材能术学,又无阀阅功劳④,特以一言寤意⑤,数月取宰相,封侯,世未尝有也。然为人敦厚有智,居位自称,逾于前后数公。

〔汉武帝下轮台诏悔过〕

先是,桑弘羊言:"轮台东有溉田五千顷以上⑥,可遣屯田卒,置校尉,募民壮健敢徙者诣田所,垦田,筑亭⑦,以威西国。"上乃下诏,深陈既

---

① 巨定:县名,今山东广饶县。
② 差可:勉强可以。
③ 搜粟都尉:属大司农,掌农耕及屯田事宜,不常置。
④ 阀阅:功绩和资历。
⑤ 一言寤意:指讼太子冤而使汉武帝醒悟。
⑥ 轮台:古西域地名,今新疆轮台县。
⑦ 亭:设在边塞观察敌情的岗亭。

往之悔,曰:"前有司奏欲益民赋三十①,助边用,是重困老弱孤独也。今又请遣卒田轮台,轮台西于车师千余里,前击车师,虽降其王,以辽远乏食,道死者尚数千人,况益西乎! 匈奴常言:'汉极大,然不耐饥渴,失一狼,走千羊。'乃者,贰师败②,军士死略离散③,悲痛常在朕心。今又请远田轮台,欲起亭隧,是扰劳天下,非所以优民也,朕不忍闻! 当今务在禁苛暴,止擅赋④,力本农,修马复令⑤,以补缺、毋乏武备而已。"自是不复出军,而封田千秋为富民侯,以明休息,思富养民也。又以赵过为搜粟都尉。过教民为代田。一畮(mǔ)三甽(quǎn)⑥,岁代处⑦,故曰代田。每耨(nòu)辄附根⑧,根深能(nài)风旱⑨。其耕耘田器皆有便巧,用力少而得谷多,民皆便之。

纲癸巳,后元元年(前88),秋七月,地震。

[汉武帝立刘弗陵为太子,杀钩弋夫人]

纲杀钩弋夫人赵氏。

目燕王旦自以次第当为太子,上书求入宿卫。上怒曰:"生子当置齐鲁

---

① 益民赋三十:指在常赋之外,每口增三十钱。
② 贰师:指贰师将军李广利,此前败降匈奴。
③ 死略离散:死亡、被虏略及自离散。
④ 擅赋:擅加赋税。
⑤ 马复令:汉文帝时晁错提出的鼓励民间养马的政策,养马可以免除徭赋。
⑥ 一畮三甽:每亩地中开三道沟而将其分为三份,用以轮耕。"畮"同"亩","甽"同"畎"。
⑦ 代处:更换地方。
⑧ 耨辄附根:锄草时将土培在庄稼根部。
⑨ 能:通"耐"。

礼义之乡,乃置之燕,果有争心。"乃斩其使。是岁钩弋夫人之子弗陵年七岁,形体壮大,多知,上奇爱之,心欲立焉。以其年稚,母少,犹与久之①。欲以大臣辅之,察群臣,唯奉车都尉、光禄大夫霍光,忠厚可任大事,上乃使黄门画周公负成王朝诸侯以赐光。光,去病之弟也。后数日,帝谴责钩弋夫人。夫人脱簪珥(zān ěr)②,叩头。帝曰:"引持去③,送掖庭狱④!"夫人还顾,帝曰:"趣行,汝不得活!"卒赐死。顷之,帝闲居,问左右曰:"外人言云何?"左右对曰:"人言且立其子,何去其母乎?"帝曰:"然,是非儿曹愚人之所知也⑤。往古国家所以乱,由主少母壮也。女主独居骄蹇,淫乱自恣,莫能禁也。汝不闻吕后邪?故不得不先去之也!"

〔汉武帝驾崩,霍光、金日磾、上官桀等辅政〕

纲 甲午,二年(前87),春二月,帝如五柞(zuò)宫⑥,立弗陵为皇太子,以霍光为大司马大将军,金日磾为车骑将军,上官桀为左将军,受遗诏辅少主。帝崩。

目 二月,上幸五柞宫,病笃⑦,霍光涕泣问曰:"如有不讳⑧,谁当嗣者?"上曰:"君未谕前画意耶?立少子,君行周公之事!"光顿首让

---

① 犹与:犹豫。
② 簪珥:发簪和耳饰,多为高贵妇女首饰。
③ 引持:拉下。
④ 掖庭狱:监狱名,掌治皇后贵人以下至宫人之犯法者。
⑤ 儿曹:晚辈。
⑥ 五柞宫:汉离宫名,因宫内有五柞树得名,在今陕西周至县东南。
⑦ 病笃:病势沉重。
⑧ 不讳:死亡的婉辞。

曰："臣不如金日磾。"日磾亦曰："臣外国人，不如光。且使匈奴轻
汉！"乃立弗陵为皇太子。明日，命光、日磾及上官桀受遗诏，辅少
主，与御史大夫桑弘羊皆拜卧内床下。光出入禁闼二十余年，出则
奉车，入侍左右，小心谨慎，未尝有过。为人沉静详审，每出入下殿
门，进止有常处，郎、仆射窃识视之，不失尺寸。日磾在上左右，目
不忤视者数十年①。赐出宫女，不敢近。上欲纳其女后宫，不肯。
其笃慎如此。日磾长子为帝弄儿，其后壮大，自殿下与宫人戏，日
磾适见，遂杀之。上怒，日磾具言所以。上为之泣，而心敬日磾。
桀，始以材力得幸，为未央厩令②。上尝体不安，及愈，见马，马多
瘦，上大怒曰："令以我不复见马邪！"桀顿首曰："臣闻圣体不安，日
夜忧惧，意诚不在马。"言未卒，泣数行下。上以为爱己，由是亲近。
又明日，帝崩。

纲 太子弗陵即位。姊鄂邑长公主共养省中③，光、日磾、桀共领尚
书事④。

目 光辅幼主，政自己出，天下想闻其风采。殿中尝有怪，一夜，群臣相
惊，光召尚符玺郎⑤，欲收取玺。郎不肯授，光欲夺之。郎按剑曰：
"臣头可得，玺不可得也！"光甚谊之。明日，诏增此郎秩二等。众庶
莫不多光⑥。

---

① 目不忤视：眼睛不偷看旁边，比喻为人行止端方。
② 厩令：官名，掌养马。
③ 鄂邑：县名，今湖北鄂州市。省中：禁中。
④ 领尚书事：以他官兼领尚书政事，参与政务，多加给秉政大臣。
⑤ 尚符玺郎：官名，掌皇帝符玺的郎官。
⑥ 多：赞许，推崇。

纲三月,葬茂陵。

纲秋七月,有星孛于东方。

纲追尊钩弋夫人为皇太后,起云陵①。

孝昭皇帝

纲乙未,孝昭皇帝始元元年(前86),秋七月,大雨,至于十月。

〔燕王旦谋反〕

纲燕王旦谋反,赦弗治,党与皆伏诛。

纲以隽不疑为京兆尹②。

目不疑为京兆尹,吏民敬其威信。每行县,录囚徒还③,其母辄问不疑:"有所平反,活几何人?"即多所平反,母喜笑异他时。或无所出,母怒,为不食。故不疑为吏,严而不残。

纲九月,车骑将军秺(dù)侯金日磾卒④。

目初,武帝以日磾捕反者马何罗功⑤,遗诏封为秺侯。日磾以帝少,不受封。及病困,光白封之,卧受印绶。一日薨,谥曰敬。日磾两子赏、建,俱侍中,与上卧起。赏奉车,建驸马都尉。

---

① 云陵:钩弋夫人陵墓,在今陕西淳化县北。

② 京兆尹:三辅之一,掌治京畿。

③ 录囚徒:皇帝或有关官吏讯察囚犯并决定可否原宥的制度。

④ 秺:侯国名,今山东成武县。

⑤ 捕反者马何罗:指后元元年,武帝幸林光宫,马何罗谋逆,日磾擒缚何罗之事。

纲 闰月,遣使行郡国,举贤良,问民疾苦。

纲 冬,无冰。

纲 丙申,二年(前85),春正月,封大将军光为博陆侯①。

纲 三月,遣使振贷贫民种食。秋,诏所贷勿收责(zhài)②,除今年田租。

纲 丁酉,三年(前84),冬十月,遣祠凤皇于东海。

纲 戊戌,四年(前83),春三月,立健仔上官氏为皇后,赦。

目 霍光女为上官桀子安妻,生女,年甫五岁,安欲因光内之宫中。光以为尚幼,不听。盖(gě)长公主私近子客丁外人③,安说外人曰:"安子容貌端正,诚因长主时得入为后,以臣父子在朝而有椒房之重④,汉家故事⑤,常以列侯尚主,足下何忧不封侯乎!"外人言于长主,以为然,召安女入为健仔,遂立为后。

纲 秋,令民勿出马。

纲 以上官安为车骑将军。

纲 己亥,五年(前82),春正月,男子成方遂诣阙,诈称卫太子,伏诛。

---

① 博陆:侯国名,在北海郡境内,今山东东北部一带,封地确址不详,或以为在今山东昌邑市。一说博陆取博大而平之意。

② 责:同"债"。

③ 盖长公主:即鄂邑长公主,汉昭帝姐,盖侯妻,故称。

④ 椒房:皇后居处,用花椒和泥涂墙壁,取其温暖有香气。这里代指"皇后"。

⑤ 故事:旧日制度,例行之事。

目 有男子乘黄犊车诣北阙①，自称卫太子。诏公卿、将军、中二千石杂识
视②，至者并莫敢发言。京兆尹隽不疑后到，叱从吏收缚，曰："昔蒯
聩违命出奔，辄拒而不纳，《春秋》是之③。卫太子得罪先帝，亡不即
死，今来自诣，此罪人也！"遂送诏狱。上与大将军光闻而嘉之，曰：
"公卿大臣，当用有经术、明于大谊者。"由是不疑名重朝廷。廷尉验
治，本夏阳人④，姓成名方遂，居湖。有故太子舍人谓曰："子状貌甚
似卫太子。"方遂利其言，冀以得富贵。坐诬罔不道，要斩。

〔盐铁会议〕

纲 庚子，六年（前 81），春，诏问贤良、文学，民所疾苦。

目 谏大夫杜延年言："年岁比不登⑤，流民未尽还。宜修孝文时政，示以
俭约宽和，顺天心，说民意，年岁宜应。"光纳其言，诏有司问郡国所举
贤良、文学，民所疾苦，教化之要。皆对："愿罢盐铁、酒榷、均输官，毋
与天下争利，示以节俭，然后教化可兴。"桑弘羊难（nàn）⑥，以为："此
国家大业，所以制四夷，安边足用之本，不可废也。"于是盐铁之议起焉。

评汉武帝官营经济政策及盐铁之议：

　　汉武帝时期推行了一系列新经济政策，以强化大一统王朝的经济基

---

① 黄犊车：小黄牛拉的车。
② 中二千石：中为满之意，月俸百八十斛，一年所得已超二千石，对应列卿一级官员。
③《春秋》是之：指哀公二年，卫国蒯聩违背命令出逃，聩子蒯辄自立，拒蒯聩回国，《春
　秋》认为这样做符合礼法。
④ 夏阳：县名，今陕西韩城市。
⑤ 岁比不登：农业连年歉收。
⑥ 难：争辩。

础,包括统一币制、盐铁酒类官营、平准均输、算缗告缗等。这些举措使国家垄断了攸关国计民生的手工业、商业利润,充裕了财政,保障了军费支出。铁业官营客观上促进了铁制农具的推广。但这些举措与民争利,加剧了国家与百姓之间的矛盾。汉昭帝年间,桑弘羊与贤良文学就汉王朝内外政策展开辩论,贤良文学比较体察民生疾苦,尽管最终未能废止盐铁官营和平准均输,但迫使朝廷停止了酒类专卖,使"与民休息"政策得到一定程度的推行。

〔苏武牧羊,自匈奴还〕

纲 苏武还自匈奴,以为典属国①。

目 初,苏武既徙北海上,杖汉节牧羊,卧起操持,节旄尽落。单于使李陵至海上,为武置酒设乐,谓曰:"足下兄弟皆坐事自杀,太夫人已不幸②,妇亦更嫁矣,独有女弟、男、女,存亡不可知。人生如朝露,何自苦如此!且陛下春秋高,法令无常,人臣无罪夷灭者数十家,安危不可知,子卿尚复谁为乎③!"武曰:"臣事君,犹子事父也。子为父死,无所恨。王必欲降武,请毕今日之欢,效死于前!"陵喟然叹曰:"嗟乎!义士!陵与卫律之罪上通于天矣④!"及是,匈奴国内乖离⑤,常恐汉兵袭之,于是与汉和亲,乃归武及马宏等⑥。于是陵置酒贺武

---

① 典属国:官名,掌管与少数民族交往的事务。
② 不幸:指死亡。
③ 子卿:苏武字。
④ 上通于天:形容罪恶极高极大。
⑤ 乖离:抵触背离。
⑥ 马宏:马宏此前出使西域,亦为匈奴所扣而不降。

曰:"足下扬名匈奴,功显汉室,虽古竹帛所载,丹青所画,何以过子卿! 陵虽驽怯,令汉贳陵罪①,全其老母,使得奋大辱之积志,庶几乎曹柯之盟②,此陵宿昔之所不忘也。收族陵家,为世大戮,陵尚复何顾乎! 已矣,令子卿知吾心耳!"陵泣下数行,因与武决③。官属随武还者九人。既至京师,诏武奉一太牢,谒武帝园庙,拜为典属国,秩中二千石④,赐钱三百万,公田二顷,宅一区。武留匈奴凡十九岁,始以强壮出,及还须发尽白。

〔罢榷酤官〕

纲 秋七月,罢榷酤官。

目 罢榷酤,从贤良、文学之议也。武帝之末,海内虚耗,户口减半。霍光知时务之要,轻徭薄赋,与民休息。至是,匈奴和亲,百姓充实,稍复文景之业焉。

纲 辛丑,元凤元年(前80),秋七月晦,日食既。

〔汉昭帝明察霍光之忠〕

纲 八月,鄂邑长公主、燕王旦、上官桀、安等谋反,皆伏诛。

目 上官桀父子为丁外人求封侯,霍光不许。长主以是怨光⑤,而桀、安亦

①贳:赦免。
②曹柯之盟:春秋时鲁国与齐国在柯地结盟,曹沫挟持齐桓公,要求齐国退还以前侵占的土地。言曾欲挟持单于。
③决:同"诀"。
④秩中二千石:典属国秩二千石,苏武秩中二千石,是享受列卿的俸禄待遇。
⑤长主:即鄂邑长公主。

惭。燕王旦自以帝兄不得立，常怀怨望。桑弘羊欲为子弟得官，亦怨恨光。于是盖主、桀、安、弘羊皆与旦通谋，诈令人为燕王上书，言"光出都肄(yì)郎、羽林①，道上称跸，擅调益幕府校尉，专权自恣，疑有非常"。候光出沐日奏之②。桀欲从中下其事，弘羊当与诸大臣共执退光。书奏，帝不肯下。明旦，光闻之，止画室中不入③。上问："大将军安在？"桀对曰："以燕王告其罪，故不敢入。"有诏："召大将军。"光入，免冠顿首谢。上曰："将军冠！朕知是书诈也，将军无罪。"光曰："陛下何以知之？"上曰："将军之广明都郎④，属耳⑤。调校尉以来，未能十日，燕王何以得知之？且将军为非，不须校尉。"是时帝年十四，尚书、左右皆惊。而上书者果亡，捕之甚急。桀等惧，白上："小事不足遂⑥。"上不听。后桀党与有谮光者，上辄怒曰："大将军忠臣，先帝所属以辅朕身，敢有毁者坐之！"自是桀等不敢复言。

桀等谋令长公主置酒请光，伏兵格杀之，因废帝而立燕王。驿书往来，外连郡国豪杰以千数。旦以语相平⑦，平曰："左将军素轻易⑧，车骑少而骄⑨，臣恐其不能成，又恐既成反大王也。"旦不听。安果谋诱燕王至而诛之，因废帝而立桀。会盖主舍人父燕仓知其谋，以告大司

---

① 都肄：检阅操练士卒。
② 沐：休沐，汉律吏五日得一休沐，言休息以洗沐。
③ 画室：汉代殿前西阁之室，因雕画有尧、舜等古帝王像，故名。
④ 广明：长安东门。
⑤ 属：近，言是近日之事。
⑥ 遂：穷竟。
⑦ 相平：燕王旦之相，名平。
⑧ 左将军：指任左将军的上官桀。
⑨ 车骑：指任车骑将军的上官安。

农杨敞。敞素谨,畏事,乃移病卧^①,以告杜延年,延年以闻。九月,诏捕桀、安、弘羊、外人等,并宗族悉诛之。盖主、燕王皆自杀。

纲 冬,以韩延寿为谏大夫^②。

目 文学魏相对策,以为:"日者燕王为无道^③,韩义出身发谏,为王所杀。义无比干之亲而蹈比干之节,宜显赏其子以示天下,明为人臣之义。"乃擢义子延寿为谏大夫。

纲 以张安世为右将军,杜延年为太仆。

目 大将军光以朝无旧臣,安世自先帝时为尚书令,志行纯笃,乃白用安世为右将军兼光禄勋以自副焉^④。又以延年有忠节,擢为太仆右曹给事中。光持刑罚严,延年辅之以宽。安世,汤之子,延年,周之子也。

纲 癸卯,三年(前78),春正月,泰山石立,上林僵柳复起生^⑤。

目 泰山有大石自起立。上林有僵柳自起生,有虫食柳叶曰:"公孙病已立。"符节令眭弘上书,言:"大石自立,僵柳复起,当有匹庶为天子。当求贤人,禅帝位,以顺天命。"坐设妖言惑众,伏诛。

纲 甲辰,四年(前77),春正月,帝冠。

---

① 移病:上书称病。
② 谏大夫:官名,属郎中令,掌议论之事。
③ 日者:往日,从前。
④ 白用:告白于天子而任用。
⑤ 僵:倒下。

纲 丞相千秋卒。二月,以王䜣为丞相。

纲 夏五月,孝文庙正殿火,帝素服,遣使作治。

纲 遣使诱楼兰王安归杀之。

目 楼兰王安归数遮杀汉使。骏马监傅介子使大宛,诏因令责楼兰王,王谢服。介子还,谓大将军光曰:“楼兰数反覆,而不诛,无所惩艾。愿往刺之,以威示诸国。”大将军白遣之。介子赍金币①,扬言以赐外国为名。至楼兰,王贪汉物,来见。介子与坐,饮醉,谓曰:“天子使我私报王。”王起,随介子入帐中,壮士二人从后刺之。遂斩其首,驰传诣阙,县北阙下②。立其弟在汉者尉屠耆为王,更名其国为鄯(shàn)善。封介子为义阳侯③。

纲 乙巳,五年(前76),夏,大旱。

纲 冬,大雷。

纲 丞相䜣卒。

纲 丙午,六年(前75),冬十一月,以杨敞为丞相。

纲 丁未,元平元年(前74),春二月,有流星大如月,众星皆随西行。

〔汉昭帝驾崩,霍光立昌邑王〕

纲 夏四月,帝崩。大将军光承皇后诏,迎昌邑王贺诣长安。六月,入即

---

① 赍:带着。
② 县:通“悬”。
③ 义阳:侯国名,今河南桐柏县。

位,尊皇后曰皇太后。

目帝崩,无嗣,时武帝子独有广陵王胥,群臣欲立之。胥本以行失道,先帝所不用。大将军光不自安。郎有上书言:"周太王废太伯立王季,文王舍伯邑考立武王,唯在所宜,虽废长立少可也。广陵王不可以承宗庙。"光即日承皇后诏,迎昌邑王贺诣长安邸。

贺,昌邑哀王髆(bó)之子,素狂纵,动作无节。武帝之丧,游猎不止。中尉王吉谏曰:"大王不好书术而乐逸游,非所以全寿命之宗也,又非所以进仁义之隆也。夫广厦之下,细旃之上,明师居前,劝诵在后,上论唐虞之际,下及殷周之盛,休则俯仰屈伸以利形,专意积精以适神,则心有尧舜之志,体有乔松之寿①,福禄臻而社稷安矣。且诸侯骨肉,莫亲大王,于属则子,于位则臣,一身而二任之责加焉。恩爱行义,孅(xiān)介有不具者②,于以上闻,非享国之福也。"王赐吉酒脯,而放纵自若。郎中令龚遂,忠厚刚毅,有大节,见王游戏无度,涕泣膝行,叩头曰:"臣数言危亡之戒,大王不说。夫国之存亡,岂在臣言哉!愿王内自揆度。大王诵《诗》三百五篇,人事浃(jiā)③,王道备。王之所行,中《诗》一篇何等也!"王终不改。及征书至④,发书驰赴,王吉戒王曰:"大王以丧征,宜日夜哭泣悲哀而已,慎无有所发!大将军仁爱勇智忠信之德,天下莫不闻,愿大王事之、敬之。"王到霸上,使遂参乘,至广明东都门,遂曰:"礼,奔丧望见国都哭。此长安东郭门也。"

---

① 乔松:王乔与赤松子,传说中仙人。
② 孅介:细微。"孅"同"纤"。
③ 浃:融洽。
④ 征书:征召文书。

王曰:"我嗌(yì)痛①,不能哭。"至城门,遂复言,王曰:"城门与郭门等耳。"且至未央宫东阙,遂曰:"昌邑帐在是,大王宜下车,乡阙西面伏哭,尽哀止。"王曰:"诺。"到,哭如仪。六月,受玺绶,袭尊号。

纲 葬平陵②。

〔霍光废昌邑王〕

纲 昌邑王有罪,大将军光率群臣奏太后废之。

目 昌邑王淫戏无度,大将军光忧懑(mèn),以问故吏大司农田延年。延年曰:"将军为国柱石,审此人不可,何不建白太后,更选贤而立之?"光曰:"今欲如是,于古尝有此不?"延年曰:"伊尹相殷,废太甲以安宗庙,后世称其忠。将军若能行此,亦汉之伊尹也。"光乃引延年给事中③,阴与张安世图计。王出游,光禄大夫夏侯胜当乘舆前谏曰:"天久阴而不雨,臣下有谋上者。陛下出,欲何之?"王怒,缚胜属吏。光让安世,以为泄语,安世实不言。乃召问胜,胜对言:"在《鸿范传》④。"光、安世大惊,以此益重经术士。

既定议,召丞相、御史、将军、列侯、中二千石、大夫、博士会议未央宫。光曰:"昌邑王行昏乱,恐危社稷,如何?"群臣皆惊愕失色,莫敢发言。延年离席按剑曰:"先帝属将军以幼孤,寄将军以天下,以将军忠贤,

---

① 嗌:咽喉。
② 平陵:汉昭帝陵,在今陕西咸阳市西北。
③ 引:引荐。
④ 《鸿范传》:"鸿"通"洪",《洪范》是《尚书》中一篇,此处《洪范传》应指夏侯胜从夏侯始昌所学《洪范五行传》。

能安刘氏也。今群下鼎沸,社稷将倾。且汉之传谥常为'孝'者,以长有天下,令宗庙血食也①。如汉家绝祀,将军虽死,何面目见先帝于地下乎？今日之议,不得旋踵②,群臣后应者,臣请剑斩之!"光谢曰:"九卿责光是也!"于是议者皆叩头曰:"唯大将军令!"光即与群臣俱见,白太后,太后乃幸未央承明殿,盛服坐武帐中,召昌邑王伏前听诏。光令王起,拜受诏。脱其玺组,奉上太后。扶王下殿,送至邸。诏归贺昌邑,赐汤沐邑二千户。国除,为山阳郡③。

昌邑群臣,坐在国时不举奏王罪过,令汉朝不闻知,又不能辅道,陷王大恶,皆下狱,诛杀二百余人,唯中尉吉、郎中令遂得减死。师王式系狱,当死,使者责曰:"师何以无谏书?"式对曰:"臣以《诗》三百五篇朝夕授王,至于忠臣、孝子之篇,未尝不为王反复诵之也。至于危亡失道之君,未尝不流涕为王深陈之也。臣以三百五篇谏,是以无谏书。"亦得减死论。

光以太后省政④,宜知经术,白令夏侯胜用《尚书》授太后,迁胜长信少府⑤。

〔霍光立汉宣帝〕

纲　秋七月,迎武帝曾孙病已入即位,尊皇太后曰太皇太后。

---

① 血食:指受享祭品,古代杀牲取血以祭,故称。
② 旋踵:转身,代指畏避退缩。
③ 山阳郡:治今山东巨野县南。
④ 省政:省察政事。
⑤ 长信少府:官名,掌皇太后宫中事务。

目初，卫太子纳史良娣①，生子进，号史皇孙。皇孙纳王夫人，生子病已，
号皇曾孙。生数月，遭巫蛊事，太子男、女、妻、妾皆遇害，独皇曾孙
在，亦坐收系狱。故廷尉监丙吉受诏治狱，心知太子无事实，重哀皇
曾孙无辜，择谨厚女徒胡组、郭徵卿令乳养②，日再省视。望气者言长
安狱中有天子气，武帝诏狱系者，无轻重，一切皆杀之。使者夜至狱，
吉闭门不纳，曰："他人无辜死者犹不可，况亲曾孙乎！"使者不得入，
还，以闻。武帝亦寤，曰："天使之也！"因赦天下。
吉闻史良娣有母贞君及兄恭，乃载皇曾孙付之。后有诏掖庭养视。
时掖庭令张贺尝事卫太子③，思顾旧恩，哀曾孙，奉养甚谨，欲以女孙
妻之。贺弟安世为右将军，辅政，怒曰："曾孙乃卫太子后也，勿复言
予女事！"时暴室啬夫许广汉有女④，贺以家财聘之，曾孙因依倚广汉
兄弟及史氏，受《诗》于东海澓(fù)中翁，高材好学，然亦喜游侠，斗
鸡、走马，上下诸陵，周遍三辅，以是具知闾里奸邪，吏治得失。
及是，吉奏记光曰："今社稷、宗庙、群生之命，在将军之一举。而武帝
曾孙名病已在掖庭外家者，今十八九矣，通经术，有美材，行安而节
和，愿将军决定大策。"七月，光会丞相以下议定所立，遂上奏曰："孝
武皇帝曾孙病已，年十八，师授《诗》《论语》《孝经》，躬行节俭，慈仁
爱人，可以嗣孝昭皇帝后。"皇太后诏曰："可。"光迎曾孙入未央宫，
见太后，即皇帝位。侍御史严延年劾奏："大将军光擅废立主，无人臣

① 良娣：太子姬妾称号，太子妃分妃、良娣、孺子三等。
② 女徒：女犯人。
③ 掖庭令：掌后宫宫女及供御杂务。
④ 暴室：官署名，属掖庭令，宫中妇女有病，到此室就诊，皇后、贵人有罪，也到此室。

礼,不道。"奏虽寝①,然朝廷肃然敬惮之。

纲丞相敞卒,以蔡义为丞相。

纲冬十一月,立皇后许氏。

目公卿议立皇后,皆心拟霍将军女,亦未有言。上乃诏求微时故剑。大
　臣知指,白立许婕妤为皇后。霍光以后父广汉刑人②,不宜君国③。
　岁余,乃封为昌成君。

中宗孝宣皇帝

〔霍光请归政,汉宣帝不受〕

纲戊申,中宗孝宣皇帝本始元年(前73),春,大将军光请归政,不受。

目诏有司论定策安宗庙功,大将军光等皆益封。光稽首归政,上谦让不
　受。诸事皆先关白光④,然后奏御。自昭帝时,光子禹及兄孙云皆为
　中郎将,山奉车都尉、侍中,领胡、越兵,两女婿为东、西宫卫尉,昆弟
　诸婿外孙皆奉朝请⑤,为诸曹、大夫、骑都尉、给事中,党亲连体,根据
　于朝廷。及昌邑王废,光之权益重,每朝见,上虚己敛容,礼下之
　已甚。

纲夏四月,地震。

---

① 寝:废止不行。
② 刑人:受刑之人,言许广汉曾受宫刑。
③ 君国:指封侯。
④ 关白:报告。
⑤ 奉朝请:汉代给予退休及闲散大臣的一种政治优待,授此者被特许参加朝会。

纲 凤凰集胶东，赦，勿收田租赋。

〔追谥戾太子〕

纲 追谥戾太子、戾夫人、悼考、悼后，置园邑。

目 诏曰："故皇太子在湖，未有号谥，岁时祠。其议谥，置园邑。"有司奏："礼，为人后者，为之子也。故降其父母不得祭，尊祖之义也。陛下为孝昭皇帝后，承祖宗之祀，亲谥宜曰悼，母曰悼后。故皇太子谥曰戾，史良娣曰戾夫人。"皆改葬焉。

纲 召黄霸为廷尉正。

目 霍光既诛上官桀，遂以刑法痛绳群下①，由是俗吏皆尚严酷，而河南丞黄霸独用宽和为名。上在民间时，知百姓苦吏急迫，闻霸持法平，乃召以为廷尉正②。数决疑狱，庭中称平。

纲 己酉，二年（前72），春，大司农田延年有罪，自杀。

目 昭帝之丧，大司农僦（jiù）民车③，延年诈增僦直，盗取钱三千万，为怨家所告。御史大夫田广明谓杜延年曰："《春秋》之义，以功覆过。当废昌邑王时，非田子宾之言，大事不成。今县官出三千万自乞之，何哉？愿以愚言白大将军！"延年言之，光曰："诚然，实勇士也！当发大议时，震动朝廷。"因自抚心曰："使我至今病悸。谢田大夫晓大司农，通往就狱，得公议之。"广明使人语延年，延年曰："幸宽我耳，何面目

---

① 痛绳：严厉制裁。
② 廷尉正：廷尉副贰，掌审理判决疑难案件，可代表廷尉参加诏狱会审。
③ 僦：租赁。

入牢狱!"遂自刭死。

〔黄霸狱中从夏侯胜学《尚书》〕

纲 夏,尊孝武皇帝庙为世宗,所幸郡国皆立庙。

目 诏曰:"孝武皇帝躬仁义,厉威武,功德茂盛,而庙乐未称①,朕甚悼焉。其与列侯、二千石、博士议。"于是群臣皆曰:"宜如诏书。"夏侯胜独曰:"武帝虽有攘四夷、广土境之功,然多杀士众,竭民财力,奢泰无度,无德泽于民,不宜为立庙乐。"公卿共难胜曰:"此诏书也。"胜曰:"诏书不可用也。"于是丞相、御史劾奏胜非议诏书,毁先帝,不道。及丞相长史黄霸阿纵胜,不举劾。俱下狱。有司遂请尊武帝庙为世宗庙,奏盛德、文始、五行之舞。巡狩所幸郡国皆立庙。胜、霸既久系,霸欲从胜受《尚书》,胜辞以罪死。霸曰:"朝闻道,夕死可矣。"胜贤其言,遂授之。系再更冬,讲论不怠。

〔霍光妻弑许皇后,霍光女被立为新后〕

纲 庚戌,三年(前71),春正月,大将军光妻显弑皇后许氏。

目 时霍光夫人显欲贵其小女成君,道无从。会许后当娠,病,女医淳于衍者,霍氏所爱,尝入宫侍疾。显谓衍曰:"将军素爱成君,欲奇贵之。今皇后当免身②,若投毒药去之,成君即为皇后矣。事成,富贵共之。"衍即捣附子,赍入长定宫。皇后免身后,衍取附子并合太医大丸

---

① 庙乐:用于祭祀的宗庙音乐。
② 免:同"娩"。

以饮皇后,有顷,曰:"我头岑岑也,药中得无有毒?"对曰:"无有。"遂
加烦懑,崩。后有人上书告诸医侍疾无状者,皆收系诏狱。显恐急,
即具语光曰:"既失计为之,无令吏急衍!"光大惊,欲自发举,不忍。
奏上,光署"衍勿论",显因劝光内其女入宫。

纲　葬恭哀皇后于杜陵南园①。

纲　夏六月,丞相义卒。以韦贤为丞相,魏相为御史大夫。

纲　以赵广汉为京兆尹。

目　初,广汉为颍川太守。颍川俗,豪杰相朋党。广汉为缿(xiàng)筒②,受
　　吏民投书,使相告讦,于是更相咎怨,奸党散落,盗贼不得发。由是入
　　为京兆尹。广汉尤善为钩距以得事情③,闾里铢两之奸皆知之④,其
　　发奸摘(tì)伏如神⑤,京兆政清。长老传以为自汉兴,治京兆者莫
　　能及。

纲　辛亥,四年(前70),春三月,立大将军光女为皇后,赦。

纲　夏四月,地震,山崩二郡,坏祖宗庙。帝素服避殿,诏问经学及举贤
　　良、方正之士。

纲　以夏侯胜为谏大夫,黄霸为扬州刺史。

---

① 杜陵:汉宣帝陵,在今陕西西安雁塔区。
② 缿筒:接受告密文书的竹筒。
③ 钩距:辗转推问,究得情实。
④ 铢两之奸:极其轻微的邪恶罪行。
⑤ 发奸摘伏:揭发隐秘的坏人坏事。

目上以地震,释胜、霸而用之。胜为人质朴守正,简易无威仪,或时谓上为君,误相字于前①,上亦以是亲信之。尝见,出道上语,上闻而让胜,胜曰:"陛下所言善,臣故扬之。尧言布于天下,至今见诵。臣以为可传,故传耳。"朝廷每有大议,上谓曰:"先生建正言②,无惩前事!"复为长信少府,迁太子太傅。年九十卒,太后素服五日③,以报师傅之恩。

纲五月,凤凰集北海④。

纲壬子,地节元年(前69),春,有星孛于西方。

纲冬十二月晦,日食。

纲以于定国为廷尉。

目定国为廷尉,乃迎师学《春秋》,备弟子礼。为人谦恭,虽卑贱皆与钧礼⑤。其决狱平法,务在哀鳏寡,罪疑从轻,加审慎之心。朝廷称之曰:"张释之为廷尉,天下无冤民。于定国为廷尉,民自以不冤。"

〔霍光之死〕

纲癸丑,二年(前68),春三月,以霍禹为右将军。大司马大将军博陆侯霍光卒。

---

① 相字于前:在皇帝面前直呼大臣的字,这样做不合礼法。
② 正言:直言,实话。
③ 太后:昭帝后上官氏。
④ 北海:郡名,治今山东昌乐县西北。
⑤ 钧礼:待以平等之礼。

目 大将军光病,车驾自临问,为之涕泣。光上书谢恩,愿分国邑封兄孙山为列侯。即日拜光子禹为右将军。光薨,谥曰宣成。赐葬具如乘舆制度①。置园邑三百家,长丞奉守。复其后世,畴其爵邑②,世世无有所与。

纲 夏四月,以张安世为大司马车骑将军,领尚书事。

目 魏相上封事③,曰:“圣王褒有德以怀万方,显有功以劝百寮,是以朝廷尊荣。今新失大将军,宜显明功臣以镇藩国,毋空大位,以塞争权。车骑将军安世,忠信谨厚,国家重臣也,宜尊其位。”上乃拜安世大司马车骑将军,领尚书事。

纲 凤凰集鲁,大赦。

纲 以霍山为奉车都尉④,领尚书事。御史大夫魏相给事中。

目 上思报大将军德,乃封光兄孙山为乐平侯,使以奉车都尉领尚书事。魏相因许广汉奏封事,言:“《春秋》讥世卿⑤,恶宋三世为大夫⑥。今光死,子复为右将军,兄子秉枢机,昆弟、诸婿据权势,任兵官,夫人显及诸女皆通籍长信宫,骄奢放纵,恐浸不制,宜有以损夺其权,破散阴谋,以固万世之基,全功臣之世。”又故事:诸上书者皆为二封,署其一曰“副”,领尚书者先发副封,所言不善,屏去不奏。相复因许伯白去

---

① 乘舆:皇帝所乘车舆,借指帝王。

② 畴:等齐,言后世不削减其爵邑。

③ 封事:保密等级高的奏章,尚书不得开发,以防截留信息。

④ 奉车都尉:官名,掌御乘舆车,出则陪乘,入则侍从。

⑤《春秋》讥世卿:《春秋公羊传》认为卿大夫不应世袭,恐其夺君之威权。

⑥ 恶宋三世为大夫:指宋三世诸侯娶国内大夫之女,公族弱,妃党益强,招致篡弑之事。

副封以防壅蔽①。帝善之，诏相给事中，皆从其议。

〔汉宣帝亲政〕

帝兴于闾阎，知民事之艰难。霍光既薨，始亲政事，厉精为治，五日一听事。自丞相以下各奉职奏事，敷奏其言②，考试功能。侍中、尚书功劳当迁，及有异善，厚加赏赐，至于子孙，终不改易。及拜刺史、守、相，辄亲见问，观其所由，退而考察所行，以质其言，有名实不相应，必知其所以然。常称曰："庶民所以安其田里，而亡叹息愁恨之心者，政平讼理也。与我共此者，其惟良二千石乎！"以为"太守，吏民之本，数变易则下不安。民知其将久，不可欺罔，乃服从其教化"。故二千石有治理效，辄以玺书勉厉，增秩、赐金，或爵至关内侯。公卿缺，则选诸所表，以次用之。是故汉世良吏，于是为盛，称中兴焉。

周金泰　评注

李　霖　审定

---

① 壅蔽：隔绝视听，使人不明真相。
② 敷奏：向君上报告。

纲鉴易知录卷一六

　　卷首语:本卷起汉宣帝地节三年(前67),止甘露二年(前52),所记为宣帝中期之史事。宣帝亲政后,平定霍氏叛乱,稳定了政局。并进一步调整治国方略,扭转武帝以来的酷吏之风。冯奉世破莎车,赵充国定羌乱,设置西域都护府。呼韩邪单于南附称臣,匈奴问题得以解决。除上述重大历史事件外,本卷还用大量篇幅记述了宣帝朝吏治情况。王成、黄霸、朱邑、龚遂等循吏,执法公正严明,行政教化为先,为宣帝中兴提供了保障。

汉　纪

孝宣皇帝

〔循吏王成〕

纲 甲寅，三年（地节三年，前67），春三月，赐胶东相王成爵关内侯。

目 诏曰："胶东相王成，劳来不怠①，流民自占八万余口②，治有异等之效。其赐成爵关内侯③，秩中二千石。"后诏问郡、国上计长史、守丞以政令得失④，或对言："前胶东相成，伪自增加，以蒙显赏。"是后俗吏多为虚名云。

〔汉宣帝立刘奭为太子，霍显不满〕

纲 夏四月，立子奭为皇太子。

目 霍显闻立太子，怒不食，曰："此乃民间时子，安得立？即后有子，反为王邪？"复教后毒太子。数召赐食，保阿辄先尝之⑤。后挟毒不得行。

〔韦贤致仕，开丞相年老辞官先例〕

纲 五月，丞相贤致仕。

---

① 劳来：亦作"劳徕"，以恩德招之使来。

② 自占：自来归附。

③ 关内侯：秦汉二十等爵中第十九等，有封号，但无封国。

④ 上计：战国秦汉时地方向中央呈报施政情况，作为官员考课依据。

⑤ 保阿：古代负责抚养、照料贵族子女的妇女，犹今之保姆。

目贤以老病乞骸骨。赐黄金、安车、驷马①，罢就第。丞相致仕，自贤始。

纲六月，以魏相为丞相，丙吉为御史大夫。

纲以疏广为太子太傅，兄子受为少傅。

目太子外祖父平恩侯许伯②，以为太子少，白使其弟中郎将舜监护太子家。上以问广，广对曰："太子，国储副君，师友必于天下英俊，不宜独亲外家。且太子官属已备，复使舜护太子家，示陋，非所以广太子德于天下也。"上善其言，以语魏相，相免冠谢曰："此非臣等所能及。"广由是见器重。

纲大雨雹。以萧望之为谒者。

目京师大雨雹，大行丞萧望之上疏言："陛下思政求贤，尧舜之用心也。然而善祥未臻，阴阳不和，是大臣任政，一姓专权之所致也。附枝大者贼木心③，私家盛者公室危。惟陛下躬万机，选同姓，举贤才，以为腹心，与参政谋，明陈其职，以考功能，则庶事理矣。"上素闻望之名，拜为谒者。

纲秋九月，地震。诏求直言。省京师屯兵，罢郡国宫馆，假贷贫民。

〔汉宣帝以张安世为卫将军并削霍氏兵权〕

纲以张安世为卫将军，诸军皆属。以霍禹为大司马，罢其屯兵。

―――――――

① 安车：古车多立乘，坐乘则称安车，高官告老还乡常赐乘安车。
② 平恩：侯国名，今河北邱县、曲周县一带。许伯：许广汉。
③ 附枝：树木的分枝。木心：树木的主干。

目　霍氏骄侈纵横，上颇闻霍氏毒杀许后，而未察，乃徙光女婿未央卫尉范
　　明友、中郎将羽林监任胜、长乐卫尉邓广汉为他官，更以张安世为卫将
　　军，两宫卫尉、城门、北军兵属焉。以霍禹为大司马，罢其屯兵官属，诸
　　领胡越骑、羽林及两宫卫尉屯兵，悉易以所亲信许、史子弟代之。

〔汉宣帝置廷尉平，扭转重用酷吏带来的负面效果〕

纲　冬十二月，置廷尉平①。

目　初，孝武之世，使张汤、赵禹之属，条定法令，作见知故纵、监临部主之
　　法②，缓深故之罪③，急纵出之诛④。其后奸猾巧法，转相比况⑤，郡国
　　承用者⑥，或罪同而论异⑦，奸吏因缘为市⑧，所欲活则傅生议⑨，所欲
　　陷则予死比⑩，议者咸冤伤之。廷尉史路温舒上书曰："臣闻秦有十
　　失，其一尚存，治狱之吏是也。夫狱者，天下之大命也，死者不可复
　　生，绝者不可复属。《书》曰：'与其杀不辜，宁失不经。'今治狱吏则
　　不然，上下相驱，以刻为明，深者获公名，平者多后患。故治狱之吏皆
　　欲人死，非憎人也，自安之道在人之死。夫人情，安则乐生，痛则思

① 廷尉平：廷尉属官，掌平决诏狱事。
② 见知故纵、监临部主：知犯法者而不举发，则被认为故意纵容犯罪，而罪犯主管部门
　　及上级主管官员都要连坐。
③ 缓深故之罪：放宽酷吏执法苛刻的罪过。
④ 急纵出之诛：加重对故纵者的惩处。
⑤ 比况：与类似事例进行比照。
⑥ 郡国承用者：据《汉书·刑法志》，应作"郡国承用者驳"。
⑦ 论：议罪。
⑧ 因缘：借机。为市：进行交易，指营私舞弊。
⑨ 傅：通"附"。
⑩ 予死比：与死例相比况。"予"通"与"。

死,捶楚之下,何求而不得! 故俗语曰:'画地为狱,议不入;刻木为吏,期不对。'此皆疾吏之风,悲痛之辞也。唯陛下省法制,宽刑罚,则太平之风可兴于世。"上善其言,诏以"廷史任轻禄薄,置廷尉平,秩六百石,员四人,每季秋后请谳"①。

涿郡太守郑昌上疏言②:"明主躬垂明听,虽不置廷平,狱将自正。若开后嗣③,不若删定律令。律令一定,愚民知所忌,奸吏无所弄矣。今不正其本,而置廷平以理其末,政衰听怠,则廷平将招权而为乱首矣!"

纲 乙卯,四年(前66),夏五月,山阳、济阴雨雹杀人④。

〔霍氏谋反伏诛〕

纲 秋七月,霍氏谋反,伏诛,夷其族。皇后霍氏废。

目 霍显及禹、山、云自见日侵削,数相对啼泣自怨。谋令太后为博平君置酒⑤,召丞相、平恩侯以下⑥,使范明友、邓广汉承太后制引斩之,因废天子而立禹。事觉,七月,云、山、明友自杀,禹要斩,显及诸女昆弟皆弃市,与霍氏相连坐诛灭者数十家。皇后霍氏废,处昭台宫。封告者皆为列侯。

初,霍氏奢侈,茂陵徐生上疏言⑦:"霍氏泰盛,陛下即爱厚之,宜以时

① 谳:平议。
② 涿郡:治今河北涿州市北。
③ 开:教导,启发。
④ 济阴:郡名,治今山东菏泽市定陶区。
⑤ 博平君:汉宣帝外祖母王媪。
⑥ 丞相:此时丞相为魏相。平恩侯:许广汉。
⑦ 茂陵:指茂陵邑,武帝以故槐里县改,今陕西兴平市东北。

抑制，无使至亡！"书三上，辄报闻①。至是，人为徐生上书曰："臣闻客有过主人者，见其灶直突②，旁有积薪，客谓主人：'更为曲突，远徙其薪，不者且有火患！'主人不应。俄而失火，邻里共救之，幸而得息。于是杀牛置酒，谢其邻人，灼烂者坐于上行③，余各以功次坐，而不录言曲突者。人谓主人曰：'乡使听客之言④，不费牛酒，终无火患。今论功而请宾，曲突徙薪无恩泽，燋头烂额为上客邪⑤？'主人乃寤而请之。今茂陵徐福，数上书言霍氏且有变，宜防绝之。乡使福说得行，则国无裂土出爵之费，臣无逆乱诛灭之败。往事既已，而福独不蒙其功，唯陛下察之。"上乃赐福帛十匹，以为郎。

帝初立，谒见太庙，大将军光骖乘，上严惮之，若有芒刺在背。后张安世代光骖乘，上从容肆体，甚安近焉。故俗传霍氏之祸，始于骖乘。

〔循吏朱邑〕

纲　九月，以朱邑为大司农。

目　邑少为桐乡啬夫⑥，廉平不苛，以爱利为行⑦，未尝笞辱人，存问孤老，吏民爱敬之。迁北海太守，以治行第一入为大司农，惇厚，笃于故旧，公正，不可交以私。身为列卿，居处俭节，禄赐以共族党，家无余财。

---

① 报闻：臣下所奏之事天子已知，此处暗指仅报闻但不见施行。
② 突：古代灶旁突起的出烟火口。
③ 灼烂：指因救火而烧伤者。
④ 乡：通"向"，从前。
⑤ 燋：通"焦"。
⑥ 桐乡：今安徽桐城市。啬夫：掌赋役及听讼。
⑦ 爱利：爱人利物。

及卒,天子下诏称扬,赐其子金百斤以奉祀。

〔循吏龚遂〕

纲 以龚遂为水衡都尉。

目 先是,渤海岁饥,盗贼并起。上选能治者,丞相、御史举龚遂,拜渤海太守。召见,问:"何以治盗贼?"对曰:"海濒遐远,不沾圣化,其民困于饥寒而吏不恤,故使陛下赤子盗弄陛下之兵于潢池中耳①。今欲使臣胜之邪,将安之也?"上曰:"选用贤良,固欲安之也。"遂曰:"臣闻治乱民,犹治乱绳,不可急也。惟缓之,然后可治。臣愿丞相、御史且无拘臣以文法,得一切便宜从事。"上许焉,加赐黄金,赠遣乘传。至渤海界,郡发兵以迎,遂皆遣还。移书敕属县:"罢逐捕吏,诸持田器者皆为良民,吏无得问,持兵者乃为贼。"遂单车至府。盗贼闻遂教令,即时解散,弃其兵弩而持钩锄②,于是悉平,民安土乐业。遂乃开仓廪假贫民,选用良吏尉安牧养焉③。齐俗奢侈,好末技④,不田作。遂躬率以俭约,劝民务农桑。民有带持刀剑者,使卖剑买牛,卖刀买犊,曰:"何为带牛佩犊!"劳来循行⑤,郡中皆有畜积,讼狱止息。至是入为水衡都尉。

纲 丙辰,元康元年(前65),春正月,初作杜陵。

纲 夏五月,追尊悼考为皇考,立寝庙。

————————

① 盗弄陛下之兵于潢池中:在积水塘玩弄兵器,对民变或兵变的蔑称。

② 钩锄:镰刀和锄头,借指从事农耕。

③ 尉安:安抚。"尉"同"慰"。牧养:治理,统治。

④ 末技:工商业。

⑤ 循行:巡视,巡行。"循"通"巡"。

目有司复言悼园宜称尊号曰"皇考",于是立庙。

〔赵广汉〕

纲杀京兆尹赵广汉。

目赵广汉好用世吏子孙新进年少者,见事风生①,无所回避,率多果敢之计,莫为持难。以私怨论杀男子荣畜,人上书言之,事下丞相、御史按验。广汉疑丞相夫人杀侍婢,欲以胁丞相。乃将吏卒入丞相府,召其夫人跪庭下受辞,收奴婢十余人去。丞相上书自陈,事下廷尉治,不如广汉言。上恶之,下广汉廷尉。吏民守阙号泣者数万人。竟坐要斩。广汉廉明,威制豪强,小民得职②,百姓追思歌之。

纲以萧望之为平原太守,复征入守少府③。

目上选博士、谏官通政事者补郡、国守、相,以谏大夫萧望之为平原太守。望之上疏曰:"陛下哀愍百姓,出谏官以补郡吏。然朝无诤臣,则不知过,所谓忧其末而忘其本者也。"上乃征望之入守少府。

〔尹翁归〕

纲以尹翁归为右扶风。

目翁归为人,公廉明察。为东海太守,过辞廷尉于定国,定国欲托邑子

---

① 风生:雷厉风行。
② 得职:各得其所。
③ 少府:列卿之一,掌帝室财政,如皇帝私府。

与翁归①,语终日,不敢见。曰:"此贤将②,汝不任事也,又不可干以私。"郡中吏民贤不肖及奸邪罪名,尽知之。县各有记籍,披籍取人,以一警百,吏民皆服,改行自新。以治郡高第,入为右扶风,选用廉平,以为右职。接待以礼,好恶同之。其负翁归,罚亦必行。缓于小弱,急于豪强,课常为三辅最。其在公卿间,清洁自守,语不及私,然温良谦退,不以行能骄人,故尤得名誉。

〔冯奉世破莎车〕

纲 莎车叛③,卫候冯奉世矫发诸国兵击破之,以奉世为光禄大夫。

目 上令群臣举可使西域者,前将军韩增举冯奉世,以卫候使持节送诸国客。会莎车王弟呼屠征,与旁国共杀其王万年及汉使者自立,歃血叛汉。奉世以节谕告诸国,发其兵,进击莎车,攻拔其城。莎车王自杀,传首长安④。帝召见韩增曰:"贺将军所举得其人。"议封奉世,萧望之以为"奉世擅矫制发兵,虽有功效,不可以为后法。即封奉世,开后奉使者利,要功万里之外⑤,为国家生事于夷狄,渐不可长"。乃以为光禄大夫。

纲 丁巳,二年(前64),春二月,立倢伃王氏为皇后。

---

① 邑子:同乡。
② 贤将:指翁归,太守兼武事,故称。
③ 莎车:古西域国名,国都即莎车城,今新疆莎车县,匈奴别种呼屠万年据其城,自立为王,因以莎车名国。
④ 传首:传送首级。
⑤ 要:同"邀"。

目上欲立皇后，惩艾(yì)霍氏欲害皇太子①，乃选后宫无子而谨慎者，立
长陵王倢伃为皇后，令母养太子。

纲夏五月，诏二千石察其官属治狱不平者。郡国被疾疫者，毋出今年租。

〔郑吉还屯渠犁〕

纲匈奴扰车师田者，诏郑吉还屯渠犁②。

目匈奴大臣皆以为"车师地肥美，使汉得之，多田积谷，必害人国，不可
不争"，数遣兵击车师田者。郑吉将渠犁田卒救之，为匈奴所围。吉
上言"愿益田卒"。上与赵充国等议，欲因匈奴衰弱，击其右地，使不
敢复扰西域。魏相谏曰："臣闻救乱诛暴，谓之义兵，兵义者王。敌加
于己，不得已而起者，谓之应兵，兵应者胜。争恨小故，不忍忿怒者，
谓之忿兵，兵忿者败。利人土地货宝者，谓之贪兵，兵贪者破。恃国
家之大，矜民人之众，欲见威于敌者，谓之骄兵，兵骄者灭。间者，匈
奴未有犯于边境，虽争屯田车师，不足致意中。今闻诸将军欲兴兵入
其地，臣愚不知此兵何名者也。按今年计子弟杀父兄、妻杀夫者，凡
二百二十八人，臣愚以为此非小变也。今左右不忧此，乃欲报纤介之
忿于远夷，殆孔子所谓'吾恐季孙之忧不在颛臾而在萧墙之内也'。"
上乃遣常惠将骑往车师迎郑吉吏士还渠犁。

相好观汉故事，数条汉兴已来国家便宜行事，及贾谊、晁错、董仲舒等
所言，奏请施行之。敕掾史按事郡国及休告还府，辄白四方异闻。或

---

① 惩艾：吸取过去教训，以前失为戒。"艾"通"乂"。
② 渠犁：汉西域诸国之一，在今新疆轮台县东南、尉犁县西北。

有逆贼、灾变,郡不上,相辄奏言之。与丙吉同心辅政。

纲 以萧望之为左冯翊(píng yì)。

目 帝以萧望之经明持重,论议有余,材任宰相,欲详试其政事,复以为左冯翊。望之从少府出为左迁①,即移病。上使侍中谕意曰:"所用皆更治民以考功。君前为平原太守日浅,故复试之于三辅,非有所闻也。"望之即起视事②。

纲 戊午,三年(前63),春三月,封故昌邑王贺为海昏侯③。

纲 封丙吉等为列侯,故人阿保赐物有差④。

目 丙吉为人深厚,不伐善⑤,自曾孙遭遇⑥,绝口不道前恩。会掖庭宫婢自陈尝有阿保之功,辞引使者丙吉知状。上亲见问,然后知吉有旧恩而终不言,大贤之。

初,张贺常为弟安世称皇曾孙之材美及征怪⑦,安世辄绝止,以为少主在上⑧,不宜称述曾孙。及帝即位而贺已死,上谓安世曰:"掖庭令平生称我⑨,将军止之,是也。"诏曰:"朕微眇时⑩,丙吉、史曾、许舜皆有

---

① 左迁:汉代贵右贱左,称贬官为左迁。
② 视事:官吏到职办公。
③ 海昏:本为汉县名,自此以后为侯国名,在今江西永修县。
④ 阿保:保护养育。
⑤ 伐善:夸耀自己长处。
⑥ 曾孙:指汉宣帝,初号皇曾孙。遭遇:指即帝位。
⑦ 征怪:奇异征兆。
⑧ 少主:指汉昭帝。
⑨ 掖庭令:指张贺。
⑩ 微眇:亦作"微渺",低微。

旧恩,张贺辅导朕躬,修文学经术,恩惠卓异,厥功茂焉。《诗》不云乎:'无德不报。'封贺子彭祖及吉、曾、舜皆为列侯。"故人尝有阿保之功者,皆受官禄、田宅、财物,各以恩深浅报之。吉临当封,病,上忧其不起。夏侯胜曰:"有阴德者,必享其禄。今吉未获报,非死疾也。"果愈。张安世自以父子封侯,在位太盛,乃辞禄。安世谨慎周密,每定大政,已决,辄移病出。闻有诏令,乃惊,使吏之丞相府问焉。自朝廷大臣,莫知其与议也。尝有所荐,其人来谢,安世大恨,以为"举贤达能,岂有私谢邪!"绝弗复为通。有郎功高不调,自言,安世曰:"君之功高,明主所知,人臣执事何短长,而自言乎!"绝不许。已而郎果迁。

纲 夏六月,立子钦为淮阳王。

〔疏广、疏受归家,卖金供具〕

纲 疏广、疏受请老①,赐金遣归。

目 皇太子年十二,通《论语》《孝经》,太傅疏广谓少傅受曰:"吾闻'知足不辱,知止不殆'。今宦成名立如此,不去,惧有后悔。"即日俱移病,上疏乞骸骨。上皆许之,加赐黄金二十斤,皇太子赠以五十斤。公卿、故人设祖道②,供张东都门外③,送者车数百两。道路观者皆曰:"贤哉二大夫!"或叹息为之下泣。广、受归乡里,日令其家卖金供

---

① 请老:官吏请求退休养老。
② 祖道:为出行者祭祀路神和设宴送行的礼仪。
③ 供张:陈设宴会用的帷帐、用具、饮食等物,借指举行宴会。"张"同"帐"。

具①,请族人、故旧、宾客,与相娱乐。或劝以为子孙立产业者,广曰:
"吾岂老悖不念子孙哉②! 顾自有旧田庐,令子孙勤力其中,足以共
衣食,与凡人齐。今复增益之,以为赢余,但教子孙怠惰耳。贤而多
财则损其志,愚而多财则益其过。且夫富者,众之怨也。吾既无以教
化子孙,不欲益其过而生怨。又此金者,圣主所以惠养老臣也,故乐
与乡党、宗族共飨其赐,以尽吾余日,不亦可乎!"于是族人悦服。

〔循吏黄霸"治为天下第一"〕

〖纲〗以颍川太守黄霸守京兆尹,寻罢归故官。

〖目〗黄霸为颍川太守,力行教化而后诛罚,务在成就全安长吏③。许丞老,
病聋,督邮白欲逐之④。霸曰:"许丞廉吏,虽老,尚能拜起送迎,重听
何伤?"或问其故,霸曰:"数易长吏,送故迎新之费,及奸吏因缘,绝簿
书,盗财物,公私费耗甚多,皆出于民。所易新吏,又未必贤,或不如
其故,徒相益为乱。凡治道,去其泰甚者耳。"霸以外宽内明,得吏民
心,户口岁增,治为天下第一。征守京兆尹,寻坐法,贬秩,诏复归颍
川为太守。

评昭宣时期循吏政治:

　　西汉昭帝、宣帝时期,任用循吏是引人关注的现象。循吏"奉职循
理",在地方治理中善于利用风俗教化引导百姓。他们积极践行儒家

---

① 供具:陈设食具,备供酒食。
② 老悖:年老昏乱,不通事理。
③ 全安:保全而使之平安。
④ 督邮:汉代各郡重要属吏,代表太守督察县乡,宣达政令兼司法等。

"民本"思想,治下地区大多社会稳定,民风改善,反映了社会发展需求与国家治民理念的统一。循吏受到国家褒奖及百姓爱戴,不仅影响汉代,对后世也有借鉴作用。不过也有部分"循吏"脱离实际而空言教化,行事偏颇,有"求名伪饰"之弊。

纲 己未,四年(前62),春正月,右扶风尹翁归卒。

纲 大司马、卫将军、富平侯张安世卒。

纲 以韦玄成为河南太守。

目 初,扶阳节侯韦贤薨①,长子弘有罪系狱,家人矫贤令,以次子玄成为后。玄成深知其非贤雅意②,即佯狂不应召。大鸿胪奏状,章下丞相、御史案验。玄成友人侍郎章奕上疏言:"圣王贵以礼让为国,宜优养玄成,勿枉其志,使得自安衡门之下③。"而丞相、御史遂以玄成实不病,劾奏之。有诏勿劾,引拜。玄成不得已受爵。帝高其节,以为河南太守。

[汉宣帝求金马碧鸡,王褒作《圣主得贤臣颂》劝谏,宣帝遂疏远方士]

纲 庚申,神爵元年(前61),春正月,帝如甘泉,郊泰畤。三月,如河东祠后土④。遣谏大夫王褒求金马、碧鸡之神⑤。

目 上颇修武帝故事,谨斋祀之礼。以方士言,增置神祠。闻益州有金

---

① 扶阳:侯国名,今安徽萧县。节侯:韦贤谥号。
② 雅意:本意。
③ 衡门:横木为门,形容房屋简陋,借指隐者所居。
④ 祠后土:在后土祠祭祀地神,黄帝之佐神。
⑤ 金马、碧鸡:形状像马的金,形状像鸡的玉,皆为宝物,亦指神名。

马、碧鸡之神①，遣褒持节求之。

初，上闻褒有俊才，召见，使为《圣主得贤臣颂》，其辞曰："夫贤者，国家之器用也，故君人者，勤于求贤而逸于得人。昔贤者之未遭遇也②，图事揆(kuí)策③，则君不用其谋。陈见悃(kǔn)诚④，则上不然其信。及其遇明君也，运筹合上意，谏诤即见听，进退得关其忠，任职得行其术。故世必有圣知之君，而后有贤明之臣。故虎啸而风烈，龙兴而致云，蟋蟀俟秋唫(yín)⑤，蜉蝣出以阴⑥。明明在朝⑦，穆穆布列⑧，聚精会神，相得益彰。故圣主必待贤臣而弘功业，俊士必俟明主以显其德。上下俱欲，欢然交欣，翼乎如鸿毛遇顺风⑨，沛乎如巨鱼纵大壑⑩，休征自至⑪，寿考无疆，何必偃仰屈伸若彭祖⑫，呴嘘(xǔ xū)呼吸如乔、松哉⑬！"上颇好神仙，故褒对及之。后京兆尹张敞亦劝上斥远方士，游心帝王之术，由是悉罢尚方待诏⑭。

---

① 益州：益州刺史部，西汉十三州之一，境域约今四川中部、东部，重庆，云南大部，陕西南部，湖北西北部，贵州，甘肃南部一带。

② 遭遇：指遇到明主。

③ 揆策：画策。

④ 悃诚：诚恳之心。

⑤ 唫：同"吟"。

⑥ 蜉蝣：亦作蜉蝤，一种昆虫，成虫寿命极短，朝生而暮死。

⑦ 明明在朝：圣明的君主在上。

⑧ 穆穆布列：贤能的大臣在下。

⑨ 翼：轻盈美好。

⑩ 沛：迅疾。

⑪ 休征：吉祥的征兆。

⑫ 彭祖：传说中人物，善养生，寿八百。

⑬ 呴嘘：道家吐纳之术。乔、松：指王乔、赤松子，皆传说中的仙人。

⑭ 尚方待诏：此处尚方指主方药医官，非作器物之尚方。

纲 谏大夫王吉谢病归。

目 上颇修饰宫室、车服,外戚许、史、王氏贵宠。谏大夫王吉上疏曰:"陛下惟思世务,将兴太平,诏书每下,民欣然若更生。臣伏思之,可谓至恩,未可谓本务也。臣闻宣德流化,必自近始。故宜谨选左右,审择所使。左右所以正身,所使所以宣德,此其本也。安上治民,莫善于礼。愿陛下述旧礼,明王制,驱一世之民,跻之仁寿之域,则俗何以不若成康①,寿何以不若高宗②! 古者衣服车马,贵贱有章。今上下僭差,是以贪财诛利,不畏死亡。外家及故人,可厚以财,不宜居位。"上以其言为迂阔,吉遂谢病归。

〔赵充国击先零、屯田湟中〕

纲 先零羌杨玉叛③,夏四月,遣后将军赵充国将兵击之④。

目 先零羌侯杨玉背畔⑤,攻城邑,杀长吏。赵充国年七十余,上老之,使丙吉问"谁可将者?"对曰:"无逾于老臣者矣!"上问:"度当用几人?"充国曰:"百闻不如一见。兵难隃(yáo)度⑥,臣愿驰至金城⑦,图上方略。羌戎小夷,逆天背畔,灭亡不久,愿陛下以属老臣,勿以为忧!"上笑曰:"诺。"大发兵,遣充国将之,以击西羌。

---

① 成康:西周成康盛世。
② 高宗:指殷武丁,庙号为高宗。
③ 先零:汉代羌族一支,初居于今甘肃、青海湟水流域,后渐与西北各族融合。
④ 后将军:汉代重号将军,有兵事则典掌禁兵,戍卫京师,或任征伐。平时无具体职务,一般兼任他官。
⑤ 畔:通"叛"。
⑥ 隃:同"遥"。
⑦ 金城:郡名,初治今甘肃兰州市,郡界扩大后移治今甘肃永靖县,移治时间不详。

綱 六月,有星孛于东方。

綱 秋七月,充国引兵击叛羌,叛羌多降。诏复遣将军辛武贤等将兵击之。寻诏罢兵,留充国屯田湟中①。

目 六月,赵充国至金城,常以远斥候为务,行必为战备,止必坚营壁,尤能持重,爱士卒,先计而后战。西至部都尉府②,日飨军士,士皆欲为用。虏数挑战,充国坚守,欲以威信招降罕开(hǎn jiān)及劫略者③,解散虏谋,徼其疲剧④,乃击之。酒泉太守辛武贤奏言:“以七月分兵出击罕开,冬复击之,虏必震坏。”天子下其书。充国以为“先零首为畔逆,当捐罕开闇昧之过⑤,先行先零之诛以震动之,宜悔过反善,此全师保胜安边之策”。天子下其书。议者咸以为“先零兵盛,而负罕开之助,不先破罕开,则先零未可图也”。上乃拜许延寿强弩将军,武贤破羌将军,诏充国引兵并进击罕开。充国上书,以为“先诛先零,则罕开之属不烦兵而服。不服,涉正月击之”。七月,玺书报从充国计,后罕开竟不烦兵而下。

上诏武贤等以十二月与充国合击先零。时羌降者万余人矣,充国度其必坏,欲罢骑兵,屯田以待其敝。作奏未上,会得进兵玺书,遂上屯田奏曰:“羌易以计破,难用兵碎也,故臣愚以为击之不便! 计度临羌东至浩亹(mén)⑥,羌虏故田及公田,民所未垦,可二千顷以上。臣愿

---

① 湟中:地名,指湟水流域沿岸地区,在今甘肃、青海。
② 部都尉:这里指金城西部都尉,掌领兵守护边疆,防御外侵及维持治安。
③ 罕开:汉时西羌部落联盟之一,由罕种羌和开种羌组成。
④ 徼:伺察。
⑤ 捐:弃。
⑥ 临羌:县名,今甘肃湟源县。浩亹:县名,今甘肃永登县。

罢骑兵,留步兵分屯要害处,浚沟渠,治湟陿(xiá)①,人二十亩,益积畜,省大费。谨上田处及器用簿。"上报曰:"即如将军之计,虏当何时伏诛? 兵当何时得决? 熟计其便,复奏!"充国上状曰:"臣闻帝王之兵,以全取胜,是以贵谋而贱战。百战而百胜,非善之善者,故先为不可胜,以待敌之可胜。臣谨条不出兵留田便宜十二事,留屯田得十二便,出兵失十二利,唯明诏采择!"

充国奏每上,辄下公卿议。魏相曰:"臣愚不习兵事利害。后将军数画军策,其言常是,臣任其计可必用也。"上于是诏罢兵,独充国留屯田。

纲 以张敞为京兆尹。

目 初,敞为山阳太守,时胶东盗贼起,敞自请治之。拜胶东相,明设购赏②,传相斩捕,国中遂平。时长安多盗,上以问敞。敞以为可禁,乃以为京兆尹。敞求得偷盗酋长数人③,召见责问,令致诸偷以自赎,一日得数百人,由是市无偷盗。敞赏罚分明,而时时越法,有所纵舍。本治《春秋》,以经术自辅,不纯用诛罚,以此能自全。朝廷有大议,引古今,处便宜,公卿皆服。

纲 辛酉,二年(前60),春二月,凤皇、甘露降集京师,赦。

纲 夏五月,赵充国振旅而还④。秋,羌斩杨玉以降,置金城属国以处之。

---

① 湟陿:今名峡口山,在青海西宁市东。
② 购赏:悬赏。
③ 酋长:小首领、头目。
④ 振旅:整顿军队。

目赵充国奏言:"羌本可五万人,除斩、降、溺、饥死,定计遗脱不过四千人。羌靡忘等自诡必得①,请罢屯兵。"奏可。充国振旅而还。秋,羌若零等共斩杨玉首,帅四千余人降②。初置金城属国以处降羌。

[盖宽饶刚正清廉,多次冒犯汉宣帝,后自刭]

纲秋九月,司隶校尉盖宽饶自刭北阙下③。

目司隶校尉盖宽饶刚直公清,数犯上意。时方用刑法,任中书官④,宽饶奏封事曰:"方今圣道浸微,儒术不行,以刑余为周召⑤,以法律为《诗》《书》。"又引《易传》言:"五帝官天下,三王家天下。家以传子孙,官以传贤圣。"书奏,上以为宽饶怨谤,下其书。执金吾议⑥,以为:"宽饶旨意欲求禅,大逆不道!"谏大夫郑昌上书讼宽饶曰:"臣闻山有猛兽,藜藿(lí huò)为之不采⑦。国有忠臣,奸邪为之不起。宽饶进有忧国之心,退有死节之义,上无许、史之属⑧,下无金、张之托⑨。直道而行,多仇少与。上书陈事,有司劾以大辟⑩。臣幸得从大夫之后,官以谏为名,不敢不言。"上竟下宽饶吏。宽饶引佩刀自刭北阙

———————————

① 靡忘:羌族豪强。自诡:责成自己。

② 帅:同"率"。

③ 司隶校尉:简称司隶,掌京畿七郡捕督奸猾,察举百官以下犯法者。

④ 中书官:掌传宣诏命,以宦官充任,称中书宦官。

⑤ 刑余:受过宫刑之人,代指宦官。周召:周成王时共同辅政的周公旦和召公奭的并称。

⑥ 执金吾:列卿之一,掌京师治安、督捕盗贼,负责宫廷以外、京城之内的警卫。

⑦ 藜藿:野菜。

⑧ 许、史:指许广汉、史高等外戚。

⑨ 金、张:指金日磾、张安世等重臣。

⑩ 大辟:五刑之一,隋以前死刑的通称。

下,众庶莫不怜之。

[始置西域都护]

纲 以郑吉为西域都护。

目 匈奴日逐王先贤掸(shàn)①,与握衍朐鞮(qú dī)单于有隙②,率其众降汉,使人至渠犁与郑吉相闻。吉发诸国五万人迎之,将诣京师。吉威振西域,遂并护车师以西北道,故号都护。都护之置自吉始。于是中西域而立幕府,治乌垒城③,去阳关二千七百余里④,督察乌孙、康居等三十六国,汉之号令班西域矣。

纲 壬戌,三年(前59),春三月,丞相高平侯魏相卒⑤。

[丙吉问牛]

纲 夏四月,以丙吉为丞相。

目 吉尚宽大,好礼让。掾吏有罪⑥,辄与长休告,务掩过扬善,终无所案。曰:"以公府而有案吏之名⑦,吾窃陋焉!"后人因以为故事。尝出,逢群斗死伤,不问。逢牛喘,使问:"逐牛行几里矣?"或讥吉失问,吉曰:"民斗,京兆所当禁。宰相不亲小事,非所当问也。方春,未可热,恐

---

① 日逐王:匈奴贵族封号。

② 握衍朐鞮:单于之号。

③ 乌垒城:即乌磊,古西域国名,在今新疆轮台县东。

④ 阳关:位于今甘肃敦煌市西南古董滩附近。

⑤ 高平:侯国名,今安徽泗县。

⑥ 掾吏:官府中辅助官吏的通称。

⑦ 案吏:惩办下属官吏。

牛近行,用暑故喘①,此时气失节。三公调阴阳,职当忧。"时人以为知大体。

纲秋七月,以萧望之为御史大夫。

纲八月,益小吏俸。

目诏曰:"吏不廉平,则治道衰。今小吏皆勤事,而俸禄薄,欲无侵渔百姓,难矣! 其益吏百石已下俸十五。"

〔韩延寿"闭门思过"〕

纲以韩延寿为左冯翊。

目始延寿为颍川太守,承赵广汉之后。俗多怨仇,延寿教以礼让。黄霸代之,因其迹而大治。延寿接待下吏,恩施甚厚而约誓明。或欺负之者②,延寿痛自刻责,吏闻者自伤悔,或自刺死。为东郡太守三岁③,令行禁止,断狱大减,由是入为冯翊。行县至高陵④,民有昆弟讼田,延寿大伤之,曰:"幸得备位⑤,为郡表率,不能宣明教化,至令民有骨肉争讼,咎在冯翊!"是日移病,入卧传舍,闭阁思过。于是讼者自悔,愿以田相移,终死不敢争。郡中歙(xī)然⑥,传相敕厉⑦。恩信周遍二

---

① 用:因。
② 欺负:欺骗违背。
③ 东郡:治今河南濮阳县。
④ 行县:巡行所主之县。高陵:县名,今陕西西安市高陵区。
⑤ 备位:居官自谦之词,谓愧居其位。
⑥ 歙然:和谐融洽。
⑦ 敕厉:告戒勉励。

十四县,莫敢以辞讼自言者。推其至诚,吏民不忍欺绐。

纲 癸亥,四年(前58),夏四月,赐颍川太守黄霸爵关内侯。

目 霸在郡八年,政事愈治。是时凤皇、神爵数集郡国①,颍川尤多,于是赐爵关内侯。后数月,征霸为太子太傅。

纲 冬十月,凤皇集杜陵。

纲 河南太守严延年弃市。

目 延年阴鸷酷烈②,冬月传属县囚,会论府上,流血数里,河南号曰"屠伯"。延年素轻黄霸,见其以凤皇被褒赏,心内不服。郡界有蝗,府丞义出行蝗③,延年曰:"此蝗岂凤皇食邪?"义恐见中伤,乃上书言延年罪,因自杀以明不欺。事下按验,得其怨望诽谤数事,坐不道④,弃市。初,延年母从东海来⑤,适见报囚⑥,大惊,谓延年曰:"天道神明,人不可独杀。我不意当老见壮子被刑戮也!行矣,去汝东归,扫除墓地耳!"后岁余果败,东海莫不贤智其母。

纲 甲子,五凤元年(前57),冬十二月朔,日食。

纲 杀左冯翊韩延寿。

目 韩延寿代萧望之为左冯翊。望之闻延寿在东郡时,放散官钱千余万,

---

① 神爵:瑞鸟。爵,通"雀"。
② 阴鸷:狠毒、阴险。鸟之勇或兽之猛,皆曰鸷。
③ 府丞:郡府的属吏。行蝗:巡行捕蝗。
④ 不道:汉罪名。
⑤ 东海:郡名,治今江苏邳州市,严延年为东海下邳人。
⑥ 报囚:判决囚犯。

使御史案之。延寿即部吏案较望之在冯翊时禀(lǐn)牺官钱①，放散百余万。望之自奏："职在总领天下，闻事不敢不问，而为延寿所拘持②。"上由是不直延寿③，各令穷竟。望之卒无事实，而延寿以车服、侍卫奢僭逾制等数事，竟坐弃市，百姓莫不流涕。

纲 乙丑，二年(前56)，秋八月，左迁萧望之为太子太傅。

纲 免光禄勋平通侯杨恽为庶人④。

目 杨恽廉洁无私，然伐其行能⑤，又性刻害，好发人阴伏⑥，由是多怨。与太仆戴长乐相失，长乐上书告恽以主上为戏，语尤悖逆。诏免为庶人。

纲 丙寅，三年(前55)，春正月，丞相博阳侯丙吉卒⑦。

目 吉病，上临，问以"谁可以自代者?"吉荐杜延年、于定国、陈万年。薨，谥曰定。后三人居位皆称职，上称吉为知人。

〔黄霸为相，名声反不如做太守之时〕

纲 二月，以黄霸为丞相。

目 霸材长于治民，及为丞相，功名损于治郡。时京兆尹张敞舍鹖(hé)雀

---

① 禀牺：官名，掌藏谷养牲供祭祀用。"禀"同"廪"。
② 拘持：挟制。
③ 不直：不信任。
④ 平通：侯国名，今山东泰安市。
⑤ 伐：自夸。
⑥ 阴伏：隐秘不为人知的坏事。
⑦ 博阳：侯国名，今河南周口市。

飞集丞相府,霸以为神雀,议欲以闻。后知从敞舍来,乃止。敞奏:
"挟诈伪以奸名誉者,必先受戮,以正明好恶。"霸甚惭。时史高以外
戚贵重,霸荐高可太尉。天子使尚书召问霸:"太尉官罢久矣①。夫
宣明教化,通达幽隐,使狱无冤刑,邑无盗贼,君之职也。将相之官,
朕之任焉。高帷幄近臣,朕所自亲,君何越职而举之?"霸免冠谢罪,
数日乃决,自是后不敢复有所请。然自汉兴言治民吏,以霸为首。

〔匈奴呼韩邪单于称臣〕

纲 丁卯,四年(前54),春,匈奴呼韩邪单于称臣,遣弟入侍。减戍卒
　　什二。

纲 籴(dí)三辅近郡谷供京师②,初置常平仓。

目 自元康以来,比年丰稔(rěn)③,谷石五钱。大司农中丞耿寿昌奏言:
　　"岁丰谷贱,农人少利。故事:岁漕关东谷四百万斛④,用卒六万人。
　　宜籴三辅、弘农、河东、上党、太原郡谷供京师⑤,可省漕卒过半。"又
　　奏:"令边郡皆筑仓,以谷贱增其价而籴,以利农,谷贵时减价而粜
　　(tiào)⑥,名曰常平仓。"民便之,诏赐寿昌爵关内侯。

纲 夏四月朔,日食。

----

① 太尉官罢久:指汉武帝建元二年罢太尉,久不复置。
② 籴:买进粮食。
③ 丰稔:丰熟富足。
④ 斛:量器名,亦为容量单位,多用于粮食,十斗为一斛。
⑤ 弘农:郡名,治今河南灵宝市北故函谷关城。河东:郡名,汉初治今山西襄汾县,此时
　　或移治今山西夏县。上党:郡名,治今山西长子县。
⑥ 粜:卖出粮食。

纲 杀故平通侯杨恽。

目 恽既失爵位，家居治产业，以财自娱。其友人孙会宗与恽书，为言："大臣废退，当阖门惶惧，为可怜之意。不当治产业，通宾客，有称誉。"恽，宰相子，有材能，少显朝廷，一朝以晻(àn)昧语言见废①，内怀不服，报书曰②："窃自思念，过已大矣，行已亏矣，当为农夫以没世矣。田家作苦，岁时伏腊，烹羊炰(páo)羔③，斗酒自劳，酒后耳热，仰天拊缶而呼乌乌，其诗曰：'田彼南山，芜秽不治④。种一顷豆，落而为萁。人生行乐耳，须富贵何时！'是日也，拂衣而喜，奋襃(xiù)低昂⑤，顿足起舞，诚淫荒无度，不知其不可也。"又恽兄子谭谓恽曰："侯罪薄，又有功，且复用。"恽曰："有功何益？县官不足为尽力⑥！"谭曰："县官实然。盖司隶、韩冯翊皆尽力吏也，俱坐事诛。"或上书告："恽骄奢，不悔过，日食之咎，此人所致。"章下，廷尉当恽大逆无道，腰斩。

纲 匈奴郅支单于攻呼韩邪单于走之，遂都单于庭。

纲 戊辰，甘露元年(前53)，春，免京兆尹张敞官，复以为冀州刺史。

目 杨恽之诛，公卿奏敞恽之党友，不宜处位。上惜敞材，独寝其奏，不下。敞使掾絮舜案事，舜私归其家曰："五日京兆耳，安能复案事。"敞

---

① 晻昧：昏暗不明。
② 报书：回信。
③ 炰：以火烧烤食物。
④ 芜秽不治：以田地荒凉比喻朝廷荒乱。
⑤ 襃：同"袖"。
⑥ 县官：汉代皇帝的代称。

闻,即收舜系狱验治,竟致其死事。会立春,行冤狱使者出,舜家载尸自言,使者奏敞贼杀不辜。上欲令敞得自便,即先下前奏,免为庶人。敞诣阙上印绶,便从阙下亡命。数月,京师吏民解弛,枹(fú)鼓数起①,而冀州部中有大贼②,天子使使者即家召敞。妻子皆泣,敞独笑曰:"吾身亡命为民,郡吏当就捕。今使者来,此天子欲用我也。"装随使者诣公车。上引见,拜冀州刺史。到部,盗贼屏息。

〔汉家自有制度,本以霸王道杂之〕

纲 以韦玄成为淮阳中尉。

目 皇太子柔仁好儒,见上所用多文法吏③,以刑绳下,尝侍燕,从容言:"陛下持刑太深,宜用儒生。"帝作色曰:"汉家自有制度,本以霸王道杂之,奈何纯任德教用周政乎!且俗儒不达时宜,好是古非今,使人眩于名实,不知所守,何足委任!"乃叹曰:"乱我家者太子也!"上由是疏太子,而爱次子淮阳宪王钦,常欲立之。然因太子起于微细④,上少依许氏,及即位而许后以弑死,故弗忍也。久之,上拜韦玄成为淮阳中尉,以玄成尝让爵于兄,欲以感喻宪王,由是太子遂安。

纲 匈奴两单于⑤,皆遣子入侍⑥。

---

① 枹鼓:报警之鼓。

② 冀州部:冀州刺史部,境域约当今河北中南部,河南北部,山东西部。

③ 文法吏:通晓法令且执法严峻的官吏。

④ 起于微细:指太子为宣帝微时许后所生。

⑤ 两单于:指呼韩邪与郅支。

⑥ 遣子入侍:臣服国把王子送去当人质以表诚意。

纲 夏四月,黄龙见。

纲 己巳,二年(前52),夏四月,营平侯赵充国卒①。

纲 匈奴款塞请朝②。

目 匈奴呼韩邪单于款五原塞③,愿奉国珍,朝三年正月。诏有司议其仪,
丞相、御史曰:"圣王之制,先京师而后诸夏,先诸夏而后夷狄。单于
朝贺,宜如诸侯王,位次在下。"萧望之以为:"单于非正朔所加,故称
敌国④,宜待以不臣之礼,位在诸侯王上。"天子采之,诏令单于位在
诸侯王上,赞谒称臣而不名⑤。

周金泰 评注

李　霖 审定

---

① 营平:侯国名,今山东济南市。
② 款塞:叩塞门,指外族前来通好。
③ 五原塞:关隘名,西汉五原郡内关塞统称,在今内蒙古阴山山脉中;一说即榆林塞,在
今陕西榆林市;一说今内蒙古准格尔旗。
④ 敌国:地位相匹敌之国。
⑤ 赞谒:谒见帝王时赞唱礼仪,引导进见。

纲鉴易知录卷一七

卷首语:本卷起汉宣帝甘露三年(前51),止汉成帝永始二年(前15),所记为宣帝末期、元帝朝及成帝前期之史事。甘露三年,汉宣帝画功臣于麒麟阁,并召开石渠阁会议,讲论五经异同。元帝即位后,放纵外戚,重用宦官弘恭、石显,萧望之等大臣或被迫害致死,或被下狱。成帝耽于酒色,宠幸赵飞燕姊妹,委政外戚王氏。但广求佚书,诏刘向校理,保留了文化成果。元成时期,汉王朝由盛转衰。

汉　纪

孝宣皇帝

〔南匈奴进京朝见，请求南迁至汉塞下〕

纲 庚午，三年（甘露三年，前51），春正月，匈奴呼韩邪单于来朝，还居幕
　南塞下。

目 上幸甘泉，郊泰畤。匈奴呼韩邪单于来朝，上还，单于就邸长安，置酒
　建章宫飨赐之。二月，遣归国。单于请居光禄塞下①，自是乌孙以西
　至安息诸国近匈奴者，咸尊汉矣。

〔汉宣帝在麒麟阁绘十一功臣像〕

纲 画功臣于麒麟阁②。

目 上以戎狄宾服，思股肱之美，乃图画其人于麒麟阁，署其官爵姓名。
　惟霍光不名，曰"大司马大将军博陆侯，姓霍氏"，其次张安世、韩增、
　赵充国、魏相、丙吉、杜延年、刘德、梁丘贺、萧望之、苏武，凡十一人，
　皆有功德，知名当世。

---

① 光禄塞：又名"光禄城"，汉武帝时光禄勋徐自为兴筑，故名。在今内蒙古乌拉特前
　旗，一说在今内蒙古达茂旗。
② 麒麟阁：阁名，在未央宫中，皇室藏书处。

纲 凤皇集新蔡①。

纲 丞相霸卒,以于定国为丞相。

[汉宣帝召开石渠阁会议,讲论五经异同]

纲 诏诸儒讲五经异同于石渠阁②。

目 诏诸儒论五经异同,萧望之等平奏③,上亲称制临决。立梁丘《易》、夏侯《尚书》、穀梁《春秋》博士④。

纲 皇孙骜生。

目 皇太子所幸司马良娣,病死,太子忽忽不乐。帝令皇后择后宫家人子,得元城王政君⑤,送太子宫。政君,故绣衣御史贺之孙女也⑥,是岁生成帝于甲馆画堂⑦,为世適皇孙。帝爱之,自名曰骜,字太孙,常置左右。

纲 壬申,黄龙元年(前49),春三月,有星孛于王良、阁道,入紫微宫⑧。

---

① 新蔡:县名,今河南新蔡县。
② 石渠阁:阁名,在未央宫北,皇室藏书处。异同:指是否与经旨相吻合。
③ 平奏:讨论评议后上奏。
④ 梁丘:复姓,名贺。夏侯:复姓,名胜。穀梁:复姓,名淑,一名赤。
⑤ 元城:县名,今河北大名县。
⑥ 绣衣御史:见前"绣衣直指"。
⑦ 甲馆:馆名,当时馆以甲、乙等天干排序为名。画堂:绘有彩色图画之堂。
⑧ 王良:星官名,共五星,在奎宿北银河中,古人认为是天帝奉御宫。阁道:星官名,共六星,在王良北面,古人认为是天帝游别宫的通道。紫微:紫微垣,星官名,三垣之一。古人认为是天帝常居之处,主命、度。

〔汉宣帝遗诏史高、萧望之、周堪辅政〕

纲 帝寝疾,以史高为大司马车骑将军,萧望之为前将军光禄勋,周堪为光禄大夫,受遗诏辅政,领尚书事。冬十二月,帝崩。

纲 太子奭即位,尊皇太后曰太皇太后,皇后曰皇太后。

孝元皇帝

纲 癸酉,孝元皇帝初元元年(前48),春正月,葬杜陵。

〔汉元帝立王政君为皇后〕

纲 三月,立倢伃王氏为皇后。

纲 以公田及苑振业贫民,赋贷种食。

纲 夏六月,大疫,诏损膳①,减乐府员,省苑马,以振困乏。

纲 秋九月,关东大水,饥。

纲 以贡禹为谏大夫。罢宫馆希幸者,减谷食(sì)马、肉食兽。

目 上素闻王吉、贡禹皆明经洁行,遣使者征之。吉道病卒。禹至,拜为谏大夫。问以政事,禹言:"古者人君节俭,什一而税,亡他赋役,故家给人足。惟陛下深察古道,从其俭者。天生圣人,盖为万民,非独使自娱乐而已也。"天子善其言,下诏令诸宫馆希御幸者,勿缮治。太仆

———————

① 损膳:降低皇帝膳食标准。

减谷食马,水衡省肉食兽①。

|纲| 置戊己校尉②,屯田车师故地。

〔萧望之等请罢中书宦官,反遭构陷〕

|纲| 甲戌,二年(前47),春正月,下萧望之、周堪及宗正刘更生狱③,皆免
为庶人。

|目| 史高以外属领尚书事④,萧望之、周堪为之副。望之、堪皆以师傅旧
恩,天子任之,数言治乱,陈王事。选白宗室明经有行谏大夫更生给
事中,与侍中金敞并拾遗左右⑤。四人同心谋议,史高充位而已⑥,由
是与望之有隙。

中书令弘恭、仆射石显,自宣帝时久典枢机。帝即位多疾,以显中
人⑦,无外党,遂委以政,事无大小,因显白决,贵幸倾朝。显为人巧
慧习事⑧,能深得人主微指,内深贼,持诡辞,以中伤人,与高为
表里。

望之等患苦许、史放纵,又疾恭、显擅权,建白以为⑨:“中书政本,国
家枢机,宜以通明公正处之。武帝游宴后庭,故用宦者,非古制也。

---

① 水衡:即水衡都尉。
② 戊己校尉:官名,掌管西域屯田事务,不常置。
③ 刘更生:即刘向,本名更生。
④ 外属:外戚。
⑤ 拾遗:匡正过失缺点。
⑥ 充位:徒居其位,无所建树。
⑦ 中人:宦官。
⑧ 习事:熟谙事理。
⑨ 建白:提出建议,陈述主张。

宜罢中书宦官,应古不近刑人之义。"议久不定,出更生为宗正。恭、显奏:"望之、堪、更生朋党,相称誉,数潜诉大臣,毁离亲戚,欲以专擅权势。为臣不忠,诬上不道,请谒者召致廷尉。"时上初即位,不省召致廷尉为下狱,乃可其奏。后上召堪、更生,曰"系狱"。上大惊曰:"非但廷尉问邪?"以责恭、显,皆叩头谢。上曰:"令出视事。"恭、显使高言:"上新即位,未以德化闻于天下,而先验师傅。既下狱,宜因决免。"于是赦望之罪,收印绶,及堪、更生皆免为庶人。

纲 陇西地震。

纲 罢黄门狗马,以禁囿假贫民,举直言极谏之士。

纲 夏四月,立子骜为皇太子。

纲 赐萧望之爵关内侯,给事中,朝朔望①。

纲 关东饥。秋七月,地复震。

〔萧望之下狱自杀〕

纲 以周堪、刘更生为中郎,寻系狱,免。冬十二月,萧望之自杀,以宦者石显为中书令。

目 上复征周堪、刘更生,欲以为谏大夫,恭、显白以为中郎。上器重萧望之不已,欲倚以为相,恭、显、许、史皆侧目。更生乃使其外亲上变事,言地震殆为恭等,宜退恭、显以章蔽善之罚②,进望之等以通贤者之

———————

① 朝朔望:每月初一、十五日朝谒皇帝。
② 章:同"彰"。

路。恭、显疑其更生所为，白请考奸诈①，辞服②，遂逮系狱，免为庶人。会望之子伋亦上书讼望之前事，事下有司，复奏："望之教子上书，失大臣体，不敬，请逮捕。"恭、显等知望之素高节，不诎辱，建白："望之前幸不坐，复赐爵邑，不悔过服罪，深怀怨望，自以托师傅，终必不坐。非颇屈望之于牢狱，塞其怏怏心，则圣朝无以施恩厚！"上曰："太傅素刚，安肯就吏！"显等曰："人命至重，望之所坐，语言薄罪，必无所忧。"上乃可其奏。显等令谒者召望之，望之以问门下生朱云，云好节士，劝望之自裁。望之仰天叹曰："吾尝备位将相，年逾六十矣，老入牢狱，苟求生活，不亦鄙乎！"饮鸩自杀。天子闻之惊，拊(fǔ)手曰③："曩固疑其不就牢狱，果然杀吾贤傅！"却食涕泣，哀动左右。召显等责问，以议不详，皆免冠谢，良久然后已。是岁恭死，遂以显为中书令。

〔弃罢珠厓郡〕

纲 乙亥，三年(前46)，春，罢珠厓郡。

目 珠厓、儋耳郡在海中洲上，率数年一反，杀吏，汉辄发兵击定之。至是，诸县叛，上谋于群臣，欲大发军。待诏贾捐之曰："臣闻尧、舜、禹三圣之德，地方不过数千里，东渐于海，西被于流沙，朔南暨声教。言欲与声教则治之，不欲与者不强治也。臣愿遂弃珠厓，专用恤关东为忧！"上从之。

————————

① 考：拷问，讯问。
② 辞服：审讯时表示服罪。
③ 拊手：拍手，震惊下的举动。

纲 夏,以周堪为光禄勋,张猛为光禄大夫,给事中。

纲 丁丑,五年(前44),春正月,以周子南君为周承休侯。

纲 夏六月,以贡禹为御史大夫。罢盐铁官、常平仓及博士弟子员数。

纲 匈奴郅支单于杀汉使者,西走康居①。

纲 戊寅,永光元年(前43),春,郊泰畤。

目 上郊泰畤,礼毕,因留射猎。御史大夫薛广德曰:"关东困极,人民流离。陛下日撞亡秦之钟,听郑卫之乐②,臣诚悼之。今士卒暴露,从官劳倦,陛下亟反宫,思与百姓同忧乐,天下幸甚!"上即日还。

纲 诏举质朴、敦厚、逊让、有行者。

纲 三月,雨雪、陨霜,杀桑。

纲 秋,上酎祭宗庙③。

目 上出便门④,欲御楼船。薛广德当乘舆车,免冠顿首曰:"宜从桥。"诏曰:"大夫冠。"广德曰:"陛下不听臣,臣自刭,以血污车轮,陛下不得入庙矣!"上不悦。先驱张猛进曰:"臣闻主圣臣直。乘船危,乘桥安,圣主不乘危,御史大夫言可听。"上曰:"晓人不当如是邪!"遂从桥。

纲 大饥。丞相定国、御史大夫广德罢。

---

① 康居:古西域国名,在大宛之西,具体位置存疑,推测约在今巴尔喀什湖和咸海之间。
② 郑卫之乐:春秋郑、卫国音乐,儒家认为其音淫靡,非雅乐,故斥之为淫声。
③ 酎祭:用酎酒祭祀祖先。酎,经三次酿造的醇酒。
④ 便门:指汉长安城章城门,为长安城西面南头第一门。

纲 城门校尉诸葛丰有罪,免。左迁周堪为河东太守,张猛为槐里令①。

目 石显惮堪、猛等,数谮毁之。刘更生惧其倾危,上书曰:"臣闻舜命九官②,济济相让,和之至也。众贤和于朝,则万物和于野,故《箫韶》九成,而凤皇来仪。至周幽厉之际,朝廷不和,转相非怨,则日月薄食,水泉沸腾,山谷易处,霜降失节。由此观之,和气致祥,乖气致异,祥多者其国安,异众者其国危,天地之常经,古今之通义也。正臣进者,治之表也;正臣陷者,乱之机也。夫执狐疑之心者,来谗贼之口;持不断之意者,开群枉之门。谗邪进则众贤退,群枉盛则正士消。今以陛下明知,诚深思天地之心,考祥应之福,灾异之祸,杜闭群枉之门,广开众正之路,使是非炳然可知③,则百异消灭而众祥并至,太平之基,万世之利也。"

是岁,夏寒,日青,显及许、史皆言堪、猛用事之咎。上内重堪,又患众口之浸润④,无所取信。时长安令杨兴以材能幸,常称誉堪,上欲以为助,乃问兴:"朝臣䜣(yín)䜣不可光禄勋⑤,何邪?"兴倾巧,谓上疑堪,因顺指曰:"堪非独不可于朝廷,自州里亦不可也。臣见众人前以堪为当诛,故言堪不可诛伤,为国养恩也。"上曰:"然,今宜奈何?"兴曰:"臣愚以为可赐爵食邑,勿令典事。明主不失师傅之恩,此最策之得也。"上于是疑之。城门校尉诸葛丰以刚直著名,上书告堪、猛罪。

---

① 槐里:县名,今陕西兴平市。
② 舜命九官:舜任命伯禹作司空,弃为后稷,契作司徒,皋陶作士,垂为共工,益作朕虞,伯夷作秩宗,夔为典乐,龙为纳言。
③ 炳然:光明的样子。
④ 浸润:谗言。
⑤ 䜣䜣:喋喋不休说坏话。

上不直丰,乃诏御史:"丰前数称言堪、猛之美,今怨堪、猛。告按无证
之辞,暴扬难验之罪,毁誉恣意,不顾前言,其免为庶人! 丰言堪、猛
贞信不立,朕闵而不治,又惜其材能未有所效,其左迁堪为河东太守,
猛槐里令。"

纲 待诏贾捐之弃市。

目 贾捐之与杨兴善。捐之数短石显,以故不得官,希复进见。兴新以材
能得幸,捐之谓曰:"使我得见,言君兰①,京兆尹可立得。"兴曰:"君
房下笔②,言语妙天下。使君房为尚书令,胜五鹿充宗远甚③。"捐之
曰:"令我得代充宗,君兰为京兆,京兆郡国首,尚书百官本,天下真大
治,士则不隔矣!"捐之复短显,兴曰:"显方信用。今欲进,且与合意,
即得入矣。"即共为荐显奏,称誉其美,又共为荐兴奏,以为可试守京
兆尹。显闻,白之上,乃下兴、捐之狱,令显治之。捐之竟坐罔上不
道,弃市。兴髡钳(kūn qián)为城旦④。

纲 己卯,二年(前42),春二月,赦。

纲 以韦玄成为丞相。

纲 三月朔,日食。

纲 夏六月,赦。

---

① 君兰:杨兴字。
② 君房:贾捐之字。
③ 五鹿充宗:复姓五鹿,名充宗,石显党友。
④ 髡钳:剃去头发,用铁圈束颈。城旦:徒刑名,原指男子凌晨起来筑城,实际在手工业
及农业中从事多种劳役。

纲以匡衡为光禄大夫。

目上问给事中匡衡以地震日食之变,衡上疏曰:"臣窃见大赦之后,奸邪不为衰止,今日大赦,明日犯法,相随入狱,此殆导之未得其务也。夫朝廷者,天下之桢干也①。公卿相与循礼恭让,则民不争。好仁乐施,则下不暴。上义高节,则民兴行。宽柔和惠,则众相爱。此四者,明主之所以不严而成化也。教化之流,非家至而人说之也。朝廷崇礼,百僚敬让,道德之行,由内及外,自近者始,然后民知所法,迁善日进而不自知也。臣闻天人之际,事作乎下者,象动乎上,阴变则静者动,阳蔽则明者晻(àn)。陛下祗畏天戒②,哀闵元元③,近中正,远巧佞,然后大化可成,礼让可兴也。"上说,迁衡为光禄大夫。

[冯奉世讨伐叛羌]

纲秋七月,陇西羌反,遣右将军冯奉世将兵击之。冬十一月,大破之。

目陇西羌反,右将军冯奉世曰:"羌虏近在境内背叛,不以时诛,无以威制远蛮,臣愿帅师讨之!"上问用兵之数,对曰:"今反虏无虑三万人④,法当倍用六万人。"于是遣奉世到陇西,上为发六万余人。十一月,羌虏大破,斩首数千级,余皆走出塞。诏罢吏士,颇留屯田备要处,赐奉世爵关内侯。

---

① 桢干:古代筑墙所用木版,引申为起决定作用的人或事物。
② 祗:敬。
③ 元元:百姓。
④ 无虑:不用计虑,指大约、大概。

纲 庚辰,三年(前41),春三月,立子康为济阳王①。

纲 冬十一月,地震,雨水。

纲 复盐铁官。置博士弟子员千人。

〔石显逼迫张猛自杀〕

纲 辛巳,四年(前40),夏六月晦,日食。以周堪为光禄大夫,张猛为大中大夫。猛自杀。

目 上以日食,召诸前言日变在周堪、张猛者责问,皆稽首谢。因下诏称堪之美,征拜光禄大夫,领尚书事。猛复为大中大夫、给事中。石显筦尚书②,尚书五人皆其党,堪希得见,常因显白事,事决显口。会堪疾瘖③,不能言而卒。显诬谮猛,令自杀于公车。

纲 冬十月,罢祖宗庙在郡国者。

纲 作初陵,不置邑徙民。

纲 壬午,五年(前39),秋,颍川大水。

〔匡衡上疏论嫡庶尊卑〕

纲 冬十二月,以匡衡为太子少傅。

————————

① 济阳:国名,都今河南兰考县。
② 筦:同"管"。
③ 瘖:嗓哑不能出声。

目上好儒术文辞,颇改宣帝之政,言事者多进见,人人自以为得上意。又傅昭仪及济阳王康①,爱幸逾于皇后、太子。衡上疏曰:"臣闻治乱安危之机,在乎审所用心。《传》曰②:'审好恶,理性情,而王道毕矣。'治性之道,必审己之所有余,而强其所不足,盖聪明疏通者戒于太察,寡闻少见者戒于壅蔽,勇猛刚强者戒于太暴,仁爱温良者戒于无断,湛静安舒者戒于后时,广心浩大者戒于遗亡。必审己之所当戒,而齐之以义,然后中和之化应,而巧伪之徒不敢比周而望进③。臣又闻室家之道修,则天下之理得,故《诗》始《国风》,《礼》本《冠》《婚》,所以原情性而明人伦,正基兆而防未然也④。故圣王必慎后妃之际,别適长之位。卑不逾尊,新不先故,所以统人情而理阴气也。如当亲者疏,当尊者卑,则巧佞之奸因时而动,以乱国家。故圣人慎防其端,禁于未然,不以私恩害公义。《传》曰⑤:'正家而天下定矣!'"

纲河决。

目初,武帝既塞宣房⑥,后河复北决于馆陶⑦,分为屯氏河,东北入海,广深与大河等,故因其自然,不堤塞也。是岁,河决清河灵鸣犊口⑧,而

---

① 昭仪:皇帝妃嫔名号,汉元帝始置,位仅次于皇后。
②《传》:指《诗传》。
③ 比周:结党营私。
④ 基兆:根本,基础。
⑤《传》:指《易传》。
⑥ 宣房:亦作"宣防",即武帝元封二年塞瓠子决口后,在其上所筑"宣防宫"。
⑦ 馆陶:县名,今河北馆陶县。
⑧ 清河:郡名,治今河北清河县东南。灵:县名,今山东高唐县。

屯氏河绝。

纲 癸未,建昭元年(前38),春正月,陨石于梁。

〔京房因谏石显专权被杀〕

纲 甲申,二年(前37),秋,杀魏郡太守京房①。

目 房学《易》于焦延寿。延寿常曰:“得我道以亡身者,京生也。”其说长于灾变,分六十卦,更直日用事②,以风雨寒温为候,各有占验。以孝廉为郎,屡言灾异有验,天子说之,数召见问。房对曰:“古帝王以功举贤,则万化成,瑞应著。末世以毁誉取人,故功业废而致灾异。宜令百官各试其功,灾异可息。”诏使房作其事,房奏考功课吏法,上意乡之。时石显颛(zhuān)权③,五鹿充宗为尚书令,用事。房尝宴见,问上曰:“幽、厉之君何以危,所任者何人也?”上曰:“君不明,而所任者巧佞。”房曰:“齐桓公、秦二世亦尝闻此君而非笑之,然则任竖刁、赵高④,政治日乱,盗贼满山,何不以幽、厉卜之而觉寤乎?”上曰:“唯有道者能以往知来耳。”房因免冠顿首曰:“陛下视今为治邪,乱邪?”上曰:“亦极乱耳。今为乱者谁哉?”房曰:“明主宜自知之。”上曰:“不知也。如知,何故用之!”房曰:“上最所信任,与图事帷幄之中,进退天下之士者是矣。”房指谓石显,上亦知之,谓房

---

① 魏郡:治今河北临漳县。
② 更直日用事:根据卦辞轮流交替对应日期来推算祸福、处理事务。
③ 颛权:独揽大权。“颛”通“专”。
④ 竖刁:齐桓公宠信的宦官寺人貂。桓公死后,寺人貂等杀群吏,立公子无亏,导致齐国内乱。

曰:"已谕。"房罢出,后上亦不能退显也。显、充宗疾房,欲远之,建言以房为魏郡太守,得以考功法治郡。房去月余,竟征下狱。显告房与妻父张博为淮阳宪王作求朝奏草,诽谤天子,诖(guà)误诸侯王①,皆征下狱,弃市。

|纲|下御史中丞陈咸狱,髡为城旦。

|目|陈咸数毁石显,久之,坐与槐里令朱云善,漏泄省中语②,与云皆下狱,髡为城旦。

显威权日盛,与中书仆射牢梁、少府五鹿充宗结为党友,诸附倚者皆得宠位。民歌之曰:"牢邪,石邪,五鹿客邪! 印何累累,绶若若邪③!"显闻众人匈匈④,言己杀萧望之,恐天下学士讪己⑤,以贡禹明经著节,乃使人致意,深自结纳⑥,因荐禹历位九卿,礼事之甚备。议者于是或称显,以为不妒谮望之矣。显之设变诈以自解免,取信人主者,皆此类也。

|纲|闰八月,太皇太后上官氏崩。

|纲|冬,齐、楚地震,大雨雪。

|纲|乙酉,三年(前36),夏六月,丞相玄成卒。秋七月,以匡衡为丞相。

---

① 诖:欺骗。
② 漏泄省中语:汉罪名,指大臣私自泄漏宫省政事机密。
③ 若若:长长的样子。
④ 匈匈:喧哗,吵嚷。
⑤ 讪:诽毁。
⑥ 结纳:结交。

〔陈汤斩杀郅支单于〕

纲 冬,西域副校尉陈汤矫制发兵①,与都护甘延寿袭击匈奴郅支单于于
康居,斩之。

目 汉遣使三辈至康居求谷吉等死,郅支困辱使者,不奉诏。陈汤为人沉
勇,有大虑,与甘延寿谋袭击郅支。延寿欲奏请,汤曰:"国家与公卿
议,大策非凡所见,事必不从。"会延寿病,汤独矫制发诸国兵及屯田
吏士合四万余人,进薄康居城下②,四面围城。发薪烧木城,四面火
起,吏士大呼乘之,钲(zhēng)鼓声动地③,康居引兵却。汉兵四面并
入,郅支被创死,斩其首。

纲 丙戌,四年(前35),春正月,传首至京师,县藁街十日④。

纲 蓝田地震,山崩,壅霸水。安陵岸崩,壅泾,水逆流。

纲 丁亥,五年(前34),秋七月,徙济阳王康为山阳王⑤。

纲 戊子,竟宁元年(前33),春正月,匈奴单于来朝。

〔昭君出塞〕

目 匈奴呼韩邪单于闻郅支既诛,且喜且惧。入朝,自言愿婿汉氏以自

---

① 西域副校尉:官名,西域都护之副,协助都护掌护西域诸国。
② 薄:迫近。
③ 钲鼓:钲和鼓,古代行军时用以指挥进退的两种乐器。
④ 藁街:汉长安城街名,或认为在未央宫北阙之外,设有蛮夷邸,少数民族外国使节居
住于此。
⑤ 山阳:国名,都今山东巨野县南。

亲。帝以后宫良家子王嫱字昭君赐之①。单于上书:"愿保塞,请罢边备塞吏卒,以休天子人民。"议者皆以为便。郎中侯应习边事,以为不可许,上十策论之。对奏,天子使车骑将军嘉谕单于,单于称谢,归。号昭君为宁胡阏氏。

纲 三月,以张谭为御史大夫。

目 初,石显见冯奉世父子为公卿著名,女又为昭仪,心欲附之,荐昭仪兄逡修敕②,宜侍帷幄。天子召见,逡因言显颛权,上怒,罢逡。及御史大夫缺,在位多举逡兄大鸿胪野王。上以问显,显曰:"九卿无出野王者。然亲昭仪兄,臣恐后世必以陛下度越众贤,私后宫亲以为三公。"上曰:"善,吾不见是!"因诏曰:"刚强坚固,确然无欲,大鸿胪野王是也。心辨善辞,可使四方,少府五鹿充宗是也。廉洁节俭,太子少傅张谭是也。其以少傅为御史大夫。"

纲 以召信臣为少府。

目 信臣先为南阳太守,后迁河南,治行常第一。视民如子,好为民兴利,躬劝耕稼,开通沟渎,户口增倍。吏民亲爱,号曰"召父"。征为少府,请诸离宫希幸者勿复治,省乐府诸戏及太官不时非法之物,岁省费数十万。

纲 夏,封甘延寿为义成侯,赐陈汤爵关内侯。

目 甘延寿、陈汤既至,论功,石显、匡衡以为"延寿、汤擅兴师矫制,幸得

---

① 良家子:出身良家的子女。良家指非医、巫、商贾、百工之家。
② 修敕:谨慎不逾矩。

不诛。如复加爵土,则后奉使者争欲乘危徼幸,生事于蛮夷,为国招难"。帝内嘉延寿、汤功,而重违衡、显之议①,久之不决。刘向上疏曰:"论大功者不录小过,举大美者不疵小瑕。贰师将军李广利捐五万之师,靡亿万之费,经四年之劳,而仅获骏马三十匹,虽斩宛王毋寡之首,其私罪恶甚多,孝武以为万里征伐,不录其过,遂封拜为侯。今康居之国强于大宛,郅支之号重于宛王,杀使者罪甚于留马②,而延寿、汤不烦汉士,不费斗粮,比于贰师,功德百之。"于是诏赦延寿、汤罪,令公卿议封焉。封延寿为义成侯,赐汤爵关内侯。

纲五月,帝崩。六月,太子骜即位,尊皇太后曰太皇太后,皇后曰皇太后。

纲以元舅王凤为大司马、大将军,领尚书事。

纲秋七月,葬渭陵③。

孝成皇帝

〔汉成帝以罪免石显〕

纲己丑,孝成皇帝建始元年(前32),春正月,石显以罪免归故郡,道死。

纲有星孛于营室。

〔外戚王氏崛起〕

纲封舅王崇为安成侯,赐谭、商、立、根、逢时爵关内侯。

---

① 重违:难违。
② 留马:指汉时大宛王留匿善马,不肯示汉使者之事。
③ 渭陵:汉元帝陵,在今陕西咸阳市渭城区周陵镇。

纲 夏四月,黄雾四塞。

目 诏博问公卿、大夫无有所讳。谏大夫杨兴等对,皆以为"阴盛侵阳之气也。高祖之约,非功臣不侯。今太后诸弟皆以无功为侯,外戚未曾有也"。大将军凤惧,上书辞职,优诏不许。

纲 秋八月,有两月相承,晨见东方①。

纲 庚寅,二年(前31),春三月,立皇后许氏。

目 后,车骑将军嘉之女也。元帝伤母恭哀后居位日浅②,而遭霍氏之辜,故选嘉女以配太子。

〔京城谣言洪水将至,百姓大乱〕

纲 辛卯,三年(前30),秋,大雨,京师民讹言大水至。

目 关内大雨四十余日。京师民相惊,言大水至,奔走相蹂躏,老弱呼号,长安中大乱。大将军凤以为:"太后与上及后宫可御船,令吏民上城避水。"群臣皆从凤议。左将军王商独曰:"自古无道之国,水犹不冒城郭。今何因当有大水一日暴至,此必讹言!不宜令上城,重惊百姓。"上乃止。有顷,稍定,问之,果讹言。上于是美壮商之固守,数称其议,而凤大惭恨。

纲 冬十二月朔,日食。夜,地震未央宫殿中。诏举直言极谏之士。

纲 越嶲(xī)山崩。

---

① 两月相承:出现一上一下两个月亮,京房认为这是国君弱而妇人强的征兆。
② 恭哀后:宣帝许皇后。

纲 丞相乐安侯匡衡有罪，免为庶人。

目 坐多取封邑四百顷，监临盗所主守直十金以上①，免为庶人。

纲 壬辰，四年(前29)，春正月，陨石于亳四②，于肥累二③。

纲 罢中书宦官，初置尚书员五人。

纲 以王商为丞相。

纲 夏四月，雨雪。复召直言极谏之士，诣白虎殿对策④。

目 时上委政王凤，议者多归咎焉。谷永知凤方柄用⑤，阴欲自托，乃曰：
“方今四夷宾服，皆为臣妾。骨肉大臣有申伯之忠⑥，无重合、安阳、
博陆之乱⑦。窃恐陛下听晻昧之瞽(gǔ)说⑧，归咎无辜，重失天心，不
可之大者也。陛下诚深察愚言，解偏驳之爱，平天覆之施，使列妾得
人人更进。益纳宜子妇人⑨，毋择好丑，毋避尝字⑩，以慰释皇太后之
忧惧，解谢上帝之谴怒，则继嗣蕃滋，灾异讫息矣。”杜钦亦仿此意。
上皆以其书示后宫。以永为光禄大夫。

---

① 盗所主守：罪名，监守自盗。
② 亳：《汉书》作“槀”，即槀城，县名，今河北石家庄市藁城区西。
③ 肥累：县名，今河北石家庄市藁城区。
④ 白虎殿：殿名，即“白虎观”。
⑤ 柄用：被信任而掌权。
⑥ 骨肉大臣：指王凤，因是成帝之舅，故称。申伯：周宣王之元舅。
⑦ 重合、安阳、博陆之乱：重合侯马通、安阳侯上官桀、博陆侯霍禹，三人皆谋反为乱，被
　灭族。
⑧ 瞽说：不明事理的言论。
⑨ 宜子：适宜产子，生育能力强。
⑩ 字：女子出嫁。

纲秋,桃李实。

纲河决。

目时大雨水十余日,河大决东郡金堤,凡灌四郡三十二县。

纲以王尊为京兆尹。

纲大将军凤奏以陈汤为从事中郎①。

目上即位之初,丞相匡衡复奏:"陈汤奉使颛命②,盗所收康居财物。"汤坐免。后以言事不实③,下狱,当死。谷永上疏讼汤曰:"'君子闻鼓鼙(pí)之声④,则思将帅之臣。'汤前斩郅支,威震百蛮。今坐言事非是⑤,幽囚久系,欲致之大辟。夫犬马有劳于人,尚加帷盖之报⑥,况国之忠臣者哉!窃恐陛下忽于鼓鼙之声,而忘帷盖之施,非所以励死难之臣也!"书奏,诏出汤⑦,夺爵为士伍⑧。会西域都护段会宗为乌孙所围,驿骑上书,愿发城郭、敦煌兵以自救⑨。大将军凤言:"汤多筹策,习外国事,可问。"上召汤,示以会宗奏。汤对曰:"臣以为此必无可忧也。"上曰:"度何时解?"汤知乌孙瓦合⑩,不能久攻,屈指计其

① 从事中郎:官名,属将军,为参谋议事的散职官员。
② 颛命:不奉上命而独断专行。
③ 言事不实:罪名,所言事不符合实际。
④ 鼙:军中小鼓,多用于骑兵。
⑤ 言事非是:罪名,所言事不符合实际。
⑥ 帷盖:指回报恩德。
⑦ 出:释放出狱。
⑧ 士伍:无爵者之称。
⑨ 城郭:即城郭诸国,指西域定居民族诸国与诸居民点。
⑩ 瓦合:临时凑合。

日曰:"不出五日,当有吉语闻。"居四日,军书到,言已解。大将军凤
奏以为从事中郎,幕府事壹决于汤。

〔王延世治理黄河〕

纲 癸巳,河平元年(前28),春,以王延世为河堤使者①,塞河决。

目 杜钦荐王延世为河堤使者。延世以竹落长四丈②,大九围③,盛以小
石,两船夹载而下之。三十六日,堤成。赐延世爵关内侯。

纲 甲午,二年(前27),春正月,沛郡铁官冶铁飞④。

纲 夏,徙山阳王康为定陶王⑤。

〔外戚王氏五人同日封侯〕

纲 悉封诸舅为列侯。

目 王谭为平阿侯,商为成都侯,立为红阳侯,根为曲阳侯,逢时为高平
侯。五人同日封,故世谓之"五侯"。

纲 免京兆尹王尊官,复以为徐州刺史。

目 御史大夫张忠奏京兆尹王尊罪,尊坐免官,吏民多称惜之。湖三老公
乘兴等上书讼:"尊治京兆,尽节劳心,夙夜思职,拨剧整乱,诛暴禁

---

① 河堤使者:官名,掌保护河堤。
② 竹落:亦称"竹络",竹笼。
③ 围:计量周长的约略单位,多指两手或两臂之间合拱的长度。
④ 铁官:官名,掌铁器铸造。
⑤ 定陶:国名,都今山东菏泽市定陶区西北。

邪,皆前所稀有。昨以京师贼乱,选用为卿。贼乱既除,即以佞巧废
黜。一尊之身,三期之间,乍贤乍佞,岂不甚哉!"于是复以尊为徐州
刺史。

纲 乙未,三年(前26),春二月,犍为地震,山崩,壅江,水逆流。

纲 秋八月晦,日食。

〔刘向校理秘府藏书〕

纲 求遗书①。

目 上以中秘书颇散亡②,使谒者陈农求遗书于天下。诏光禄大夫刘向较
之③。向以王氏权位太盛,而上方向《诗》《书》古文④,乃因《尚书·
洪范》,集合上古以至秦汉符瑞、灾异之记,推迹行事,连传祸福,著其
占验,比类相从,各有条目,凡十一篇,号曰《洪范五行传论》,奏之。
天子心知向忠精,故为凤兄弟起此论也,然终不能夺王氏权。

纲 丙申,四年(前25),春正月,匈奴单于来朝。

目 丞相王商多质⑤,有威重,容貌绝人。单于来朝,拜谒商,仰视,大畏
之,迁延却退。上闻而叹曰:"真汉相矣。"

纲 三月朔,日食。

————————

① 遗书:失传书籍。
② 秘书:宫禁藏书。
③ 较:同"校",校勘。
④ 古文:古文经。
⑤ 质:质朴,少文饰。

〔王商因得罪王凤免相〕

纲 夏四月,诏收丞相乐昌侯商印、绶,商以忧卒。

目 琅邪太守杨肜(róng)与王凤连昏①,其郡有灾害,商按问之②。凤以为请,商不听,竟奏免肜。奏寝不下③,凤以是怨商,阴求其短,使人告商淫乱事。天子以为暗昧之过,不足以伤大臣。凤固争之,诏收商丞相印、绶。商免相三日,发病欧血薨。有司奏请除国邑。诏子安嗣侯。

纲 以张禹为丞相。

纲 罽(jì)宾遣使来献④。

纲 山阳火生石中。

纲 丁酉,阳朔元年(前24),春二月晦,日食。

〔王章因弹劾王凤被处死〕

纲 冬,下京兆尹王章狱,杀之。

目 时大将军凤用事,上谦让无所颛。左右尝荐刘向少子歆,召见,说之,欲以为中常侍⑤。召取衣冠,临当拜,左右皆曰:"未晓大将军。"上

---

① 琅邪:郡名,治今山东诸城市。连昏:联姻。

② 按问:查究审问。

③ 不下:没有批复。

④ 罽宾:古西域国名,在今阿富汗喀布尔河流域。

⑤ 中常侍:加官,初称"常侍",加此得出入禁中,常侍皇帝左右。

曰:"此小事,何须关大将军!"左右叩头争之,上于是语凤,凤以为不可,乃止。

京兆尹王章素刚直敢言,虽为凤所举,非凤专权,不亲附凤,乃奏封事,言:"日食之咎,皆凤专权蔽主之过。"上召见谓章曰:"君试为朕求可以自辅者。"于是章荐琅邪太守冯野王忠信质直。上自为太子时,数闻野王名,方倚欲以代凤。凤闻之,称病,上疏乞骸骨。上优诏报凤,强起之。上使尚书劾章罪,下章吏。廷尉致其大逆,章竟死狱中。自是公卿见凤,侧目而视。

纲 以薛宣为左冯翊。

目 宣为郡,所至有声迹。宣子惠为彭城令,宣尝过其县,心知惠不能,不问以吏事。或问宣"何不教戒惠以吏职?"宣笑曰:"吏道以法令为师,可问而知。及能与不能,自有资材,何可学也!"宣为冯翊,属令有杨湛、谢游,皆贪猾不逊,皆解印、绶去。又频阳多盗①,令薛恭本孝者,职不办②。粟邑僻小③,易治,令尹赏久用事吏。宣即奏二人换县,数月两县皆治。宣得吏民罪名,即告其县长吏,使自行罚,曰:"不欲代县治,夺贤令长名也。"

〔刘向极谏抑制王氏〕

纲 戊戌,二年(前23),夏四月,以王音为御史大夫。

目 于是王氏愈盛,郡国守相、刺史皆出其门。五侯群弟争为奢侈,赂遗

① 频阳:县名,今陕西富平县。
② 不办:犹言不能。
③ 粟邑:县名,今陕西白水县。

珍宝,四面而至。音通敏人事,好士养贤,倾财施予以相高尚,宾客竞
为之声誉。刘向上封事极谏曰:"王氏与刘氏势不并立,如下有泰山
之安,则上有累卵之危。陛下为人子孙,守持宗庙,而令国祚移于外
亲,降为皂隶①,纵不为身,奈宗庙何! 妇人内夫家而外父母家,此亦
非皇太后之福也。"书奏,天子召见向,叹息悲伤其意,曰:"君且休矣,
吾将思之!"然终不能用其言。

纲秋,关东大水。

纲定陶王康卒。

纲己亥,三年(前22),春,陨石东郡八。

纲秋八月,大司马大将军凤卒。九月,以王音为大司马车骑将军。诏王
　谭位特进②,领城门兵。

目凤病疾,上临问之,执手涕泣曰:"将军病,如有不可言③,平阿侯谭次
　将军矣!"凤顿首泣曰:"谭等虽至亲,行皆奢僭,不如御史大夫音谨
　敕,臣敢以死保之!"初,谭倨,不肯事凤,而音敬凤,卑恭如子,故凤荐
　之。凤薨,上以音代凤,而诏谭领城门兵。由是谭、音相与不平。

纲庚子,四年(前21),夏四月,雨雪。

纲以王骏为京兆尹。

目先是,京兆有赵广汉、张敞、王尊、王章,至骏,皆有能名,故京师称曰:

---

① 皂隶:官府低级差役。
② 特进:官名,授予地位特殊的列侯,位在三公下。
③ 不可言:死的讳称。

"前有赵、张,后有三王。"

纲 辛丑,鸿嘉元年(前20),春正月,以薛宣为御史大夫。

〔汉成帝微服出行〕

纲 二月,帝始为微行。

目 上始为微行,出入市里郊野,远至旁县,斗鸡、走马,常自称富平侯家
　　人。富平侯者,侍中张放也,宠幸无比,故假称之。

纲 三月,丞相禹罢。夏四月,以薛宣为丞相。

纲 壬寅,二年(前19),春三月,飞雉集未央宫承明殿。

纲 夏五月,陨石于杜邮三①。

纲 癸卯,三年(前18),夏,大旱。

〔汉成帝宠幸赵飞燕姊妹〕

纲 冬十一月,废皇后许氏。

目 初,许皇后与班婕妤皆有宠。上尝游后庭,欲与婕妤同辇,辞曰:"观
　　古图画,圣贤之君皆有名臣在侧,三代末主乃有嬖(bì)妾②。今欲同
　　辇,得无近似之乎!"上善其言而止。太后闻之,喜曰:"古有樊姬③,

———————————

① 杜邮:古地名,在今陕西咸阳市东。
② 嬖:宠幸。
③ 樊姬:楚庄王夫人。楚王好打猎,姬屡谏不听,于是不食禽兽肉,王为其感动而勤
　　政事。

今有班倢伃!"后上微行过阳阿主家,悦歌舞者赵飞燕,召入宫,大幸。有女弟,复召入,姿性尤醲(nóng)粹①。有宣帝时披香博士淖方成在帝后②,唾曰:"此祸水也,灭火必矣③!"姊、弟俱为倢伃,贵倾后宫。于是谮告许皇后、班倢伃祝诅主上。许后废处昭台宫。考问班倢伃,对曰:"妾闻'死生有命,富贵在天'。修正尚未蒙福,为邪欲以何望!使鬼神有知,不受不臣之愬(sù)④。如其无知,愬之何益! 故不为也。"上善其对,赦之。倢伃恐久见危,乃求共养太后于长信宫⑤,上许焉。

纲 甲辰,四年(前17),秋,河水溢。

纲 冬,王谭卒,诏王商位特进,领城门兵。

纲 乙巳,永始元年(前16),夏四月,封赵临为成阳侯。下谏大夫刘辅狱,为鬼薪论⑥。

目 上欲立赵倢伃为皇后,皇太后嫌其所出微,甚难之,乃先封倢伃父临为成阳侯。谏大夫刘辅上言:"臣闻天之所兴,必先赐以符瑞。天之所违,必先降以灾变,此自然之占验也。昔武王、周公承顺天地,以飨鱼、乌之瑞,然犹君臣祗惧⑦,动色相戒。况于季世⑧,不蒙继嗣之福,

①　醲粹:形容女性容貌娇艳娟洁。
②　披香博士:披香殿女官。
③　灭火:西汉中后期改为火德德运,"灭火"即"灭汉"。
④　愬:诅咒。
⑤　共:通"供"。
⑥　鬼薪:徒刑名,因宗庙采薪得名,实际从事官府杂役、手工业生产及其它重体力劳动。
⑦　祗惧:敬惧,小心谨慎。
⑧　季世:末世。

屡受威怒之异者乎！虽夙夜自责，改过易行，畏天命，念祖业，妙选有德之世，考卜窈窕之女，以承宗庙，顺神祇心，塞天下望，子孙之祥，犹恐晚暮！今乃触情纵欲，倾于卑贱之女，欲以母天下，惑莫大焉！”书奏，诏收缚，系掖庭秘狱。于是将军辛庆忌、廉褒、光禄勋师丹、大中大夫谷永俱上书救援，乃徙系辅共工狱①，减死一等，论为鬼薪。

〔王莽登上历史舞台〕

纲 五月，封太后弟子莽为新都侯②。

目 太后兄弟八人，独弟曼早死不侯，子莽幼孤。五侯子乘时侈靡③，以舆马声色佚游相高。莽因折节为恭俭，勤身博学，外交英俊，内事诸父，曲有礼意。大将军凤病，莽侍病，亲尝药。凤且死，以托太后及帝，拜黄门郎④。久之，成都侯商又请分户邑封莽，当世名士戴崇、金涉、陈汤亦咸为莽言，由是封为新都侯，迁骑都尉、光禄大夫、侍中。宿卫谨敕，爵位益尊，节操愈谦，振施宾客，家无所余，虚誉隆洽，倾其诸父矣。敢为激发之行⑤，处之不惭恧（nǜ）⑥。尝私买侍婢，昆弟怪之，莽因曰：“后将军朱子元无子，莽闻此儿种宜子，为买之。”即日以婢奉博⑦，其匿情求名如此。

---

① 共工：少府属官，设有诏狱。
② 新都：侯国名，今河南新野县。
③ 乘时：乘机，趁势。
④ 黄门郎：中朝官，为郎官加“给事黄门”省称，侍从皇帝，顾问应对，出则陪乘。
⑤ 激发：矫揉造作。
⑥ 惭恧：羞惭。
⑦ 博：朱子元名博。

〔刘向著《列女传》《新序》《说苑》〕

纲 六月,立倢伃赵氏为皇后。

目 后既立,宠少衰,而其女弟绝幸,为昭仪,居昭阳宫,皆以黄金、白玉、明珠、翠羽饰之,自后宫未尝有焉。后居别馆,多通侍郎、宫奴多子者,然卒无子。光禄大夫刘向以为"王教由内及外,自近者始",于是采取《诗》《书》所载贤妃、贞妇,兴国显家及孽嬖为乱亡者,序次为《列女传》,及采传记行事,著《新序》《说苑》奏之。数上疏言得失,陈法戒,上虽不能尽用,然内嘉其言,常嗟叹之。

纲 秋八月,太皇太后王氏崩。

纲 九月,黑龙见东莱。

纲 是月晦,日食。

纲 丙午,二年(前15),春正月,大司马、车骑将军音卒。

目 王氏唯音为修整,数谏正,有忠直节。

纲 二月,星陨如雨。是月晦,日食。

纲 三月,以王商为大司马、卫将军。

〔汉成帝左迁张放〕

纲 侍中张放,以罪左迁北地都尉。

目 上尝与张放等宴饮禁中,时乘舆幄坐屏风,画纣醉踞妲己,作长夜之乐。侍中班伯久疾新起，上顾指画而问曰："纣为无道，至于是乎？"对曰："《书》云'乃用妇人之言'，何有踞肆于朝①？所谓众恶归之，不如是之甚者也！"上曰："苟不若此，此图何戒？"对曰："'沉湎于酒'，微子所以告去也。'式号式呼'，《大雅》所以流连也。《诗》《书》淫乱之戒，其原皆在于酒。"上乃喟然叹曰："吾久不见班生，今日复闻谠（dǎng）言②！"放等因罢出。后上诸舅风丞相、御史奏放罪恶，上不得已，左迁放为北地都尉。

纲 冬十一月，策免丞相宣及御史大夫翟方进。复以方进为丞相，孔光为御史大夫。

目 方进以经术进，其为吏，用法刻深，任势立威，峻文深诋，中伤甚多。孔光领尚书，典枢机十余年，守法度，修政事，上有所问，据经法，以心所安而对，不希旨苟合③。如或不从，不敢强争，以是久而安。时有所言，辄削草稿，以为彰主之过以奸忠直，人臣大罪也。有所荐举，惟恐其人之闻知。沐日归休，兄弟妻子燕语，终不及朝省政事。或问光："温室省中树④，皆何木也？"光默不应，更答以他语，其不泄如是。

周金泰 评注

杨振红 审定

---

① 踞肆：傲慢放肆。
② 谠言：正直的言论。
③ 希旨：迎合君上意旨。
④ 温室：殿名，在长乐宫中，有防寒、加温、透光等设备，养殖喜温植物。

纲鉴易知录卷一八

卷首语:本卷起汉成帝永始三年(前14),止平帝元始五年(5),所记为成帝后期、哀帝朝及平帝朝之史事。成帝晚年依旧沉湎酒色,外戚王氏擅权。复古改制,置三公官、州牧。绥和元年,王莽任大司马,走入权力中心。哀帝宠幸佞臣董贤,祖母傅太后用事,排挤王氏,政治更加黑暗。哀帝死后,太皇太后王政君重新启用王莽,立年仅九岁的中山王为平帝。王莽排除异己,大权独揽,欲取代汉室。元始五年,王莽毒杀平帝,仿效周公居摄践祚。

汉　纪

孝成皇帝

纲丁未,三年(前14),春正月晦,日食。

〔故南昌尉梅福上书谏成帝纳天下言〕

纲冬十一月,故南昌尉梅福上书,不报。

目福数因县道上变事,辄报罢①。至是复上书曰:"昔高祖纳善若不及,从谏如转圜,故天下之士云合归汉,此高祖所以无敌于天下也。孝文皇帝循高祖之法,加以恭俭,天下治平。孝武皇帝好忠谏,说至言②,天下布衣各厉志竭精以赴阙廷③,汉家得贤,于此为盛。士者,国之重器,得士则重,失士则轻。臣数上书求见,辄复报罢。臣闻齐桓之时,有以九九见者④,桓公不逆,欲以致大也。今臣所言,非特九九也。陛下距臣者三矣⑤,此天下士所以不至也。今欲致天下之士,有上书言可采取者,秩以升斗之禄,赐以一束之帛,则嘉谋日闻于上矣。故爵禄者,天下之砥石,高祖所以厉世摩钝也⑥。今陛下既不纳天下

① 报罢:批复作罢,不予批准。
② 至言:直言,实话。
③ 阙廷:朝廷。
④ 九九:乘法口诀。汉代九九诀例见敦煌汉简及居延汉简。
⑤ 距:同"拒"。
⑥ 厉:同"砺"。

之言,又加戮焉。天下以言为戒,最国家之大患也。方今君命犯而主威夺,外戚之权日以益隆,陛下不见其形,愿察其景①!建始以来②,日食、地震,以率言之,三倍春秋,水灾亡与比数,阴盛阳微,金铁为飞,此何景也?汉兴以来,社稷三危,吕、霍、上官,皆母后之家也。自霍光之贤,不能为子孙虑,故权臣易世则危,势陵于君,权隆于主,然后防之,亦无及已!"上不纳。

纲 戊申,四年(前13),夏,大旱。

纲 秋七月晦,日食。

纲 以何武为京兆尹。

目 武为吏,守法尽公,进善退恶,其所居无赫赫名,去后常见思。

纲 己酉,元延元年(前12),春正月朔,日食。

纲 夏四月,无云而雷,有流星东南行,四面如雨。

纲 秋七月,有星孛于东井。

〔谷永、刘向对灾变〕

目 上以灾变,博谋群臣。谷永对曰:"建始以来,群灾大异,多于《春秋》所书。下有其萌,然后变见于上。愿陛下正君臣之义,无复与群小媟黩(xiè dú)燕饮③,修后宫之政,抑远骄妒之宠。朝觐法驾而后出,陈兵

---

① 景:同"影"。
② 建始:成帝即位时年号。
③ 媟黩:亵狎轻慢。

清道而后行,无复轻身独出,饮食臣妾之家。三者既除,内乱之路塞矣。比年郡国伤于水旱,而有司奏请加赋,市怨趋祸之道也。愿陛下勿许其奏,益减奢泰,振赡困乏,诸夏之乱①,庶几可息!"

刘向上书曰:"秦汉之易世,惠昭之无后,昌邑之不终,孝宣之绍起,皆有变异著于汉纪。天之去就,岂不昭昭然哉! 天文难以相晓,愿赐清燕之闲②,指图陈状。"上辄入之,然终不能用也。

纲 冬十二月,大司马、卫将军商卒,以王根为大司马、骠骑将军。

〔吏民言灾异为王氏专权所致,张禹恐得罪王氏,斥之乱道〕

纲 故槐里令朱云言事得罪,既而释之。

目 安昌侯张禹,以天子师,每有大政,必与定议。时吏民多上书言灾异王氏专政所致,上至禹第,辟左右,亲以吏民所言示禹。禹自见年老,子孙弱,恐为王氏所怨,谓上曰:"《春秋》日食、地震,或为诸侯相杀,夷狄侵中国。灾变之意,深远难见,故圣人罕言命,不语怪神。性与天道,自子贡之属不得闻,何况浅见鄙儒之所言。陛下宜修政事以善应之,此经义意也。新学小生③,乱道误人,宜无信用。"上雅信爱禹,由此不疑王氏。

〔朱云廷上斥张禹尸位素餐,折槛拒捕〕

故槐里令朱云上书求见,公卿在前,云曰:"今朝廷大臣,上不能匡主,

---

① 诸夏:泛指中原各地区。
② 清燕:清闲安逸。
③ 新学小生:治学时间不长,见闻浅陋的后生晚辈。

下无以益民,皆尸位素餐,孔子所谓'鄙夫不可与事君,苟患失之,无所不至'者也。臣愿赐尚方斩马剑,断佞臣一人头,以厉其余!"上问"谁也?"对曰:"安昌侯张禹。"上大怒曰:"小臣居下讪上,廷辱师傅,罪死不赦!"御史将云下,云攀殿槛,槛折。云呼曰:"臣得下从龙逢(páng)、比干游于地下,足矣! 未知圣朝何如耳!"于是左将军辛庆忌免冠,叩头殿下曰:"此臣素著狂直,使其言是,不可诛。其言非,固当容之。臣敢以死争!"庆忌叩头流血,上意解,然后得已。及后当治槛,上曰:"勿易,因而辑之,以旌直臣!"

纲　辛亥,三年(前10),春正月,岷山崩①,壅江三日②,江水竭。

目　刘向曰:"昔周岐山崩,三川竭,而幽王亡。岐山者,周所兴也。汉家本起于蜀、汉③,今所起之地山崩、川竭,星孛又及摄提、大角④,从参至辰⑤,殆必亡矣!"

纲　壬子,四年(前9),春正月,中山王兴⑥、定陶王欣来朝。

纲　陨石于关东二。

纲　大司农谷永免。

目　王根荐谷永,征为大司农。永前后所上四十余事,略相反覆,专攻上身与后宫而已。党于王氏,上亦知之,不甚亲信也。岁余,以病免,数

---

① 岷山:又作汶山,即今四川北部、甘肃南部的岷山山脉。
② 江:指岷江,长江支流,位于今四川省中部。
③ 起于蜀、汉:楚义帝元年,项羽封高祖为汉王,都汉中,故云。
④ 摄提:星官名,北斗星斗柄所指,共六星,分列大角星两侧。
⑤ 参:星宿名,二十八宿之一,益州分野,蜀、汉之地。辰:星宿名,即心宿。
⑥ 中山:国名,都今河北省定州市。

月卒。

〔立定陶王刘欣为皇太子〕

纲癸丑,绥和元年(前8),春二月,立定陶王欣为皇太子。

纲封孔吉为殷绍嘉侯。三月,与周承休侯皆进爵为公。

目初,诏求殷后,分散为十余姓,推求其嫡,不能得。匡衡、梅福皆以为宜封孔子世为汤后,上从之。

〔绥和改制,建"三公官"〕

纲夏,建三公官①。大司马根去将军号,改御史大夫何武为大司空。

纲秋八月,中山王兴卒。

纲冬十一月,立楚孝王孙景为定陶王。

〔王莽任大司马辅政〕

纲卫尉淳于长有罪,下狱死。废后许氏自杀。以王莽为大司马。

目卫尉、侍中淳于长有宠,贵倾公卿,许后赂遗长,欲求复为婕伃。长受,诈许为白上,立以为左皇后②。王莽心害长宠,白之,下长狱,死狱中。废后自杀。上以莽首发大奸,称其忠直,王根因荐莽自代。遂

_____

① 三公官:大司马、大司空与丞相。
② 左皇后:地位次于正宫皇后,汉代尚右,故称。

以莽为大司马,时年二十八。莽既拔出同列,继四父而辅政①,欲令名誉过前人,遂克己不倦,聘诸贤良以为掾史,赏赐、邑钱悉以享士②。愈为俭约,母病,公卿列侯遣夫人问疾,莽妻迎之,衣不曳地,布蔽膝,见之者以为僮使,问知其夫人,皆惊。其饰名如此。

〔撤销刺史,设置州牧〕

纲 罢刺史,置州牧。

纲 诏立辟雍,未作而罢。

目 犍为郡于水滨得古磬十六枚③,议者以为善祥。刘向因是说上:“宜兴辟雍,设庠序,陈礼乐,以风化天下。或曰:不能具礼。礼以养人为本,如有过差,是过而养人也。刑罚之过,或至死伤,今之刑非皋陶之法也,而有司请定法,削则削,笔则笔。至于礼乐,则曰不敢。是敢于杀人,不敢于养人也。夫教化之比于刑法,刑法轻,是舍所重而急所轻也。教化,所恃以为治也。刑法,所以助治也。今废所恃而独立其所助,非所以致太平也。”帝以向言下公卿议,丞相、大司空奏请立辟雍,未作而罢。

〔汉成帝扩大太学规模〕

时又有言:“孔子布衣,养徒三千人,今天子太学弟子少。”于是增弟子

---

① 四父:指王莽叔父凤、音、商、根。
② 邑钱:封邑的租税收入。
③ 犍为郡:初治今四川宜宾市,疑此时移治今四川眉山市。

员三千人,岁余复如故。

向常显讼宗室①,讥刺王氏,其言痛切,发于至诚。上数欲用向,辄下为王氏及丞相、御史所持,故终不迁,居列大夫前后三十余年而卒。后十三岁而王氏代汉。

〔丞相翟方进因天象被迫自杀〕

|纲|甲寅,二年(前7),春二月,丞相方进卒。

|目|时荧惑守心②,郎贲(féi)丽善为星,言大臣宜当之③。上乃召见方进,赐册责让,使尚书令赐上尊酒十石④,养牛一⑤。方进即日自杀。上秘之,遣九卿册赠印、绶,赐乘舆秘器⑥,亲临吊者数至,礼赐异于他相故事。

〔汉成帝驾崩〕

|纲|三月,帝崩。

|目|帝素强,无疾病。时楚王、梁王来朝,明旦当辞去。又欲拜孔光为丞相,已刻侯印,书赞。昏夜平善,乡晨欲起,不能言而崩。民间讙(huān)哗,咸归罪赵昭仪。皇太后诏大司马莽杂治⑦,问皇帝起居发

---

① 显讼:公开指责。
② 荧惑守心:火星停留在心宿内,星占学中最凶天象,一旦出现,皇帝轻则失去皇位,重则失去性命。
③ 当:同"挡",指大臣代替皇帝受灾祸。
④ 上尊酒:用稻米酿的上好的酒。
⑤ 养牛:专门饲养用于祭祀的牛。
⑥ 秘器:丧葬器物。
⑦ 杂治:会审,与他官共同审理。

病状,赵昭仪自杀。

纲 以孔光为丞相。

〔汉哀帝即位〕

纲 夏四月,太子欣即位,尊皇太后曰太皇太后,皇后曰皇太后。

纲 葬延陵①。

纲 追尊定陶共王为定陶共皇。

纲 五月,立皇后傅氏。

纲 尊定陶太后傅氏曰定陶共皇太后,丁姬曰定陶共皇后。封丁明、傅晏
　 皆为列侯。

〔刘歆典领五经,创七略图书分类法〕

纲 六月,诏刘秀典领五经。

目 王莽荐刘歆为侍中,贵幸,更名秀。上复令典领五经,卒父前业②。秀
　 于是总群书而奏其《七略》,有《辑略》《六艺略》《诸子略》《诗赋略》
　 《兵书略》《术数略》《方技略》。其叙诸子,分为九流:曰儒,曰道,曰
　 阴阳,曰法,曰名,曰墨,曰纵横,曰杂,曰农。以为"九家皆起于王道
　 既微,诸侯力政,时君世主,好恶殊方,是以九家之术,蜂出并作,各引
　 一端,崇其所善,虽有蔽短,合其要归,亦六经之支流余裔。使其人遭

————————————

① 延陵:汉成帝陵,在今陕西咸阳市东。
② 卒父前业:此前刘向受成帝诏领校秘书经传,故云。

明王圣主,得其所折中,皆股肱之材已。仲尼有言:'礼失而求诸野。'方今去圣久远,道术缺废,无所更索①,彼九家者,不犹愈于野乎!若能修六艺之术,而观此九家之言,舍短取长,则可以通万方之略矣"。

〔下诏限民名田,遭到权贵抵制〕

纲 诏限民名田②,不果行。

目 初,董仲舒说武帝,以"秦除井田,民得卖买,富者田连阡陌③,贫者无立锥之地,小民安得不困? 古井田法虽难卒行,宜少近古④。限民名田以赡不足,塞并兼之路。去奴婢,除专杀之威。薄赋敛,省徭役,以宽民力,然后可善治也!"至是,师丹复建言:"今累世承平,豪富吏民,訾数巨万⑤,而贫弱愈困,宜略为限。"天子下其议,丞相、大司空奏请:"自诸侯王、列侯、公主名田各有限。关内侯、吏、民名田皆毋过三十顷。奴婢毋过三十人,期尽三年。犯者没入官。"时田宅、奴婢贾为减贱,贵戚近习皆不便也,诏书且须后,遂寝不行。

〔王莽被罢官归家〕

纲 秋七月,罢大司马莽就第,以师丹为大司马。

目 初,太皇太后诏大司马莽就第,避帝外家。莽即上疏乞骸骨,罢就第,乃以师丹为大司马。

---

① 更索:进一步索求。
② 名田:以名占田,汉文帝以后实行的任意占有土地的政策。
③ 阡陌:田间道路,南北称阡,东西称陌。
④ 少:通"稍"。
⑤ 訾:通"赀"。

纲九月，地震。

目自京师至北边，郡国三十余处地震。

纲求能浚川疏河者。

〔贾让上"治河三策"〕

目骑都尉平当使领河堤，奏："按经义，治水有决河深川，而无堤防壅塞之文。宜博求能浚川疏河者。"上从之。待诏贾让奏言："治河有上、中、下策。夫土之有川，犹人之有口也，治土而防其川，犹止儿啼而塞其口，岂不遽止，然其死可立而待也。故曰：'善为川者决之使道①，善为民者宣之使言。'今徙冀州之民当水冲者，决黎阳遮害亭②，放河使北入海，此上策也。多穿漕渠于冀州地，使民得以溉田，分杀水势，此中策也。若乃缮完故堤，增卑倍薄③，劳费无已，数逢其害，此下策也。"

纲冬十月，策免大司空武，遣就国，以师丹为大司空。

孝哀皇帝

纲乙卯，孝哀皇帝建平元年（前6），春正月，陨石于北地十六。

纲以傅喜为大司马。

---

① 道：同"导"。

② 黎阳：县名，今河南浚县。遮害亭：亭名，在今河南浚县西南。

③ 增卑倍薄：将低处加高，薄处加厚。

纲 秋九月,陨石于虞二①。

〔师丹反对去哀帝祖母、母亲藩国称号而遭罢免〕

纲 策免大司空高乐侯丹为庶人,复赐爵关内侯。

目 冷襃、段犹等奏言:"定陶共皇太后、共皇后,皆不宜复引定陶藩国之言,以冠大号。车马、衣服宜皆称皇之意,又宜为共皇立庙京师。"上下其议,群下多顺指,言:"母以子贵,宜立尊号以厚孝道。"惟丞相光、大司马喜、大司空丹以为不可。丹曰:"圣王制礼,取法于天地。尊卑之礼明,则人伦之序正。尊卑者,所以正天地之位,不可乱也。今定陶共皇太后、共皇后车服与太皇太后并,非所以明'尊无二上'之义也。定陶共皇号谥已前定,义不得复改。'为人后者为之子',故为所后服斩衰(cuī)三年②,而降其父母朞,明尊本祖而重正统也。孝成皇帝为共皇立后,奉承祭祀,令共皇长为一国太祖,万世不毁。陛下既继体先帝,义不可复奉定陶共皇祭。今欲立庙于京师,而使臣下祭之,是无主也。又亲尽当毁,空去一国太祖不堕之祀,而就无主当毁不正之礼,非所以尊厚共皇也。"丹由是浸不合上意。又使吏书奏,吏私写其草。丁、傅子弟闻之,使人上书告"丹上封事,行道人遍持其书"。事下廷尉,劾丹大不敬。遂策免丹,诏丹上大司空高乐侯印绶,罢归。尚书令唐林上疏曰:"丹亲傅圣躬,位在三公,所坐者微,免爵太重,惟陛下裁之!"诏赐丹爵关内侯。

---

① 虞:县名,今河南虞城县。
② 斩衰:最重的丧服,用粗麻布制成,不缝边缘,服期三年。

纲 冬十月，以朱博为大司空。

纲 中山王太后冯氏及其弟宜乡侯参皆自杀。

目 中山王箕子幼有眚（shěng）病①，祖母冯太后自养视，数祷祠解。上遣中郎谒者张由将医治之。由素有狂易病②，病发西归，因诬冯太后祝诅上及傅太后。初，傅太后与冯太后并事元帝为倢仔，尝从幸虎圈，熊逸出攀槛，傅倢仔等皆惊走，冯倢仔直前当熊而立。上问之，对曰："猛兽得人而止。妾恐熊至御坐，故以身当之。"帝嗟叹，倍敬重焉。傅倢仔惭，由是有隙，常追怨之。因是遣中谒者令史立治之③，立受傅太后指，诬奏云："祝诅，谋杀上，立中山王。"责问冯太后，无服辞④。立曰："熊之上殿何其勇，今何怯也！"太后还谓左右："此乃中语⑤，前世事⑥，吏何用知之？欲陷我故也！"乃饮药自杀。弟宜乡侯参，召诣廷尉，亦自杀。

纲 丙辰，二年（前5），春正月，有星孛于牵牛。

〔罢三公官〕

纲 策免大司马喜。罢三公官，复以朱博为御史大夫，丁明为大司马、卫将军。

---

① 箕子：元帝子中山孝王刘兴子，汉成帝异母弟之子，后立为汉平帝，更名衎。眚病：亦称"肝厥"，发病时口唇、手足、指甲皆青。

② 狂易：间歇性发狂、发疯。

③ 中谒者令：少府属官，掌宫中拜谒传达事宜。

④ 服辞：承认罪行的供辞。

⑤ 中语：宫中之语。

⑥ 前世事：指前朝元帝时事。

纲 夏,遣高武侯傅喜就国。

纲 策免丞相博山侯光为庶人,以朱博为丞相。

目 孔光自议继嗣持异,又重忤傅太后指,策免为庶人。以朱博为丞相,
临延登受策,有大声如钟鸣殿中,以问黄门侍郎扬雄及李寻,寻对曰:
"此《洪范》所谓鼓妖者也①。人君不聪,为众所惑,空名得进,则有声
无形,不知所从生。宜退丞相以应天变。"雄亦以为听失之象,且曰:
"博为人强毅多权谋,宜将不宜相,恐有凶恶亟疾之怒。"上不听。

〔哀帝尊定陶共王傅氏、丁氏,遣王莽回封国〕

纲 诏共皇去定陶之号,立庙京师。尊共皇太后傅氏为帝太太后,共皇后
丁氏为帝太后。

纲 免关内侯师丹为庶人。遣新都侯王莽就国。

〔罢州牧,重新设置刺史〕

纲 罢州牧,复置刺史。

纲 六月,太后丁氏崩。

纲 秋八月,丞相博有罪,自杀。

纲 冬十月,以平当为丞相。

纲 丁巳,三年(前4),春三月,丞相当卒。

---

① 鼓妖:无故发出怪声的不祥之兆。

目上召欲封当,当病笃,不应召。或谓当:"不可强起受印,为子孙邪?"当曰:"吾居大位,已负素餐①,受印还死,死有余罪。不起,所以为子孙也!"乞骸骨,不许。至是薨。

纲有星孛于河鼓。

纲夏四月,以王嘉为丞相。

纲嘉上疏曰:"孝文时吏居官者,或长子孙,以官为氏,仓氏、库氏,则仓库吏之后也。其二千石长吏亦安官乐职,然后上下相望,莫有苟且之意。其后稍稍变易,公卿以下转相促急,举劾苛细,发扬阴私,送故迎新,交错道路。二千石益轻贱,吏民慢易之②。唯陛下留神于择贤,记善忘过,容忍臣子,令尽力者有所劝,此方今急务也。"

纲冬十一月,无盐危山土起③,瓠山石立④。东平王云坐祠祭祝诅自杀。以孙宠为南阳太守,息夫躬为光禄大夫。

目无盐危山土自起覆草,如驰道状。又瓠山石转立。东平王云及后谒自之石所祭祀之。息夫躬、孙宠相与谋曰:"此取封侯之计也!"乃因中常侍宋弘上变事,告焉。时上被疾,多所恶,逮谒验治。云自杀,谒弃市。擢宠为南阳太守,弘、躬皆光禄大夫。

纲戊午,四年(前3),春正月,大旱。

① 素餐:不劳而食,指无功受禄。
② 慢易:怠慢,轻视。
③ 无盐:县名,今山东平县。危山、瓠山,均在无盐县。
④ 石立:石头自行竖立,一般认为是灾异。

〔关东民妖言四起，行西王母筹〕

纲关东民讹言行筹。

目关东民无故惊走，持稿或掫（zōu）一枚①，传相付与，曰"行西王母筹"。

纲封傅商为汝昌侯②。

〔汉哀帝宠幸董贤〕

纲二月，下尚书仆射郑崇狱，杀之。免司隶孙宝为庶人。

目侍中董贤为人，美丽自喜，性和柔便辟③，得幸于上，贵震朝廷。常与上卧起，妻得通籍殿中④。女弟为昭仪，父恭为少府。诏将作大匠为贤起大第北阙下⑤，穷极技巧。又为贤起冢茔义陵旁⑥，周垣数里。郑崇谏上，由是数以职事见责。尚书令赵昌因奏"崇与宗族通，疑有奸"。上责崇曰："君门如市人，何以欲禁切主上？"崇对曰："臣门如市，臣心如水。愿得考覆！"上怒，下崇狱。司隶孙宝上书曰："崇狱覆治，搒掠将死，卒无一辞，道路称冤。疑昌与崇内有纤芥⑦，浸润相陷。臣请治昌以解众心！"诏曰："司隶宝附下罔上，国之贼也！免为庶人。"崇死狱中。

① 稿：禾秆。掫：麻秆。
② 傅商：傅太后堂弟。
③ 便辟：谄媚逢迎。
④ 通籍：记名于门籍，可进出宫殿。
⑤ 将作大匠：官名，掌修建皇家土木工程。
⑥ 义陵：汉哀帝陵，在今陕西咸阳市西北。
⑦ 纤芥：细小的嫌隙。

纲夏六月，尊帝太太后傅氏为皇太太后。

纲秋八月，封董贤为高安侯，孙宠为方阳侯，息夫躬为宜陵侯。

纲左迁执金吾毋将隆为沛郡都尉。

目上发武库兵送董贤及上乳母王阿舍。执金吾毋将隆奏言："古者方伯专征，乃赐斧钺，汉家边吏距寇，赐武库兵。《春秋》之谊，家不藏甲，所以抑臣威，损私力也。今便辟弄臣，私恩微妾，而以天下公用给其私门，契国威器共其家备①，建立非宜，以广骄僭，非所以示四方也。臣请收还武库。"上不悦。以其前有安国之言，左迁为沛郡都尉。

〔谏大夫鲍宣上书谏哀帝远外戚、佞臣〕

纲谏大夫鲍宣上书。

目曰："窃见孝成皇帝时，外亲持权，浊乱天下，奢泰无度，穷困百姓，是以日蚀且十，彗星四起。危亡之征，陛下所亲见也，今奈何反覆剧于前乎！朝臣亡有大儒骨鲠之士，论议通古今，忧国如饥渴者。敦外亲②、小僮、幸臣董贤等，在省户下③，陛下欲与此共承天地，安海内，甚难！官爵，非陛下之官爵，乃天下之官爵也。陛下官非其人，而望天说民服，岂不难哉！孙宠、息夫躬，奸人之雄，惑世尤剧，宜以时罢退。及外亲幼童，未通经术者，皆宜令休，就外傅④。急征傅喜，使领

————————————

① 契：通"挈"，取。
② 敦：厚待。
③ 省户：宫门，禁门。"在省户下"指居于要职。
④ 外傅：贵族子弟至一定年龄出外就学，所从之师称外傅。

外亲。何武、师丹、孔光、彭宣、龚胜,可大委任。陛下尚能容亡功德者甚众,曾不能忍武等邪! 治天下者,当用天下之心为心,不得自专快意而已也。"宣语虽刻切,上以宣名儒,优容之。

纲 匈奴单于上书请朝。

目 匈奴单于请朝五年,上问公卿,以为"虚费府帑(tǎng)①,可且勿许"。单于使辞去,未发,扬雄上书曰:"臣闻六经之治,贵于未乱;兵家之胜,贵于未战。今单于来朝,国家辞之,臣愚以为汉与匈奴从此隙矣。匈奴本五帝所不能臣,三王所不能制。以秦始皇之强,然不敢窥西河②。以高祖之威灵,三十万众困于平城。高皇后时,匈奴悖慢。及孝文时,候骑至雍甘泉。孝武设马邑之权,欲诱匈奴,徒费财劳师,一虏不可得见,况单于之面乎! 其后深惟社稷之计,规恢万载之策,乃大兴师数十万,前后十余年,穷极其地,追奔逐北。自是之后,匈奴震怖,益求和亲,然而未肯称臣也。夫前世岂乐倾无量之费,役无罪之人,快心于狼望之北哉③? 以为不一劳者不久佚,不暂费者不永宁,是以忍百万之师,以摧饿虎之喙,运府库之财,填庐山之壑④,而不悔也。逮至元康、神爵之间,大化神明,鸿恩博洽,匈奴内乱争立,呼韩邪归化称臣,然尚羁縻之计⑤,欲朝不距,不欲不强。今单于归义怀诚,国家虽费,不得已者也,奈何距之以开将来之隙乎! 夫百年劳之,一日失之,费十而爱一,臣窃为国不安也! 唯陛下少留意于未乱未

① 府帑:国库。
② 西河:指今位于山西、陕西两省的黄河河段,为对抗匈奴的前线。
③ 狼望:匈奴地名。
④ 庐山:匈奴山名。
⑤ 羁縻:羁指马络头,縻指牛鼻绳,引申为笼络控制。

战,以遏边萌之祸。"书奏,天子寤焉,召还匈奴使者,更报书而许之。单于未发,会病,复遣使愿朝明年,上许之。

纲 己未,元寿元年(前2),春正月朔,以傅晏为大司马、卫将军,丁明为大司马、骠骑将军。是日,日食。寻罢晏,就第。

纲 皇太太后傅氏崩,合葬渭陵,号孝元傅皇后。

纲 孙宠、息夫躬以罪免,就国。以鲍宣为司隶。

〔丞相王嘉谏益封董贤,被下狱,绝食死〕

纲 下丞相新甫侯王嘉狱,杀之。

目 上托傅太后遗诏,益封董贤二千户。王嘉封还诏书,谏曰:"臣闻爵禄土地,天之有也。《书》曰:'天命有德,五服五章哉①!'王者代天爵人,尤宜慎之。不得其宜,则众庶不服,感动阴阳,其害疾自深。高安侯贤,佞幸之臣,陛下倾爵位以贵之,单货财以富之②,损至尊以宠之,流闻四方,皆同怨疾。里谚曰:'千人所指,无病而死。'臣常为之寒心!臣骄侵罔,阴阳失节,气感相动,害及身体。陛下寝疾久不平,继嗣未立,宜思正万事,顺天人之心,以求福祐,奈何轻身肆意,不念高祖之勤苦,垂立制度,欲传之于无穷哉!"

初,廷尉梁相治东平王云狱,心疑云冤,欲更覆治。尚书令鞠谭等以为可许。上以为顾望两心,幸云逾冬,无讨贼意,免相等皆为庶人。后数月,大赦,嘉荐"相等皆有材行,臣窃为朝廷惜之"。书奏,上不

---

① 五服:天子、诸侯、卿、大夫、士五等服式。五章:五等服式的不同文采,用以区别尊卑。
② 单:通"殚"。

能平。

及封还董贤事，上乃发怒，召嘉诣尚书责问以相等事。孔光等劾嘉
"迷国罔上①，不道"。诏召丞相诣廷尉诏狱。嘉喟然仰天叹曰："幸
得充备宰相，不能进贤、退不肖，以是负国，死有余责！"吏问贤、不肖
主名，嘉曰："贤，孔光、何武不能进；恶，董贤父子不能退。罪当死，死
无所恨！"遂不食，呕血而死。元始中追谥曰忠，绍其封。

纲 秋七月，以孔光为丞相。八月，以何武为前将军，彭宣为御史大夫。

目 上览王嘉之对，思其言，故有是命。光复故爵。

纲 下司隶鲍宣狱，髡钳之。

目 丞相光行园陵②，官属以令行驰道中。宣出逢之，使吏钩止，没入其车
马，摧辱宰相。事下御史中丞。侍御史欲捕从事，宣闭门不纳，遂以
距闭使者，大不敬不道，下狱。诸生举幡太学下，曰："欲救鲍司隶者
会此。"会者千人，遮丞相自言③，又守阙上书，上竟抵宣罪。

[汉哀帝欲禅位董贤]

纲 冬十二月，以董贤为大司马卫将军。

目 上故令贤私过孔光。光闻贤来，警戒衣冠，出门待望，见贤车，却入，
贤至中门，光入阁，既下车，乃出拜谒，送迎甚谨，不敢以宾客钧敌之

---

① 迷国：迷惑国家。
② 园陵：帝王的墓地。
③ 遮：拦住。

礼①。上喜，立拜光两兄子为谏大夫、常侍。贤由是权与人主侔（móu）矣。后置酒麒麟殿，上从容视贤笑曰："吾欲法尧禅舜，何如？"中常侍王闳进曰："陛下承宗庙，当传子孙于无穷。统业至重，天子无戏言！"上默然，左右遣闳出。闳遂上书曰："昔文帝幸邓通，不过中大夫，武帝幸韩嫣，赏赐而已，皆不在大位。今董贤无功封侯，列备鼎足②，喧哗道路，不当天心。"上不从，亦不罪也。

纲 庚申，二年（前1），夏四月晦，日食。

〔正三公分职〕

纲 五月，正三公分职。董贤为大司马，孔光为大司徒，彭宣为大司空。

〔哀帝崩，太皇太后王政君遣使者驰召王莽，董贤自杀〕

纲 六月，帝崩。

目 帝睹孝成之世禄去王室，及即位，屡诛大臣，欲强主威以则武、宣，然以宠信谗谄，憎疾忠直，汉业由是遂衰。

纲 董贤以罪罢，即日自杀。

目 太皇太后闻帝崩，即日驾之未央宫，收取玺绶。召大司马贤，问以丧事调度，贤忧惧，不能对。太后曰："新都侯莽前奉送先帝大行③，晓习故事，吾令莽佐君。"贤顿首："幸甚！"太后遣使者驰召莽。莽以太

---

① 钧敌：对等。
② 鼎足：指任三公。鼎三足，故以之喻三公。
③ 大行：古代称刚死而未定谥号的皇帝。

后指,使尚书劾贤不亲医药,禁止不得入宫殿。贤诣阙免冠徒跣谢,
莽以太后诏,即阙下册收贤印绶,罢归第。即日与妻皆自杀,家惶恐,
夜葬。莽疑其诈死,发其棺至狱诊视,因埋狱中。收没入家财四十三
万万,父恭与家属徙合浦。

〔王莽为大司马主政〕

纲 太皇太后以王莽为大司马,领尚书事。

目 太皇太后诏公卿举可大司马者,孔光以下皆举莽,独前将军何武、左
　　将军公孙禄以为“惠、昭之世,外戚持权,几危社稷。今比世无嗣①,
　　方当选立近亲幼主,不宜令外戚持权”。于是武举禄,而禄亦举武。
　　太皇太后自用莽为大司马,领尚书事。

纲 秋七月,迎中山王箕子为嗣。

目 太皇太后与莽议,遣车骑将军王舜使持节迎之。

纲 贬皇太后为孝成皇后,徙孝哀皇后于桂宫,追贬傅太后为定陶共王
　　母,丁太后为丁姬。

〔王莽任用亲信,铲除异己〕

纲 以甄邯为侍中。策免将军何武、公孙禄。遣红阳侯王立就国。

目 莽以孔光名儒,相三主,太后所敬,天下信之,于是盛尊事光,引光女
　　婿甄邯为侍中。劾奏何武、公孙禄,互相称举,免官就国。红阳侯立

---

① 比世无嗣:指成帝、哀帝两世无嗣。

虽不居位,莽畏立,令光奏立罪恶,请遣就国。于是附顺者拔擢,忤恨者诛灭。以王舜、王邑为腹心,甄丰、甄邯主击断,平晏领机事,刘秀典文章,孙建为爪牙。莽色厉而言方,欲有所为,微见风采,党与承其指意而显奏之。莽稽首涕泣,固推让,上以惑太后,下用示信于众庶焉。

纲 八月,废孝成、孝哀皇后就其园,皆自杀。

纲 策免大司空宣,遣就国。

目 彭宣以王莽专权,乃上印绶,乞骸骨,归乡里。莽白太后,策免宣,使就国,数年薨。

纲 以王崇为大司空。

纲 九月,中山王箕子即位。

〔王莽秉政〕

纲 太皇太后临朝,大司马莽秉政,百官总己以听①。

纲 以孔光为帝太傅,马宫为大司徒。

纲 冬十月,葬义陵。

　　孝平皇帝

〔王莽号"安汉公"〕

纲 辛酉,孝平皇帝元始元年(1),春正月,益州塞外蛮夷献白雉。二月以

————————

① 总己:总摄己职。

孔光为太师,王舜为太保,甄丰为少傅。王莽为太傅,号安汉公。褒赏宗室、群臣。

目 莽风益州①,令塞外蛮夷自称越裳氏②,重译献白雉③。莽白太后,以荐宗庙。于是群臣盛陈莽功德:"宜赐号曰安汉公,益户,畴爵邑。"太后诏尚书具其事。莽上书言:"臣与孔光、王舜、甄丰、甄邯共定策。今愿独条光等功,寝置臣莽④。"固让数四,称疾不起,太后乃诏光为太师,舜为太保,丰为少傅,邯封承阳侯。莽尚未起,群臣复上言:"宜以时加赏元功。"太后乃以莽为太傅,干四辅之事⑤,号曰安汉公,益封二万八千户。于是莽为惶恐,不得已,起受太傅、安汉公号,让还益封事,复建言褒赏宗室、群臣,下至庶民鳏寡,恩泽之政,无所不施。又风公卿奏言:"太后春秋高,不宜亲省小事。"令太后诏曰:"自今以来,唯封爵乃以闻,他事安汉公平决。"于是莽权与人主侔矣。

纲 夏五月,拜帝母卫姬为中山孝王后⑥。

目 王莽恐帝外家卫氏夺其权,白太后:"前哀帝立,背恩义,自贵外家,几危社稷。今帝以幼年复奉大宗,宜明一统之义,以戒前事,为后代法。"乃遣使即拜帝母卫姬为中山孝王后,赐帝舅宝、玄爵关内侯,皆留中山,不得至京师。

---

① 风:同"讽",暗示。
② 越裳氏:周时远方国名,相传在交趾之南。
③ 重译:辗转翻译。献白雉:相传周公居摄时越裳献白雉,后世以之为祥瑞。
④ 寝置:搁置。
⑤ 四辅:相传古代天子身边的四位辅佐大臣。
⑥ 中山孝王:指刘兴,汉元帝庶子,汉平帝父。

纲 封公子宽为褒鲁侯,孔均为褒成侯①。

纲 壬戌,二年(2),春,黄支国献犀牛②。

目 黄支在南海中,去京师三万里。王莽欲耀威德,故厚遗其王,令遣使
　　贡献。

纲 越巂郡上黄龙游江中。

目 太师光等咸称"莽功德比周公,宜告祠宗庙"。大司农孙宝曰:"周公
　　上圣,召公大贤,尚犹有不相悦,著于经典,两不相损。今风雨未时,
　　百姓不足,每有一事,群臣同声,得无非其美者?"时大臣皆失色。会
　　宝遣吏迎母,母道病,留弟家,独遣妻子。司直陈崇劾奏宝,坐免,终
　　于家。

纲 帝更名衎(kàn)。

纲 大司空崇免,以甄丰为大司空。

纲 大旱、蝗。

纲 陨石于巨鹿二。

纲 大夫龚胜、邴(bǐng)汉罢归。

目 光禄大夫楚国龚胜、大中大夫琅邪邴汉,以王莽专政,皆乞骸骨。莽

---

① 公子宽:鲁顷公之后,封褒鲁侯,负责祭祀周公。孔均:孔子之后,封褒成侯,负责祭
　　祀孔子。
② 黄支国:古部族邦国名,在日南郡南,风俗和珠崖郡类似,或以为在今印度马德拉斯
　　西南康契普腊姆附近,或以为在今印度尼西亚苏门答腊岛西北部亚齐附近。

令太后策诏之曰："朕愍以官职之事烦大夫,大夫其修身守道,以终高年。"皆加优礼而遣之。梅福亦知莽必篡汉,一朝弃妻子去,不知所之。人传以为仙,其后人有见福于会稽者①,变姓名为吴市门卒云。

纲　秋九月晦,日食。

纲　癸亥,三年(3),春,聘安汉公莽女为皇后。

〔王莽诛杀异己〕

纲　夏,安汉公莽杀其子宇,灭中山孝王后家,杀敬武公主及氾乡侯何武、故司隶鲍宣等数百人。

目　莽长子宇非莽隔绝卫氏,私与卫宝通书,教卫后上书求至京师。莽不听,宇与师吴章及妇兄吕宽议,章以为莽好鬼神,可为变怪以惊惧之,因推类说令归政卫氏②。宇即使宽夜持血洒莽第门,吏发觉之,莽执宇送狱,饮药死。尽灭卫氏支属,唯卫后在。吴章要斩。

初,章为当世名儒,教授千余人。莽以为恶人党,皆当禁锢,不得仕宦,门人尽更名他师。平陵云敞时为大司徒掾,自劾吴章弟子,收抱章尸归,棺敛葬之。莽因是狱,穷治党与,连引素所恶者悉诛之。元帝女弟敬武长公主,素非议莽。红阳侯立,莽尊属③;平阿侯仁,素刚直:皆以太皇太后诏,迫令自杀。郡国豪杰,及汉忠直臣不附莽者,何武、鲍宣及王商、辛庆忌诸子,皆坐死,凡数百人,海内震焉。北海逄

---

① 会稽:郡名,治今江苏苏州市。
② 推类:比类推究。
③ 尊属:辈分高的亲属。

萌谓友人曰:"三纲绝矣,不去,祸将及人!"即解冠挂东都城门,归,将家属浮海,客于辽东。

〔王莽加"宰衡"号〕

纲 甲子,四年(4),春二月,加安汉公莽号"宰衡"①。

纲 起明堂、辟雍、灵台,立乐经,征天下通经异能之士。

纲 乙丑,五年(5),夏四月,太师光卒,以马宫为太师。

〔王莽加九锡〕

纲 五月,加安汉公莽九锡②。

〔王莽弑杀平帝〕

纲 冬十二月,安汉公莽弑帝。

目 帝益壮,以卫后故,怨不悦。莽因腊日③,上椒酒,置毒酒中。帝有疾。莽作策请命于泰畤,愿以身代,藏策金縢,置于前殿,敕诸公勿敢言。帝崩,葬康陵④。

纲 以平晏为大司徒。

---

① 宰衡:周公为周太宰,伊尹为商阿衡,故采此二字以尊之。
② 九锡:天子赐给有殊勋的诸侯、大臣的九种天子规格礼器,以示最高礼遇。赐九锡多为权臣篡位步骤。"锡"同"赐"。
③ 腊日:腊祭之日,汉以冬至后第三个戌日为腊日。
④ 康陵:汉平帝陵,在今陕西咸阳市西。

〔王莽居摄践阼，称"假皇帝"〕

纲 太皇太后诏征宣帝玄孙，又诏安汉公莽居摄践阼①。

目 太后与群臣议立嗣。时元帝世绝，而宣帝曾孙莽皆恶其长大，曰："兄弟不得相为后。"乃悉征宣帝玄孙，选立之。

初，泉陵侯刘庆上书，言："皇帝富于春秋，宜令安汉公摄行天子事，如成王、周公故事。"至是前辉光谢嚣奏②，浚井得白石，有丹书，文曰"告安汉公莽为皇帝"。太后曰："此诬罔天下，不可施行！"太保舜谓太后："莽非敢有他，但欲称摄以重其权，镇服天下耳。"太后力不能制，乃下诏曰："已征孝宣皇帝玄孙二十三人，差度宜者③，以嗣孝平皇帝之后。玄孙年在襁褓，不得至德君子，孰能安之！其令安汉公居摄践阼，如周公故事，具礼仪奏！"于是群臣奏言："请安汉公践阼，如天子之制，祭赞曰'假皇帝'，民臣谓之'摄皇帝'，自称曰'予'。平决朝事，常以皇帝之诏称'制'，其朝见太皇太后、皇帝、皇后皆服臣节。"诏曰："可。"

右西汉十二帝，共二百十四年，并王莽篡位合二百三十年。

评西汉：

　　西汉是继秦之后中国历史上第二个大一统王朝，也是多民族统一国家的重要发展阶段。汉初以刘邦为代表的最高统治集团吸取秦朝二世

---

① 居摄：天子年幼不能亲政，由大臣代居其位处理政务。践阼：古代庙寝堂前有两阶，主阶称阼，天子祭祀从主阶上，称践阼，引申为即位、登基。
② 前辉光：官名，王莽分京师置前辉光、后承烈二郡，前辉光以治地为官名。
③ 差度：衡量选择。

而亡的教训,以"清净无为"为指导思想,确立了轻徭薄赋、与民休息的政策,惠帝、吕后时期社会经济逐渐恢复。文、景二帝通过改革王国制度和平定七国之乱,消除了诸侯王尾大不掉的局面,巩固了国家的统一。武帝通过政治、经济、军事、法律等领域的改革,进一步强化了中央集权。对匈奴等周边政权的征讨,缓解了外来威胁,拓展了国家版图。张骞出使西域,丝绸之路的开通,在中西交流史上具有划时代的意义。在文化领域,武帝尊崇儒术,使儒家学说成为此后两千多年帝制王朝的正统思想,为中国传统文化的形成奠定了基础。不过,长年战争耗尽了国库积蓄,大大加重了百姓负担,使大量农民破产流亡。盐铁、酒榷、平准、均输等经济制度与民争利,遭到儒生群体激烈批评。西汉后期,儒生和官僚士大夫发起托古改制运动,主张效法西周,用"礼治"取代"法治"。改制在王莽当政后进入高潮,但最终归于失败。西汉一朝经过反复探索,使秦朝开创的大一统政治局面得到巩固,也为后世进一步确立符合国情的治理模式,提供了宝贵经验和教训。

周金泰 评注

杨振红 审定

纲鉴易知录卷一九

　　卷首语：本卷起西汉孺子婴居摄元年(6)，止东汉光武帝建武元年(25)，所记为孺子婴朝、王莽新朝、汉更始帝刘玄及东汉开国之史事。平帝无嗣，王莽立年幼的孺子婴为帝，后废之建新称帝，西汉王朝至此灭亡。王莽仿照《周礼》进行全面改制，但因脱离实际，进一步激化社会矛盾，爆发了赤眉、绿林起义。群雄纷纷响应，汉宗室出身的刘秀兄弟也趁势而起。绿林军立宗室刘玄为帝，攻陷长安，杀死王莽。刘秀平定河北后，在鄗城称帝，后定都洛阳，延续"汉"之国号，史称东汉或后汉。

汉纪附王莽

孺子婴

纲 丙寅,孺子婴居摄元年(6),春三月,立宣帝玄孙婴为皇太子,号曰"孺子"。

纲 夏四月,安众侯刘崇起兵讨莽,不克,死之。

目 安众侯刘崇与相张绍谋曰:"莽必危刘氏,天下非之,莫敢先举,此乃宗室之耻也。吾帅宗族为先,海内必和。"从者百余人,遂进攻宛①,不得入而败。

纲 五月,太皇太后诏莽朝见称"假皇帝"。

纲 冬十月朔,日食。

〔翟义起兵反莽〕

纲 丁卯,二年(7),秋九月,东郡太守翟义起兵讨莽,立刘信为天子,三辅豪杰起兵应之。莽遣兵拒击义,义不克,死之,信亡走。

目 东郡太守翟义与姊子陈丰谋,举兵西诛不当摄者,立宗室严乡侯刘信为天子。义自号大司马、柱天大将军,移檄郡国,众十余万。莽闻之,惶惧不能食,乃拜孙建等为将军,击义。三辅豪杰赵朋、霍鸿等闻义

_____
① 宛:县名,今河南南阳市。

兵起,自称将军,众至十余万。莽复拜王级为将军,击朋等。日抱孺
子祷郊庙,会群臣而称曰:"昔周公摄政而管、蔡挟禄父以畔①,今翟
义亦挟刘信而作乱。自古大圣犹惧此,况臣莽之斗筲(shāo)②!"群臣
皆曰:"不遭此变,不章圣德③。"莽依《周书》作《大诰》④,谕天下以当
反位孺子之意。诸将东至陈留⑤,与翟义会战,义败死,竟不得信。

纲 戊辰,初始元年(8),春,地震。

纲 三辅兵皆破灭。

目 王级等击赵朋、霍鸿,皆殄灭,诸县悉平。莽乃置酒白虎殿,自谓威德
　日盛,大获天人之助,遂谋即真之事矣。

纲 冬十一月,太皇太后诏莽号令、奏事毋言摄。

〔王莽称帝,建立新朝〕

纲 十二月,哀章作铜匮以献莽⑥。莽自称新皇帝,更号太皇太后为新室
　文母太皇太后。

目 梓潼哀章⑦,学问长安,素无行,作铜匮,为两简⑧,日昏时,持至高庙,

---

① 禄父:商纣之子,即武庚。
② 斗筲:斗和筲都是容量小的容器,比喻才浅德薄。
③ 章:同"彰"。
④《大诰》:周公作《大诰》,王莽自比周公,亦作。
⑤ 陈留:县名,今河南开封市。
⑥ 铜匮:铜制的柜。
⑦ 梓潼:县名,今四川梓潼县。
⑧ 简:当作"检",封缄。检上分别书"天帝行玺金匮图""赤帝玺邦传予皇帝金策书",
　意为天帝与汉高帝传禅于王莽。

仆射以闻。莽至高庙,拜受金匮神禅,还坐未央宫前殿,即真天子位,建有天下之号曰新。以十二月朔为始建国元年正月之朔。莽请玺,太后不肯授。莽使王舜谕指①,太后怒骂之曰:"而属父子宗族②,蒙汉家力,富贵累世,既无以报,受人孤寄,乘便利时夺取其国,不复顾恩义。人如此者,狗猪不食其余③,天下岂有而兄弟邪!且若自以金匮符命为新皇帝④,变更正朔,亦当自更作玺,传之万世,何用此亡国不祥玺为!我汉家老寡妇,旦暮且死⑤,欲以此玺俱葬,终不可得!"因涕泣。舜言:"莽必欲得玺,太后宁能终不与邪!"太后闻舜语切,恐莽欲胁之,乃出玺投之地曰:"我老已死,如而兄弟今族灭也!"于是张永献符命,言太皇太后当为新室文母太皇太后,莽从之。

纲 己巳(9)⑥,春正月,莽废孺子为定安公,孝平皇后为定安太后。

纲 夏四月,徐乡侯刘快起兵讨莽,不克,死之。

〔王莽改制之"王田私属"〕

纲 莽禁不得买卖田及奴婢。

目 莽更名天下田曰"王田",奴婢曰"私属",皆不得买卖。其男口不盈八,而田过一井者⑦,分余田予九族乡里。敢有非井田圣制,无法惑

---

① 谕指:告知旨意。"指"通"旨"。

② 而:你。

③ 狗猪不食其余:狗猪都嫌弃他,不吃他剩下的东西。形容人极其卑鄙龌龊。

④ 若:你。

⑤ 旦暮:早晚,比喻短时间内。

⑥ 始建国元年。

⑦ 田过一井:所占田地超过一井。王莽仿周井田制,一家占田一井,九百亩。

众者,投诸四裔,以御魑魅。

纲 冬,雷,桐华,大雨雹。

纲 庚午(10)①,春二月,莽废汉诸侯王为民。

纲 冬十二月,雷。

〔王莽挑起与匈奴争端〕

纲 莽改匈奴单于为"降奴服于",遣其将军孙建等击之。

目 莽恃府库之富,欲立威匈奴,乃遣孙建等率十二将分道并出。

纲 辛未(11)②,匈奴诸部分道入塞,杀守尉,略吏民,州郡兵起。

目 单于怒曰:"先单于受汉宣帝恩,不可负也。今天子非宣帝子孙,何以
得立!"遣兵入云中塞,大杀吏民。历告左右部诸边王入塞,杀太守都
尉,略吏民畜产,不可胜数。是时诸将在边,以大众未集,未敢出击。严
尤谏曰:"臣闻匈奴为害,所从来久矣,未闻上世有必征之者也。后世三
家周、秦、汉征之,然皆未有得上策者也。周得中策,汉得下策,秦无策焉。
周宣王时猃狁(xiǎn yǔn)内侵③,至于泾阳。命将征之,尽境而还。其视猃
狁之侵,譬犹蟁蝱④,驱之而已,故天下称明,是为中策。汉武帝选将练
兵,深入远戍,兵连祸结,二十余年,中国罢敝,匈奴亦创艾(chuāng yì)⑤,而

---

① 始建国二年。
② 始建国三年。
③ 猃狁:周时居于北方的游牧民族。或认为是周人对匈奴的称呼。
④ 蟁蝱:同"蚊虻"。
⑤ 创艾:因受惩治而畏惧。

天下称武,是为下策。秦始皇筑长城之固,延袤万里,转输之行,起于负海,疆境既完,中国内竭,以丧社稷,是为无策。今天下比年饥馑,西北边尤甚,大用民力,功不可必立,臣伏忧之。"莽不听,转兵谷如故。吏民屯边者,所在放纵,而内郡愁于征发,民弃城郭,始流亡为盗贼。北边自宣帝以来,数世不见烟火之警,人民炽盛,牛马满野。及莽扰乱匈奴,与之构难,边民死亡系获①,数年之间,北边虚空,野有暴骨矣。

纲 莽太师王舜死。

〔龚胜、薛方等人不仕新莽〕

纲 莽迎龚胜为太子师友祭酒②,胜不食而卒。

目 莽遣使者奉玺书、印绶迎龚胜,即拜为太子师友祭酒。胜称病笃,使者以印绶就加胜身,胜辄推不受,谓两子及门人高晖曰:"吾受汉家厚恩,无以报。今年老矣,旦暮入地,谊岂以一身事二姓,下见故主哉!"语毕,遂不复饮食,积十四日死。

是时清名之士,又有琅邪纪逡、齐薛方、沛唐林、唐尊,皆以明经饬行显名③。逡、两唐皆仕莽。莽以安车迎方,方因使者辞谢曰:"尧、舜在上,下有巢、由④。今明主方隆唐、虞之德,小臣欲守箕山之节⑤。"莽说其言,不强致。隃麋郭钦为南郡太守⑥,杜陵蒋诩为兖州刺史,亦

---

① 系获:被俘获。

② 师友祭酒:官名,王莽置,辅佐太子之官。

③ 饬行:行为谨严合礼。

④ 巢、由:巢父、许由,相传均为尧时隐士。

⑤ 箕山之节:箕山相传为许由、巢父隐居之地,箕山之节代指归隐以保全节操。

⑥ 隃麋:县名,今陕西千阳县东。

以廉直为名。莽居摄，钦、诩皆以病免官，归乡里，卧不出户，卒于家。沛国陈咸①，以律令为尚书，见何武、鲍宣死，叹曰："《易》说'见几而作，不俟终日'，吾可以逝矣！"即乞骸骨去职。莽篡位，召咸为掌寇大夫②，咸谢病不肯应。三子参、丰、钦皆在位，咸悉令解官归乡里，闭门不出入，犹用汉家祖腊③。人问其故，咸曰："我先人岂知王氏腊乎！"悉收敛其家律令、书文，壁藏之。又齐栗融，北海禽庆、苏章，山阳曹竟，皆儒生，去官，不仕于莽。

〔废王田令，民得卖田〕

纲 壬申(12)④，春，令民得卖田。

目 莽性躁扰，不能无为，每有所兴造，动欲慕古，不度时宜，制度又不定。吏缘为奸，天下嗷(áo)嗷⑤，陷刑者众。莽知民愁怨，乃令民食王田者，皆得卖之。

〔太皇太后王政君崩〕

纲 癸酉(13)⑥，春二月，太皇太后王氏崩。

目 莽既改号太后为新室文母，绝之于汉，乃隳(huī)坏孝元庙⑦，更为太

---

① 沛国：据《汉书》，"沛国"应作"沛郡"。
② 掌寇大夫：官名，王莽置，掌抓捕盗贼。
③ 汉家祖腊：指沿袭西汉以午日祖，以戌日腊。祖，祭祀路神；腊，年终大祭。
④ 始建国四年。
⑤ 嗷嗷：发出哀怨、愁叹声。
⑥ 始建国五年。
⑦ 隳：毁坏。

后起庙,独置孝元庙故殿,以为文母篡(zhuàn)食堂①,名曰长寿宫。置酒,请太后。既至,见庙废彻涂地②,惊泣曰:"此汉家宗庙,皆有神灵,与(yù)何治而坏之③!且使鬼神无知,又何用庙为!如令有知,我乃人之妃妾,岂宜辱帝之堂以陈馈食哉!"私谓左右曰:"此人慢神多矣,能久得祐乎!"饮酒不乐而罢。莽更汉家黑貂着黄貂。又改汉正朔、伏腊日。太后令其官属黑貂。至汉家正腊日,独与其左右相对饮食。至是崩,年八十四。葬渭陵。

纲 十一月,彗星出。

纲 甲戌(14)④,春三月晦,日食。

纲 夏四月,陨霜杀草木。

纲 六月,黄雾四塞。

纲 乙亥(15)⑤,春,民讹言黄龙死。

〔绿林等纷纷起兵反莽〕

纲 丁丑(17)⑥,秋,临淮⑦、琅邪及荆州绿林兵起⑧。

---

① 篡:通"馔",陈设饮食。
② 涂地:彻底败坏而不可收拾。
③ 与何治:干什么。
④ 天凤元年。
⑤ 天凤二年。
⑥ 天凤四年。
⑦ 临淮:郡名,治今江苏泗洪县。
⑧ 绿林:山名,在今湖北京山县绿林镇。

目莽法令烦苛,民摇手触禁,不得耕桑,于是并起为盗贼。临淮瓜田仪等,依阻会稽长洲。琅邪吕母聚党数千人,杀海曲长①,入海中为盗,其众浸多,至万数。荆州饥馑,更相侵夺,新市人王匡、王凤推为渠帅②,众数百人,诸亡命者马武、王常、成丹等皆往从之,藏于绿林山中,数月间至七八千人。

〔扬雄死,其作《法言》等颂莽,为君子所讥〕

纲戊寅(18)③,春,莽大夫扬雄死。

目成帝之世,雄以奏赋为郎,给事黄门,与莽及刘秀并列④。哀帝之初,又与董贤同官。莽、贤为三公,权倾人主,所荐莫不拔擢,而雄三世不徙官⑤。及莽篡位,雄以耆老久次⑥,转为大夫。恬于势利,好古乐道,欲以文章成名于后世,乃作《太玄》《法言》。用心于内,不求于外,人皆忽之,唯刘秀及范逡敬焉,而桓谭以为绝伦,巨鹿侯芭师事焉。刘棻(fēn)尝从雄学作奇字,及棻坐事诛,辞连及雄。时雄较书天禄阁上,使者来欲收之,雄恐不能自免,乃从阁上自投下,几死。莽闻之,以雄不知情,诏勿问。然雄所作《法言》卒章,盛称莽功德可比伊尹、周公,后又作《剧秦美新》之文⑦,以颂莽,君子病焉。

---

① 海曲:县名,今山东日照市东港区。
② 新市:地名,在今湖北京山县东北。
③ 天凤五年。
④ 刘秀:即刘歆。
⑤ 三世:指成、哀、平三朝。
⑥ 久次:久在位次。
⑦ 剧秦美新:以秦无道为甚,而美新莽之德。

綱 琅邪樊崇、东海刁子都等,兵皆起。

目 琅邪樊崇起兵于莒①,众百余人。群盗以崇猛勇,皆附之,一岁间至万余人。又有东海刁子都,亦起兵钞击徐、兖。莽遣使者发兵击之,不能克。

綱 莽孙宗自杀。

綱 庚辰(20)②,秋九月,大雨六十余日。

綱 巨鹿男子马适求等谋诛莽,不克,死。

綱 辛巳(21),春正月,莽妻死,太子临谋杀莽,事觉,自杀。

綱 秋,关东大饥,蝗。

綱 南郡秦丰兵起。

目 丰聚众万人,平原女子迟昭平亦聚数千人。

綱 壬午(22),春二月,关东人相食。

〔樊崇兵自号赤眉〕

綱 夏四月,樊崇兵自号赤眉,莽遣其太师王匡、将军廉丹击之。

目 初,樊崇等众既寖盛,乃相与为约:"杀人者死,伤人者偿创。"莽遣太师王匡、更始将军廉丹讨之。崇等恐其众与莽兵乱,乃皆朱眉以

---

① 莒:县名,今山东莒县。
② 地皇元年。

相识别,由是号曰赤眉。匡、丹合将锐士十余万人,所过放纵,东方为之语曰:"宁逢赤眉,不逢太师!太师尚可,更始杀我!"卒如田况之言。

纲 蝗飞蔽天。

纲 秋七月,荆州平林兵起。

目 新市王匡等进攻随①,平林人陈牧、廖湛复聚众千余人,号"平林兵"以应之。

纲 赤眉破廉丹,诛之。

[刘秀起兵]

纲 汉宗室刘縯(yǎn)及弟秀起兵春陵②,兴复帝室,新市、平林兵皆附之。

目 初,长沙定王发生春陵节侯买③,买生戴侯熊渠,熊渠生考侯仁。仁以南方卑湿,徙封南阳之白水乡④,与宗族往家焉。仁子敞嗣,莽时国除。节侯少子外为郁林太守,外生巨鹿都尉回,回生南顿令钦⑤。钦娶湖阳樊重女⑥,生三男:縯、仲、秀。縯性刚毅慷慨,有大节。秀隆准日角⑦,性勤稼穑。縯常非笑之,比于高祖兄仲。秀尝过穰人蔡少

---

① 随:县名,今湖北随州市。
② 春陵:国名,此为移治后春陵侯国,治今湖北枣阳市南。
③ 春陵:国名,此为移治前春陵侯国,治今湖南宁远县北。
④ 白水乡:南阳春陵乡旧名。
⑤ 南顿:县名,今河南项城市。
⑥ 湖阳:县名,治今河南唐河县湖阳镇。
⑦ 隆准日角:高鼻梁,天庭骨起如日,被认为是帝王之相。

公①,少公颇学图谶,言"刘秀当为天子"。或曰:"是国师公刘秀乎?"秀戏曰:"何由知非仆邪!"坐者皆大笑。宛人李守好星历、谶记,尝谓其子通曰:"刘氏当兴,李氏为辅。"及新市、平林兵起,南阳骚动,通从弟轶谓通曰:"今四方扰乱,汉当复兴。南阳宗室,独刘伯升兄弟泛爱容众②,可与谋大事。"通笑曰:"吾意也!"会秀卖谷于宛,通遣轶往迎秀,与相约结,定谋,归春陵举兵。会縯召诸豪杰计议,分遣亲客于诸县起兵,縯自发春陵子弟。子弟恐惧,皆亡匿。及见秀绛衣大冠,皆惊曰:"谨厚者亦复为之!"乃稍自安。凡得子弟七八千人,部署宾客,自称"柱天都部"。秀时年二十八。縯使族人招说新市、平林兵,杀湖阳尉,进拔棘阳③,李轶、邓晨皆将宾客来会。

纲 冬十一月,汉兵与莽守将甄阜、梁丘赐战,不利,遂与下江合兵④,袭取其辎重。

目 刘縯欲进攻宛,与甄阜、梁丘赐战败,縯复收兵保棘阳。阜、赐乘胜留辎重于蓝乡⑤,引精兵十万南临沘(bǐ)水,会下江兵五千余人至宜秋⑥。縯与秀见王常,说以合从之利,常等即引军与汉军及新市、平林合,于是诸部齐心同力,锐气益壮。十二月晦,潜师夜起袭取蓝乡,尽获其辎重。

---

① 穰:县名,今河南邓州市。
② 伯升:刘縯之字。
③ 棘阳:县名,治今河南南阳市南。
④ 下江:王常等绿林军的一支入荆州,号下江兵。
⑤ 蓝乡:在今河南新野县东。
⑥ 宜秋:聚名,在今河南唐河县东南。

淮阳王

〔新市、平林诸将立刘玄为帝,年号更始〕

纲 癸未(23)①,春二月,新市、平林诸将共立更始将军刘玄为皇帝,大
赦,改元。

目 春陵戴侯曾孙玄,在平林兵中,号"更始将军"。时汉兵已十余万,诸
将议以兵无统一,欲立刘氏以从人望。南阳豪杰欲立刘縯,而新市、
平林将帅惮縯威名,贪玄懦弱,先定策立之,然后召縯示其议。縯以
为"宜且称王以号令。破莽,降赤眉,然后举尊号",张卬(áng)不从。
二月朔,设坛场于淯(yù)水上②,玄即皇帝位,南面朝群臣,羞愧流汗,
举手不能言。置公卿,拜縯为大司徒。

纲 三月,刘秀徇昆阳、定陵、郾③,皆下之。

纲 莽遣其司徒王寻、司空王邑,大发兵,会严尤、陈茂。夏五月,围昆阳。

目 莽遣王寻、王邑发兵平定山东。征诸明兵法六十三家以备军吏,以长
人巨无霸为垒尉④,又驱诸猛兽虎、豹、犀、象之属以助威武。兵四十
二万,号百万。五月,出颍川,与严尤、陈茂合。刘秀使王凤、王常守
昆阳,夜与李轶等出城南门,于外收兵。时莽兵到城下者且十万,秀

---

① 刘玄更始元年。
② 淯水:今河南白河的古称。
③ 昆阳:县名,今河南叶县。定陵:县名,治今河南舞阳县。郾:县名,今河南漯河市郾
城区。
④ 巨无霸:相传为蓬莱人,身长一丈,大十围,自称"巨无霸"。垒尉:官名,王莽置,掌军
中壁垒。

等几不得出。寻、邑纵兵围昆阳。

纲 莽棘阳长岑彭以宛城降汉,玄入都之。

目 岑彭守宛城,汉兵攻之数月,城中人相食,乃降。更始入都之。诸将
　　欲杀彭,刘縯曰:"彭执心坚守,是其节也。今举大事,当表义士。"更
　　始乃封彭为归德侯。

[刘秀昆阳之战大破莽兵]

纲 六月,刘秀大破莽兵于昆阳下,诛王寻。

目 刘秀至郾、定陵,悉发诸营兵。六月朔,秀自将步骑千余为前锋,去大
　　军四五里而陈,寻、邑亦遣兵数千合战。秀奔之,斩首数十级。诸将
　　喜曰:"刘将军平生见小敌怯,今见大敌勇,甚可怪也!"秀复进,寻、邑
　　兵却,诸部共乘之,斩首数百、千级。连胜,遂前,诸将胆气益壮,无不
　　一当百。寻、邑陈乱,汉兵乘锐崩之,遂杀寻。城中亦鼓噪而出,中外
　　合势,震呼动天地,莽兵大溃。会大雷、风,屋瓦皆飞,雨下如注,滍
　　(zhì)川盛溢①,虎、豹皆股战,士卒溺死以万数,水为不流。邑、尤、茂
　　轻骑逃去,尽获其军实辎重,关中震恐。于是海内豪杰翕然响应,皆
　　杀其牧守②,自称将军,用汉年号,以待诏命。

纲 刘秀徇颍川,冯异以五县降。

目 刘秀复徇颍川,屯兵巾车乡③,郡掾冯异监五县,为汉兵所获。异曰:

————————

① 滍川:即泜水,今河南沙河。
② 牧守:州牧与郡守。
③ 巾车乡:在今河南省平顶山市南。

"异有老母在父城①,愿归据五城,以效功报德。"秀许之。异归谓父
城长苗萌曰:"诸将多暴横,独刘将军所到不虏略。观其言语、举止,
非庸人也。"遂与萌率五县以降。

〔更始帝杀刘縯〕

纲 玄杀大司徒縯,以刘秀为破虏大将军。

目 新市、平林诸将以刘縯兄弟威名益盛,阴劝更始除之。縯部将刘稷闻
　　更始立,怒曰:"本起兵图大事者,伯升兄弟也。今更始何为者邪!"更
　　始收稷,将诛之。縯固争,李轶、朱鲔(wěi)因劝更始并执縯杀之。秀
　　自父城驰诣宛谢。司徒官属迎吊秀,秀不与交私语,惟深引过而已,
　　未尝自伐昆阳之功。又不敢为縯服丧,饮食言笑如平常。更始以是
　　自惭,乃拜秀为破虏大将军,封武信侯。

纲 秋,莽将军王涉、国师刘秀自杀。

目 道士西门君惠谓涉曰:"谶文刘氏当复兴,国师公姓名是也。"涉遂与
　　秀及大司马董忠等谋劫莽降汉。谋泄,皆自杀。莽以军师外破,大臣
　　内叛,左右无所信,忧懑不能食,但饮酒,啖鳆鱼。读军书倦,因凭几
　　寐,不复就枕矣。

〔隗嚣起兵西北〕

纲 成纪人隗(wěi)嚣起兵应汉。

_____

① 父城:县名,今河南宝丰县东南。

目成纪人隗崔、隗义同起兵以应汉。崔兄子嚣素有名,好经书,共推为
　上将军,移檄郡国,勒兵十万,徇陇西、武都皆下之。

纲公孙述起兵成都。

目茂陵公孙述起兵成都,自称辅汉将军,兼益州牧。

〔更始军攻陷长安,杀王莽〕

纲遣上公王匡攻洛阳,大将军申屠建攻武关。析人邓晔起兵①,开关迎
　建。九月,入长安。孝平皇后自焚崩。众共诛莽,传首诣宛。

目更始遣王匡攻洛阳,申屠建、李松攻武关,三辅震动。析人邓晔、于匡
　起兵应汉。晔开武关迎汉兵,以弘农掾王宪为校尉,所过迎降。诸县
　大姓各起兵称汉将,率众随宪。李松、邓晔引军至华阴②,而长安旁
　兵四会城下。九月朔,兵入。明日城中少年烧作室门,火及掖庭,黄
　皇室主③:"何面目以见汉家!"自投火中而死。莽避火宣室,火辄
　随之。莽旋席随斗柄而坐,曰:"天生德于予,汉兵其如予何!"又明
　日,群臣扶莽之渐台④,欲阻池水,餔(bū)时⑤,众兵上台,斩莽首,分
　莽身,节解脔分之⑥。申屠建以王宪得玺绶不上,收斩之。传莽首诣
　宛,县于市。百姓共提击之,或切食其舌。

---

① 析:县名,因析水为名,今河南西峡县。
② 华阴:县名,今陕西华阴市。
③ 黄皇室主:平帝之后,王莽之女。王莽篡汉后欲改嫁之,故更名"黄皇室主"。
④ 渐台:台名,在未央宫水池中。
⑤ 餔时:申时,吃饭之时。
⑥ 脔:切成肉块。

评王莽改制：

西汉末年危机四伏，在儒学神学化、谶纬化的背景下，社会上兴起强烈的复古思潮，主张回向三代，推行礼乐教化。以外戚身份登上政治舞台的王莽深受该思潮影响，他篡汉称帝，建立新朝，仿照《周礼》进行全面改制：包括改革机构设置，更改官名、地名，兴建礼乐制度；颁布王田私属令，禁止买卖土地、奴婢；推行五均、六筦等经济管制措施，改革币制。由于盲目复古，脱离实际，王莽改制不仅未能挽救社会危机，反而进一步激化社会矛盾，加上爆发严重的自然灾害，最终导致全国各地起义，新朝灭亡。

纲 王匡拔洛阳，诛莽守将王匡、哀章。

〔更始帝北都洛阳〕

纲 冬十月，玄北都洛。

目 更始将都洛阳，以刘秀行司隶校尉，使前修宫。秀乃置僚属，作文移，从事司察，一如旧章。时三辅吏士东迎更始，见诸将过皆冠帻（zé）而服妇人衣，莫不笑之。及见司隶僚属，皆欢喜不自胜，老吏或垂涕，曰："不图今日复见汉官威仪！"由是识者皆属心焉。更始遂北都洛。

纲 以彭宠为渔阳太守①。

〔刘秀平定河北，除莽苛政〕

纲 以刘秀行大司马事，遣徇河北。

_____

① 渔阳：郡名，治今北京市密云区西南。

纲 大司马秀至河北,除莽苛政,复汉官名。

目 大司马秀至河北,所过郡县,考察官吏,黜陟能否①,平遣囚徒,除王莽苛政,复汉官名。吏民喜悦,争持牛、酒迎劳,秀皆不受。

南阳邓禹杖策追秀,及于邺②。秀曰:"我得专封拜③,生远来,宁欲仕乎?"禹曰:"不愿也。但愿明公威德加于四海,禹得效其尺寸,垂功名于竹帛耳!"秀笑,因留宿。禹进说曰:"今山东未安,赤眉、青犊之属动以万数。更始既是常才,而不自听断,诸将皆庸人屈起,志在财币,争用威力,朝夕自快而已,非有忠良明智,深虑远图,欲尊主安民者也。明公素有盛德大功,为天下所向服,军政齐肃,赏罚明信。为今之计,莫如延揽英雄,务悦民心,立高祖之业,救万民之命,以公而虑,天下不足定也!"秀大悦,因令禹常宿止于中,与定计议。每任使诸将,多访于禹,皆当其才。

秀自缢死,每独居辄不御酒肉,枕席有涕泣处,主簿冯异独叩头宽譬④。因进说曰:"更始政乱,百姓无依。人久饥渴,易为充饱。宜分遣官属,循行郡县,宣布惠泽。"秀纳之。骑都尉耿纯谒秀,退,见官属将兵法度不与他将同,遂自结纳。

纲 十二月,王郎称帝于邯郸。

目 王莽时,长安中有自称成帝子子舆者,莽杀之。邯郸卜者王郎缘是诈称真子舆,刘林等信之,与赵国大豪李育等入邯郸,立郎为天子,州郡

---

① 黜陟:罢免提拔官吏。
② 邺:县名,今河北临漳县。
③ 专封拜:不经请示而自主封爵拜官。
④ 宽譬:宽慰劝解。

响应。

纲 甲申,二年(24),春正月,大司马秀北徇蓟①。

〔更始帝迁都长安〕

纲 二月,玄迁都长安。

目 申屠建等迎更始迁都长安,居长乐宫。升前殿,郎吏以次列庭中。更始羞怍,俯首刮席②,不敢视。诸将后至者,更始问:"虏掠得几何?"左右皆宫省久吏,惊愕相视。

纲 以李松为丞相,赵萌为右大司马。

目 更始纳萌女为夫人,故委政于萌,日夜饮讌后庭③。以至群小、膳夫皆滥授官爵。长安为之语曰:"灶下养④,中郎将。烂羊胃,骑都尉。烂羊头,关内侯。"由是关中离心,四海怨叛。

纲 大司马秀以耿弇(yǎn)为长史。

目 耿况遣其子弇诣长安,弇时年二十一,至宋子⑤,会王郎起,从吏曰:"子舆,成帝正统。舍此不归,远行安之!"弇按剑曰:"子舆弊贼,卒为降虏耳!我至长安,陈渔阳、上谷兵马,归发突骑以轹乌合之众⑥,如摧枯折腐耳!公等不识去就,族灭不久也!"

① 蓟:县名,治今北京德胜门外。
② 刮席:两手不知所措而摩擦坐席。
③ 讌:通"宴"。
④ 灶下养:厨工的辱称。
⑤ 宋子:县名,今河北赵县。
⑥ 轹:车轮碾压。

弇闻大司马秀在卢奴①,乃驰北上谒。秀留署长史,与俱北至蓟。秀将南归,弇曰:"今兵从南方来,不可南行。渔阳太守彭宠,公邑人②,上谷太守即弇父也,发此两郡,控弦万骑,邯郸不足虑也!"秀官属皆曰:"死尚南首,奈何北行入囊中!"秀指弇曰:"是我北道主人也。"

纲 蓟城反,应王郎。大司马秀走信都、和戎③,发兵击邯郸。

目 蓟中反,应王郎,城内扰乱。于是秀趣驾出城④,晨夜南驰,至芜蒌亭⑤。时天寒,冯异上豆粥。至下曲阳⑥,传闻王郎兵在后。至滹沱(hū tuó)河,候吏还白"河水流澌⑦,无船,不可济"。秀使王霸往视之。霸恐惊众,还即诡曰:"冰坚可渡。"遂前至河,河水亦合,乃渡,未毕数骑而冰解。至南宫⑧,遇大风雨,入道傍空舍,冯异抱薪,邓禹爇(ruò)火⑨,秀对灶燎衣,冯异复进麦饭。至下博城西⑩,惶惑不知所之。有白衣老人指曰:"努力!信都为长安城守,去此八十里。"秀即驰赴之。时郡国皆已降王郎,独信都太守任光、和戎太守邳彤(pī róng)不肯。光自恐不全,闻秀至,大喜,彤亦来会。议者多欲西还,彤曰:"王郎假名乌合,无有根本之固。明公奋二郡之兵以讨之,何患不克! 今释此

---

① 卢奴:县名,今河北定州市。
② 邑人:同乡。
③ 信都:郡名,治今河北衡水市冀州区。和戎:郡名,王莽分巨鹿郡所置。
④ 趣:催促。
⑤ 芜蒌亭:在今河北饶阳县滹沱河滨。
⑥ 下曲阳:县名,今河北晋州市。
⑦ 流澌:江河解冻时流动的冰块。
⑧ 南宫:县名,今河北南宫市西北。
⑨ 爇:烧。
⑩ 下博:县名,今河北深州市。

而归,岂徒空失河北,必更惊动三辅,堕损威重,非计之得者也。若明公无复征伐之意,则虽信都之兵犹难会也。何者?明公既西,则邯郸势成,民不肯捐父母,背成主,而千里送公,其离散亡逃可必也!"秀乃止。秀拜光、肜大将军,将兵以从。众稍合,至万人。移檄边郡,共击邯郸,郡县还复响应。

綱 延岑据汉中,汉中王嘉击降之。

綱 大司马秀以贾复、祭(zhài)遵为将军。

目 汉中王嘉荐校尉贾复及陈俊于大司马秀,秀以复为将军,俊为掾。秀舍中儿犯法①,军市令祭遵格杀之②,秀怒,命收遵。主簿陈副谏曰:"明公常欲众军整齐,今遵奉法不避,是教令所行也。"乃以为刺奸将军③,谓诸将曰:"当备祭遵! 吾舍中儿犯法尚杀之,必不私诸卿也。"

綱 大司马秀拔广阿④。

目 大司马秀引兵东北拔广阿。披舆地图,指示邓禹曰:"天下郡国如是,今始乃得其一。子前言以吾虑天下不足定,何也?"禹曰:"方今海内殽乱⑤,人思明君,犹赤子之慕慈母。古之兴者在德厚薄,不以大小也。"

綱 耿弇以上谷、渔阳兵行定郡县,会大司马秀于广阿,秀以其将寇恂、吴

---

① 舍中儿:家中的年轻仆人。
② 军市令:官名,掌管军中所设市场。
③ 刺奸将军:官名,掌军中执法,督奸猾。刺:刺探,侦察。
④ 广阿:县名,今河北隆尧县。
⑤ 殽:同"淆"。

汉等为将军。夏四月,进拔邯郸,斩王郎。

目 蓟中之乱,耿弇与大司马秀相失,北走昌平①,说其父况击邯郸。寇恂
曰:"大司马伯升母弟,尊贤下士,可归。恂请东约渔阳,齐心合众,邯
郸不足图也。"况遣恂约彭宠,宠吏吴汉、盖延、王梁亦力劝宠从秀,会
恂至,乃发步骑三千人,以汉、延、梁将之。恂还,与长史景丹及弇将
兵与渔阳军合,所过击斩王郎大将以下三万级,会大司马秀于广阿。
秀以丹等皆为偏将军,加况、宠大将军。四月,进军邯郸,连战破之。
五月,拔邯郸。郎走,追斩之。收郎文书,得吏民与郎交关谤毁者数
千章②。秀不省,会诸将烧之,曰:"令反侧子自安③!"秀部将吏卒,皆
言愿属大树将军。大树将军者,冯异也,为人谦退不伐,敕吏士非交
战受敌,常行诸营之后。每所止舍,诸将并坐论功,异常独屏树下,故
军中号曰"大树将军"。

〔刘秀脱离更始帝〕

纲 玄立大司马秀为萧王。

目 更始遣使立秀为萧王,令罢兵。耿弇曰:"王郎虽破,天下兵革乃始
耳。今使者从西方来,欲罢兵,不可听也。铜马、赤眉之属数十辈④,
辈数十百万人,所向无前,圣公不能办也⑤,败必不久。百姓患苦王
莽,复思刘氏,闻汉兵起,莫不欢喜,如去虎口,得归慈母。今更始为

---

① 昌平:县名,今北京市昌平区。
② 交关:勾结,串通。
③ 反侧子:内心不安之人。
④ 铜马:新莽末年起义军的一支,号铜马。
⑤ 圣公:刘玄字。

天子,而诸侯擅命于山东,贵戚纵横于都内,元元叩心,更思莽朝,是以知其必败也。公功名已著,以义征伐,天下可传檄而定也。天下至重,公可自取,毋令他姓得之!"王乃辞以河北未平,不就征,始贰于更始矣。

〔刘秀平定河北〕

纲 秋,萧王击铜马诸贼,悉收其众。南徇河内,降之。

目 是时,诸贼合数百万人,所在寇掠。萧王击铜马于鄡(qiāo)①,吴汉将突骑来会,王以朱浮为幽州牧,治蓟。铜马夜遁,王追击,大破之。受降未尽,而高湖、重连来与其余众合②。王复与战,悉破降之。诸将未能信,贼降者亦不自安。王知其意,敕令降者各归营勒兵,自乘轻骑按行部陈。降者更相语曰:"萧王推赤心置人腹中,安得不投死乎!"悉以分配诸将,众遂数十万。赤眉别帅与青犊、上江、大肜、铁胫、五幡十余万众在射犬③,王击破之。南徇河内,太守韩歆降。

纲 公孙述自称蜀王。

纲 冬,赤眉西攻长安。

纲 萧王遣将军邓禹将兵入关,寇恂守河内,冯异拒洛阳,自引兵徇燕赵。

目 萧王将北徇燕赵,度赤眉必破长安,乃拜邓禹为前将军,中分麾下精兵

---

① 鄡:县名,今河北辛集市。
② 高湖、重连:均为起义军名号。
③ 青犊、上江、大肜、铁胫、五幡:均为起义军名号。射犬:聚名,在今河南沁阳市东北。

二万人,遣西入关。时朱鲔、李轶守洛阳,鲍永、田邑在并州①。王以河内险要富实,欲择守者而难其人,问于邓禹。禹曰:"寇恂文武备足,有牧民御众之才,非此子莫可使也!"乃拜恂河内太守,谓曰:"昔高祖留萧何守关中,吾今委公以河内。当给足军粮,率厉士马②,防遏他兵,勿令北渡。"拜冯异为孟津将军,统兵河上,以拒洛阳。王乃引兵而北。恂调糇(hóu)粮③,治器械以供军,未尝乏绝。

纲 梁王永据国起兵。

----

① 并州:西汉、新莽州名,境域大约相当于今山西大部、内蒙古阴山山脉以南、河北西北部、陕西北部一带。

② 率厉:率领督促。

③ 糇粮:干粮。

东汉纪

东汉世系表

（1）光武帝刘秀（25–57）

（2）明帝庄（57–75）

（3）章帝炟（75–88）

千乘王伉　　清河王庆　　（4）和帝肇　　河间王开
　　　　　　　　　　　　（88–105）

乐安王宠　　（6）安帝祜　（5）殇帝隆　蠡吾侯翼　解渎亭侯淑
　　　　　（106–125）　（105–106）

勃海王鸿　　（7）顺帝保　　　　　（10）桓帝志　解渎亭侯苌
　　　　　（125–144）　　　　　（146–167）

（9）质帝缵　（8）冲帝炳　　　　　　　　　　（11）灵帝宏
（145–146）　（144–145）　　　　　　　　　　（168–189）

（12）弘农王辩　（13）献帝协
（189）　　　　（189–220）

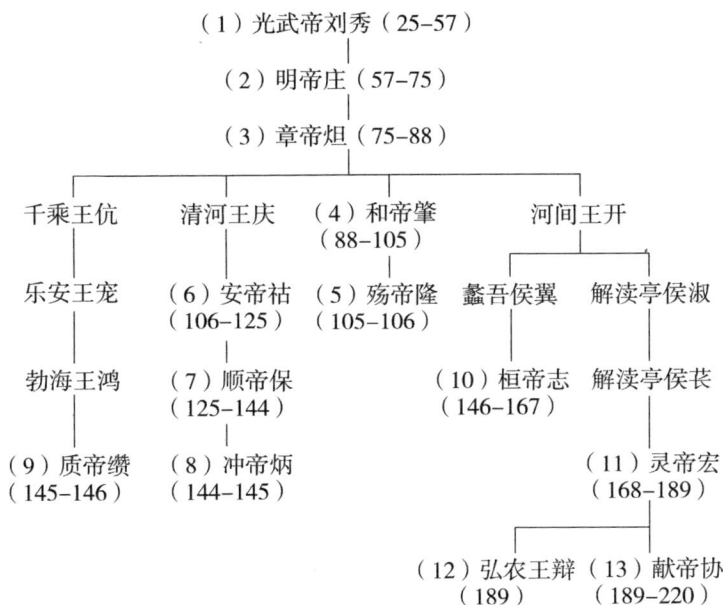

世祖光武皇帝

［公孙述称帝］

纲 乙酉,世祖光武皇帝建武元年(25),夏四月,公孙述称成帝。

纲 萧王击尤来、大枪、五幡,败之。

纲 萧王遣将追尤来等,又大破之。

目 王引军还蓟,复遣吴汉等追尤来等,破散略尽。贾复伤疮甚,王大惊曰："我所以不令贾复别将者,为其轻敌也。果然,失吾名将! 闻其妇有孕,生女邪,我子娶之。生男邪,我女嫁之。不令其忧妻子也。"复病寻愈。

〔刘秀即皇帝位,建立东汉〕

纲 六月,萧王即皇帝位,改元,大赦。

目 王还至中山,诸将请上尊号,不听。到南平棘①,复固请之,不许。耿纯进曰:"天下士大夫,捐亲戚,弃土壤,从大王于矢石之间者,其计固欲攀龙鳞,附凤翼,以成其志耳。今大王留时逆众,不正号位,纯恐士大夫望绝计穷,则有去归之思,无为久自苦也。大众一散,难可复合。"王深感曰:"吾将思之。"行至鄗(hào)②,召冯异问四方动静。异曰:"更始必败,宗庙之忧在于大王,宜从众议。"会儒生彊华自关中奉《赤伏符》来诣王③,曰:"刘秀发兵捕不道,四夷云集龙斗野,四七之际火为主。"群臣因复奏请,乃即位于鄗南。

〔赤眉立刘盆子为帝〕

纲 赤眉以刘盆子称帝。

目 赤眉进至华阴,以西向帝城,而无称号,名为群贼,不可以久。议立宗室,挟义诛伐。乃立刘盆子为上将军,诸将皆称臣拜。盆子时年十

---

① 南平棘:县名,今河北赵县。
② 鄗:县名,今河北高邑县。
③ 《赤伏符》:预言光武帝中兴汉室的符箓。

五,被发徒跣,敝衣赭(zhě)汗①,见众拜,恐畏欲啼。

纲 秋七月,以邓禹为大司徒,王梁为大司空,吴汉为大司马,伏湛为尚书令。

目 帝使使持节拜禹为大司徒,封酂侯,禹时年二十四。又按《赤伏符》,以梁为大司空。又欲以谶文用孙咸行大司马,众不悦,乃以吴汉为大司马。初,更始以湛为平原太守,时天下起兵,湛独晏然,抚循百姓,一境赖以全。征为尚书,使典定旧制。又以禹西征,拜湛为司直,行司徒事。

〔赤眉军入长安,更始帝出逃〕

纲 九月,赤眉入长安。

目 更始单骑走,将相皆降。

纲 封更始为淮阳王。

目 诏:"敢贼害者,罪同大逆。"

纲 以卓茂为太傅,封褒德侯。

目 宛人卓茂,宽仁恭爱,恬淡乐道,雅实不为华貌,行己在于清浊之间,自束发至白首,与人未曾有争竞,乡党故旧,虽行能与茂不同,而皆爱慕欣欣焉。哀、平间为密令②,视民如子,举善而教,口无恶言,吏民亲爱,不忍欺之。民尝有言部亭长受其米肉遗者,茂曰:"亭长为从汝

---

① 赭汗:面红流汗。

② 密:县名,今河南新密市。

求乎,为汝有事嘱之而受乎,将平居自以恩意遗之乎?"民曰:"往遗之耳。"茂曰:"遗之而受,何故言邪?"民曰:"窃闻贤明之君,使民不畏吏,吏不取民。今我畏吏,是以遗之。吏既卒受,故来言耳。"茂曰:"汝为敝民矣①! 凡人所以群居不乱,异于禽兽者,以有仁爱礼义,知相敬事也。汝独不欲修之,宁能高飞远走,不在人间邪! 吏顾不当乘威力强请求耳,亭长素善吏,岁时遗之,礼也。"民曰:"苟如此,律何故禁之?"茂笑曰:"律设大法,礼顺人情。今我以礼教汝,汝必无怨恶。以律治汝,汝何所措其手足乎! 一门之内,小者可论,大者可杀也。且归念之。"初,茂到县,有所废置,吏民笑之,邻城闻者皆蚩其不能②。河南郡为置守令,茂不为嫌,治事自若。数年,教化大行,道不拾遗。迁京部丞,密人老少皆涕泣随送。及王莽居摄,以病免归。上即位,先访求茂,茂时年七十余,诏曰:"夫名冠天下,当受天下重赏。今以茂为太傅,封褒德侯。"

[刘秀定都洛阳]

纲 朱鲔以洛阳降。冬十月,帝入都之。

目 诸将围洛阳数月,朱鲔坚守不下。帝以岑彭尝为鲔校尉,令往说之。鲔曰:"大司徒被害时,鲔与其谋,又谏更始无遣萧王北伐,自知罪深,不敢降!"彭还言之,帝曰:"举大事者,不忌小怨。鲔今若降,官爵可保,况诛罚乎! 河水在此,吾不食言!"彭复往告,鲔即降。拜平狄将

---

① 敝民:敝坏之民。
② 蚩:通"嗤"。

军,封扶沟侯①。侍御史杜诗,安集洛阳。将军萧广纵兵暴横,诗敕晓不改,遂格杀广。上召见,赐棨(qǐ)戟②,擢任之。十月,车驾入洛阳,幸南宫,遂定都焉。

纲淮阳王降于赤眉。

纲邓禹引军屯栒(xún)邑③。

目刘盆子居长乐宫。兵士暴掠,百姓不知所归,闻邓禹乘胜独克,而师行有纪,皆望风相携负以迎军,降者日以千数,众号百万。禹所止,辄停车持节以劳来之,父老、童稚、垂髫、戴白④,满其车下,莫不感悦,于是名震关西。诸将豪杰皆劝禹径攻长安。禹曰:"不然。今吾众虽多,能战者少,前无可仰之积,后无转馈之资。赤眉新拔长安,财谷充实,锋锐未可当也。吾且休兵北道,就粮养士,以观其敝,乃可图也。"禹于是引军北至栒邑,所到,诸营堡郡邑皆开门归附。

〔梁王刘永称帝〕

纲十一月,梁王永称帝。

〔赤眉杀更始帝〕

纲十二月,赤眉杀淮阳王。

---

① 扶沟:侯国名,今河南扶沟县。
② 棨戟:有缯衣的木戟。王公以下出行时,以棨戟为前驱。
③ 栒邑:县名,今陕西旬邑县。
④ 垂髫:前额头发下垂至眉,为未戴冠时所梳发式,指儿童。戴白:头顶白发,指老人。

〔隗嚣称西州上将军〕

纲 隗嚣据天水,自称西州上将军。

目 隗嚣归天水,复聚其众,自称西州上将军。三辅士大夫避乱者多归之,嚣倾身引接,为布衣交。以范逡为师友,郑兴为祭酒,申屠刚、杜林为治书,马援等为将军,班彪之属为宾客,名震西州。马援少时,以家贫,欲就边郡田牧,兄况曰:"汝大才,当晚成。良工不示人以朴①,且从所好。"遂之北地田牧。常谓宾客曰:"丈夫为志,穷当益坚,老当益壮。"后有畜数千头,谷数万斛,既而叹曰:"凡殖财产,贵能赈施也,否则守钱虏耳②!"乃尽散于亲旧。闻隗嚣好士,往从之。嚣甚敬重,与决筹策。

〔窦融据河西五郡〕

纲 窦融据河西③,自称五郡大将军。

目 窦融累世仕宦河西,知其土俗。更始时,私谓兄弟曰:"天下安危未可知,河西殷富,带河为固,张掖属国精兵万骑④,一旦缓急,杜绝河津,足以自守,此遗种处也⑤!"乃因赵萌求往,更始以为张掖属国都尉。融既到,抚结雄杰,怀辑羌虏,得其欢心。与太守都尉梁统等五人尤厚善。及更始败,乃推融行河西五郡大将军事,以梁统为武威太守,

---

① 朴:未细加工的木料。
② 守钱虏:守财奴。
③ 河西:指黄河以西张掖等五郡地,在今甘肃一带。
④ 张掖属国:治觻得县,在今甘肃张掖市西北。
⑤ 遗种处:繁衍后代的好地方。

史苞为张掖太守,竺曾为酒泉太守,辛肜为敦煌太守,唯库钧为金城太守如故,而融亦仍居属国,领都尉职,置从事①,监察五郡。

周金泰　评注

杨振红　审定

---

① 从事:官名,州部属吏。

纲鉴易知录卷二〇

　　卷首语:本卷起汉光武帝建武二年(26),止建武十三年,所记为东汉前十二年统一战争期间史事。刘秀称帝并建都洛阳后,降服赤眉等农民军,扫除地方割据势力,重新恢复全国统一。同时采取退功臣、进文吏,扩大尚书台作用,削弱地方兵权,精简政府机构等措施,强化皇权,安定社会秩序,从战争状态转入和平时期。

东汉纪

光武皇帝

纲 丙戌，二年（建武二年，26），春正月朔①，日食。

〔封功臣为列侯〕

纲 悉封诸功臣为列侯②。

目 梁侯邓禹、广平侯吴汉③，皆食四县。阴乡侯阴识④，贵人之兄也⑤，以军功当增封，识曰："臣托属掖庭⑥，仍加爵邑，此为亲戚受赏，国人计功也。"帝从之。吏郎中魏郡冯勤典诸侯封事⑦，勤差量功次轻重，国土远近，地势丰薄，不相逾越，莫不厌服焉⑧。帝以为能，尚书众事皆令总录之⑨。故事，尚书郎以令史久次补⑩，帝始用孝廉为之⑪。

---

① 朔：初一日。
② 列侯：爵位名，二十等爵的最高级。
③ 梁：侯国名，今河南汝州市。广平：侯国名，今河北鸡泽县。
④ 阴乡：在今河南新野县境。
⑤ 贵人：指阴丽华。
⑥ 掖庭：宫中妃嫔居住的地方。
⑦ 吏：据《资治通鉴》应作"使"。郎中：尚书郎中。魏郡：治今河北临漳县。
⑧ 厌服：信服。
⑨ 尚书：皇帝秘书机构，参与国家机密。
⑩ 尚书郎：尚书属官。令史：掌管文书的低级官吏。久次：任职长久。
⑪ 孝廉：汉代选拔官员的科目，亦指被推举的士人。

评事归台阁:

东汉尚书台的发展,并非光武帝有意收三公之权交予近臣尚书,而是他独揽朝政大权,不得不以尚书为工具的结果。由于尚书台设在宫城之中,适合行使君权之需要,此后三公权力逐渐向尚书转移,机密之事多交尚书台商议决定,遂有"虽置三公,事归台阁"的说法。尚书秩卑而权重,三公位尊而无权。这一制度上的变化,从机构和组织方面起到了加强皇权的作用。这种以小御大、以内御外的统治手段,被以后很多朝代继承、发展。

〔立宗庙郊社〕

纲　立宗庙、郊社于洛阳。

目　起郊庙于洛阳,四时合祀高祖、太宗、世宗①,建社稷于宗庙之右,立郊兆于城南②。

纲　赤眉大掠长安,西入安定、北地③。

纲　邓禹入长安。

目　禹入长安,谒高庙,收神主送洛阳。行园陵,置吏士奉守。

纲　大司空梁罢④,以宋弘为大司空。

目　王梁屡违诏命,帝怒,欲诛之,既而赦之,以为中郎将⑤。以宋弘为大司

————————

① 高祖:高帝刘邦。太宗:文帝刘恒。世宗:武帝刘彻。
② 郊兆:指祭天的祭坛。
③ 安定:郡名,治今宁夏固原市。北地:郡名,治今甘肃庆阳市。
④ 大司空:三公之一,宰相。
⑤ 中郎将:光禄勋属官,宿卫宫中。

空。弘荐桓谭为议郎、给事中①。帝令谭鼓琴,爱其繁声②。弘闻之,不悦,伺谭出,朝服坐府上,遣吏召之。谭至,不与席而让之③。谭顿首辞谢,良久乃遣之。后大会群臣,帝使谭鼓琴,谭见弘,失其常度。帝怪而问之,弘乃离席免冠谢曰:"臣所以荐谭者,望能以忠直导主,而令朝廷耽悦郑声④,臣之罪也。"帝改容谢之。

湖阳公主新寡,帝与共论朝臣,微观其意。主曰:"宋公威容德器,群臣莫及。"后弘被引见,帝令主坐屏风后,因谓弘曰:"谚言'贵易交,富易妻',人情乎?"弘曰:"臣闻贫贱之交不可忘,糟糠之妻不下堂。"帝顾谓主曰:"事不谐矣!"

纲 渔阳太守彭宠反⑤。

目 帝之讨王郎也,彭宠发突骑,转粮食,前后不绝。自负其功,意望甚高,帝接之不能满,宠甚怏怏。至是征宠,宠遂发兵反。幽州牧朱浮与宠书曰⑥:"辽东有豕⑦,生子白头,将献之,道遇群豕皆白。以子之功,论于朝廷,辽东豕也,奈何以渔阳而结怨天子,此犹捧土以塞孟津也⑧!"宠怒,攻朱浮于蓟⑨。

_____

① 议郎:光禄勋属官,掌顾问应对。给事中:加官,掌顾问应对。
② 繁声:指浮靡的音乐。
③ 让:责问。
④ 郑声:与雅乐相背的音乐。
⑤ 渔阳:郡名,治今北京市密云区。
⑥ 幽州:今北京、天津、河北北部、辽宁大部及朝鲜西北部一带。
⑦ 豕:猪。
⑧ 孟津:古黄河津渡名,在今河南孟津县东北。
⑨ 蓟:县名,今北京市西城区。

纲 夏四月,遣将军盖(gě)延等击刘永,围睢阳①。

纲 封兄缤子章为太原王,兴为鲁王②,淮阳王子三人为列侯③。

纲 六月,立贵人郭氏为皇后,子彊为皇太子。

纲 秋,贾复击召陵、新息④,皆平之。

目 贾复部将杀人于颍川⑤,太守寇恂戮之。复以为耻,欲杀恂。恂知之,不欲与相见。姊子谷崇曰:"崇,将也,得带剑侍侧,有变足以相当。"恂曰:"不然。昔蔺相如不畏秦王,而屈于廉颇者,为国也。"乃敕属县盛供具,储酒醪(láo),执金吾军入界⑥,一人皆兼二人之馔。恂出迎于道,称疾而还。复勒兵欲追之,而吏士皆醉,遂过去。恂遣谷崇以状闻,帝乃征恂。恂至引见,时复先在坐,欲起避之,帝曰:"天下未定,两虎安得私斗!今日朕分之。"于是并坐极欢,遂共车同出,结友而去。

纲 八月,遣将军邓隆讨彭宠,不克。

纲 盖延克睢阳,刘永走湖陵⑦。

纲 青、徐群盗张步等降⑧。

---

① 睢阳:县名,今河南商丘市。
② 鲁:王国名,治今山东曲阜市。
③ 淮阳王:更始帝刘玄。淮阳:王国名,治今河南周口市淮阳区。
④ 召陵:县名,今河南漯河市郾城区。新息:县名,今河南息县。
⑤ 颍川:郡名,治今河南禹州市。
⑥ 执金吾:职掌京师治安。时贾复为执金吾。
⑦ 湖陵:县名,今山东鱼台县。
⑧ 青:州名,今山东北部一带。徐:州名,今江苏长江以北及山东南部一带。

目帝使伏隆持节,使青、徐二州,群盗闻刘永破败,皆惶怖请降,张步遣其掾随隆诣阙①。

纲将军邓奉反。

目吴汉徇南阳②,多侵暴。将军邓奉谒归新野,怨汉掠其乡里,遂反,击破汉军,与诸贼合从(zòng)③。

纲九月,赤眉发掘诸陵,复入长安。邓禹战不利,走云阳④,延岑(cén)屯杜陵⑤。

纲冬,遣将军岑彭、王常等讨邓奉。

目帝于大会中指常谓群臣曰:"此家率下江诸军辅翼汉室⑥,心如金石,真忠臣也!"即日拜汉忠将军,使与岑彭率七将军讨邓奉。

纲遣将军冯异入关,征邓禹还京师。

目邓禹自冯愔(yīn)叛后,威名稍损,又乏粮食,战数不利,归附者日益离散。帝乃遣偏将军冯异代禹,送至河南,敕异曰:"三辅遭王莽、更始之乱⑦,重以赤眉、延岑之酷,元元涂炭,无所依诉。将军今奉辞讨诸不轨,营堡降者,遣其渠帅诣京师⑧,散其小民,令就农桑,坏其营壁,

---

① 诣阙:指入朝。
② 徇:攻占,夺取。
③ 合从:联合。
④ 云阳:县名,今陕西淳化县。
⑤ 杜陵:县名,今陕西西安市东南。
⑥ 下江诸军:绿林军的分支。
⑦ 三辅:京兆尹、左冯翊、右扶风。
⑧ 渠帅:首领。

无使复聚。征伐非必略地、屠城,要在平定安集之耳。诸将非不健斗,然好虏掠。卿本能御吏士,念自修饬,无为郡县所苦!"异顿首受命,引而西,所至布威信,群盗多降。又诏征邓禹还,曰:"慎毋与穷寇争锋! 赤眉无谷,自当来降。吾以饱待饥,以逸待劳,折箠(chuí)笞之,非诸将忧也,无得复妄进兵!"

纲 遣光禄大夫伏隆拜张步为东莱太守①。

纲 丁亥,三年(27),春正月,以冯异为征西大将军。

纲 邓禹、冯异与赤眉战,败绩。

目 邓禹惭于受任无功,数以饥卒徼赤眉战,辄不利,乃率车骑将军邓弘等自河北度至湖②,要冯异共攻赤眉③。异曰:"赤眉众尚多,可以恩信倾诱,难卒用兵破也。上今使诸将屯渑池,要其东④,而异击其西,一举取之,此万成计也。"禹、弘不从。弘遂大战移日,军溃。异与禹合兵救之,赤眉小却。异以士卒饥倦,可且休。禹不听,复战,大为所败,禹以二十四骑脱归宜阳。异弃军走,与麾下数人归营,复收散卒,坚壁自守。

纲 立四亲庙于洛阳⑤。

目 祀父南顿君以上至舂陵节侯。

---

① 东莱:郡名,治今山东龙口市。
② 湖:县名,今河南灵宝市。
③ 要:约请。
④ 要:阻击。
⑤ 四亲:光武父南顿令刘钦,祖巨鹿都尉刘回,曾祖郁林太守刘外,高祖舂陵节侯刘买。

〔赤眉军最后的失败〕

纲 冯异大破赤眉于崤（xiáo）底①，贼众东走。帝勒军宜阳降之，得传国玺绶。

目 冯异与赤眉约期会战，使壮士变服与赤眉同，伏于道侧。旦日②，赤眉使万人攻异前部，异少出兵以救之，贼见势弱，遂悉众攻异，异乃纵兵大战。日昃（zè）③，贼气衰，伏兵卒起，衣服相乱，赤眉不复识别，众遂惊溃。追击，大破之于崤底，降男女八万人。帝降玺书劳异曰："始虽垂翅回溪④，终能奋翼渑池，可谓失之东隅，收之桑榆。"赤眉余众东向宜阳，帝亲勒六军，严陈以待之⑤。赤眉忽遇大军，惊震，乃遣刘恭乞降，曰："盆子将百万众降陛下，何以待之？"帝曰："待汝以不死耳！"丙午（闰正月十九日），盆子及丞相徐宣以下肉袒降⑥，上所得传国玺绶。赤眉众尚十余万人，帝令县厨皆赐食。明旦，大陈兵马，令盆子君臣列而观之。帝谓樊崇等曰："得无悔降乎？"徐宣等叩头曰："今日得降，犹去虎口归慈母，诚欢诚喜，无所恨也！"帝曰："卿所谓铁中铮铮，佣中佼佼者也！"赐樊崇等洛阳田宅。帝怜盆子，以为赵王郎中⑦。

---

① 崤：崤山，在今河南洛宁县北。

② 旦日：次日，第二天。

③ 日昃：太阳偏西。

④ 垂翅：比喻人受挫折，止息不前。回溪：地名，在今河南洛宁县北。

⑤ 陈：通"阵"。

⑥ 肉袒：去衣露体，表示恭敬和惶惧。

⑦ 赵王：刘良，光武叔父。

纲 二月,刘永立董宪为海西王,张步为齐王。步执伏隆杀之。

目 刘永闻伏隆至剧①,亦遣使立张步为齐王。步贪王爵,犹豫未决。隆晓譬曰:"高祖与天下约,非刘氏不王。今可得十万户侯耳!"步欲留隆,与共守二州②,隆不听,求得反命,步遂执隆而受永封。隆遣间使上书曰:"臣隆奉使无状,受执凶逆,虽在困厄,受命不顾。愿以时进兵,无以臣隆为念。"帝得隆奏,召其父湛流涕示之曰:"恨不且许而遽求还也!"其后步遂杀之。

纲 三月,以伏湛为大司徒③。

纲 涿(zhuō)郡太守张丰反④,彭宠自称燕王。

目 丰反,与彭宠连兵。朱浮以帝不自征彭宠,上疏求救。诏报曰:"度此反虏,势无久全,其中必有内相斩者。今军资未充,故须后麦耳!"浮城中粮尽,人相食,会耿况遣骑来救,浮乃得脱身走,蓟城遂降于彭宠。宠自称燕王。

纲 帝自将征邓奉。夏四月,奉降,斩之。

纲 冯异击延岑,破之。岑走南阳,关中平。

纲 六月,大将军耿弇(yǎn)击延岑,走之,其将邓仲况以阴降⑤。

---

① 剧:县名,今山东昌乐县。
② 二州:青州、徐州。
③ 大司徒:三公之一,宰相。
④ 涿郡:治今河北涿州市。
⑤ 阴:县名,今湖北老河口县。

目 仲况据阴县，而刘歆孙龚为其谋主。前侍中扶风苏竟以书说之①，仲况与龚降。竟终不伐其功，隐身乐道，寿终于家。

纲 睢阳人斩刘永以降，诸将立其子纡(yū)，复称梁王。

目 耿弇从容言于帝，自请北收上谷兵②，定彭宠于渔阳，取张丰于涿郡，还收富平、获索③，东攻张步，以平齐地。帝壮其意，许之。

纲 冬十一月，遣大中大夫来歙(xī)使隗嚣④。

目 帝谓大中大夫来歙曰："今西州未附⑤，子阳称帝⑥，道里阻远，诸将方务关东，思西州方略，未知所在，奈何？"歙曰："臣尝与隗嚣相遇长安。其人始起，以汉为名。臣愿得奉威命，开以丹青之信，嚣必束手自归，则述自亡之势，不足图也。"帝然之，始令歙使于嚣。嚣奉奏诣阙，帝报以殊礼，言称字，用敌国之仪⑦，所以慰藉之甚厚。

纲 戊子，四年(28)，春，遣邓禹将兵击延岑，破之。岑奔蜀，公孙述以为大司马⑧。

纲 夏四月，帝如邺⑨，遣吴汉击五校于临平⑩，破之。遣耿弇、祭遵等讨

---

① 扶风：即右扶风，西汉治长安城中，东汉治今陕西兴平市。
② 上谷：郡名，治今河北怀来市。
③ 富平、获索：起义军名号。
④ 大中大夫：光禄勋属官，掌论议。
⑤ 西州：指隗嚣。
⑥ 子阳：公孙述字。
⑦ 敌国：地位或势力相等的国家。
⑧ 大司马：三公之一，宰相。
⑨ 邺：县名，今河北临漳县。
⑩ 五校：起义军名号。临平：县名，今河北晋州市。

张丰,斩之,弇遂进击彭宠。

纲 秋九月,以侯霸为尚书令①。

目 王莽末,天下乱,临淮大尹侯霸独能保全其郡②。帝征霸会寿春③,拜
尚书令。时朝廷无故典,又少旧臣,霸明习故事,收录遗文,条奏前世
善政法度施行之。

纲 冬十月,隗嚣遣马援奉书入见。

目 隗嚣使马援往观公孙述。援与述旧同里闬(hàn)④,相善,以为既至,
当握手欢如平生,而述盛陈陛卫,以延援入,交拜礼毕,使出就馆。更
为援制都布单衣、交让冠,会百官于宗庙中,立旧交之位,述鸾旗、旄
骑⑤,警跸(bì)就车⑥,磬折而入⑦,礼飨官属甚盛,欲授援以封侯大将
军位。宾客皆乐留,援晓之曰:“天下雄雌未定,公孙不吐哺走迎国
士,与图成败,反修饰边幅,如偶人形,此子何足久稽天下士乎⑧!”因
辞归,谓嚣曰:“子阳,井底蛙耳,而妄自尊大!不如专意东方⑨。”
嚣乃使援奉书雒阳。援初到,帝在宣德殿南庑(wǔ)下,袒帻⑩,坐迎,

① 尚书令:尚书台主官。
② 临淮:郡名,治今江苏泗洪县。大尹:新莽时称太守为大尹。
③ 寿春:县名,今安徽寿县。
④ 闬:里门。
⑤ 鸾旗:天子仪仗中的旗子。旄骑:天子出行时担任先驱的骑兵。
⑥ 警跸:帝王出入时于所经路途侍卫警戒、清道止行。
⑦ 磬折:身背弯折成磬背状,表示恭敬。
⑧ 稽:留止。
⑨ 东方:指洛阳刘秀。
⑩ 袒帻:谓头裹发巾而不戴冠。

笑谓援曰:"卿遨游二帝间①,今见卿,使人大惭。"援顿首辞谢,因曰:"当今之世,非但君择臣,臣亦择君耳!臣与公孙述同县,少相善。臣前至蜀,述陛戟而后进臣,臣今远来,陛下何知非刺客奸人,而简易若是!"帝复笑曰:"卿非刺客,顾说客耳。"援曰:"天下反覆,盗名字者不可胜数。今见陛下恢廓大度,同符高祖,乃知帝王自有真也。"

纲 太傅褒德侯卓茂卒②。

纲 己丑,五年(29),春正月,遣来歙送马援归陇右。

目 嚣与援共卧起,问以东方事。曰:"前到朝廷,上引见数十,每接燕语③,自夕至旦,才明勇略,非人敌也。且开心见诚,无所隐伏,阔达多大节,略与高帝同。经学博览,政事文辩,前世无比。"嚣曰:"卿谓何如高帝?"援曰:"不如也。高帝无可无不可,今上好吏事,动如节度,又不喜饮酒。"嚣意不怿,曰:"如卿言,反复胜耶!"

纲 二月,彭宠奴斩宠来降。夷其族,封奴为不义侯。

纲 吴汉、耿弇击富平、获索于平原④,大破之。弇遂进讨张步。

纲 以郭伋为渔阳太守。

目 伋乘离乱之后,养民训兵,开示威信,盗贼销散,匈奴远迹,在职五年,户口增倍。

---

① 二帝:指刘秀与公孙述。
② 太傅:上公,掌导天子向善。
③ 燕语:宴饮叙谈。
④ 平原:郡名,治今山东平原县。

纲　遣将军庞萌、盖延击董宪。萌反，帝自将讨之。

目　庞萌为人逊顺，帝信爱之，尝称曰："可以托六尺之孤，寄百里之命者①，庞萌是也。"使与盖延共击董宪。时诏书独下延而不及萌，萌以为延谮己，自疑，遂反袭延军，破之，与董宪连和，自号东平王。帝闻之大怒，自将讨萌，与诸将书曰："吾尝以庞萌为社稷之臣，将军得无笑其言乎！老贼当族，其各厉兵马会睢阳。"

纲　夏四月，窦融遣使奉书入见，诏以融为凉州牧②。

目　初，窦融等闻帝威德，心欲东向，以河西隔远③，未能自通，乃从隗嚣受建武正朔④，嚣皆假其将军印绶。嚣外顺人望，内怀异心，使辩士张玄说融等曰："更始事已成⑤，寻复亡灭，此一姓不再兴之效也。当各据土宇，与陇、蜀合从⑥，高可为六国⑦，下不失尉佗⑧。"融等召豪杰议之，其中识者皆曰："今皇帝姓名见于图书⑨，况今称帝者数人，而洛阳土地最广，甲兵最强，号令最明，观符命而察人事，他姓殆未能当也。"融遂决策东向，遣长史刘钧等奉书诣洛阳。帝赐融玺书曰："今益州有公孙子阳⑩，天水有隗将军。方蜀、汉相攻，权在将军，举足左

① 寄命：以重任相委托。
② 凉州：今甘肃、宁夏、青海湟水流域及陕西西部一带。
③ 河西：指窦融所据武威、酒泉、敦煌、张掖、金城五郡。
④ 正朔：谓帝王颁布的历法。
⑤ 更始：更始帝刘玄。
⑥ 陇：指隗嚣。蜀：指公孙述。
⑦ 六国：指战国时秦之外的六国。
⑧ 尉佗：秦南海尉赵佗，后割据岭南，自立为南越王。
⑨ 皇帝姓名：谓刘秀。图书：河图、洛书，此处泛指谶纬。
⑩ 益州：今四川、重庆、云南、贵州大部，及陕西、甘肃、湖北的一小部分。

右,便有轻重。以此言之,欲相厚岂有量哉! 欲遂立桓、文①,辅微国,当勉卒功业,欲三分鼎足,连衡、合从,亦宜以时定。今之议者,必有任嚣教尉佗制七郡之计②。王者有分土,无分民,自适己事而已。"因授融凉州牧。玺书至河西,河西皆惊,以为天子明见万里之外。

纲 六月,董宪、刘纡使苏茂、佼彊救庞萌,帝自将击破之。秋七月,彊以众降,茂奔张步,宪、萌奔朐(qú)③。梁人斩纡以降。

纲 冬十月,帝如鲁。

纲 耿弇拔祝阿、济南、临菑④,与张步战,大破之。帝劳弇军。步斩苏茂以降。齐地悉平。

目 张步闻耿弇将至,使其大将军费邑军历下⑤,又令兵屯祝阿。弇渡河,先击祝阿,拔之。费邑将精兵三万余人来合战,弇大破之,斩邑,遂定济南。时张步都剧,使其弟蓝将精兵二万守西安⑥,诸郡太守合万余人守临菑,相去四十里。弇进军,居二城之间。弇视西安城小而坚,且蓝兵又精,临菑名虽大而实易攻,遂攻临菑,半日拔之,入据其城。张蓝闻之,将其众亡归剧。弇乃令军中无得虏掠,须张步至乃取之,以激怒步。步兵二十万,至临菑大城东攻弇。弇

---

① 桓、文:齐桓公、晋文公。
② 七郡:南海、苍梧、郁林、合浦、交趾、九真、日南,俱南越地。
③ 朐:县名,今江苏连云港市。
④ 祝阿:县名,今山东济南市长清区。济南:郡名,治今山东济南市章丘区。临菑:县名,今山东淄博市临淄区。
⑤ 历下:地名,在今山东济南市。
⑥ 西安:县名,今山东淄博市西北。

故示弱,以盛其气,乃引归小城,陈兵于内,自引精兵以横突步陈于东城下①,大破之,至暮,罢。弇明旦复勒兵出。是时帝在鲁,闻弇为步所攻,自往救之。未至,陈俊谓弇曰:"剧虏兵盛,可且闭营休士,以须上来。"弇曰:"乘舆且到②,臣子当击牛酾(shī)酒③,以待百官,反欲以贼虏遗(wèi)君父邪!"乃出兵大战。自旦及昏,复大破之。弇知步困将退,豫置左右翼为伏以待之。人定时④,步果引去,伏兵起纵击,追至巨昧水上⑤,僵尸相属。步还剧。后数日,车驾至临菑,自劳军,群臣大会,帝谓弇曰:"昔韩信破历下以开基,今将军攻祝阿以发迹,此皆齐之西界,功足相方。而韩信袭击已降,将军独拔勍(qíng)敌⑥,其功乃难于信也。将军前在南阳,建此大策⑦,常以为落落难合⑧,有志者事竟成也!"帝进幸剧。

耿弇复追张步,苏茂将万余人来救之。帝遣使告步、茂能相斩降者,封为列侯。步遂斩茂,诣耿弇军门肉袒降。封步为安丘侯。齐地悉平,弇振旅,还京师。弇为将,凡平郡四十六,屠城三百,未尝挫折焉。

〔戎马未歇,先兴文教〕

纲初起太学,帝还视之。

---

① 横突:侧面冲击。
② 乘舆:借指帝王。
③ 酾酒:滤酒。
④ 人定:夜深人静时。
⑤ 巨昧水:今弥河。
⑥ 勍敌:强敌。
⑦ 大策:指建武三年冬耿弇自请平齐地。
⑧ 落落难合:形容人见解特出孤立,无人可与计谋。

目帝幸太学,稽式古典①,修明礼乐,焕然文物可观矣②。

纲十一月,大司徒伏湛免,以侯霸为大司徒。

目霸闻太原闵仲叔之名而辟之③。既至,霸不及政事,徒劳苦而已。仲叔恨曰:"始蒙嘉命,且喜且惧。今见明公,喜惧皆去。以仲叔为不足问邪?不当辟也。辟而不问,是失人也!"遂辞出,投劾而去④。

纲十二月,隗嚣遣子入侍⑤。

目帝遣来歙说嚣遣子入侍。嚣闻刘永、彭宠皆已破灭,乃遣长子恂随歙诣阙。郑兴因恂请与妻子俱东,马援亦将家属随恂归洛阳。嚣将王元说嚣曰:"今天水完富,士马最强,元请以一丸泥为大王东封函谷关,此万世一时也。若计不及此,且蓄士马,据隘自守,以待四方之变,图王不成,其敝犹足以霸。要之,鱼不可脱于渊,神龙失势,与蚯蚓同!"嚣心然元计,虽遣子入侍,犹负其险厄,欲专制方面。

〔征处士〕

纲征处士周党、严光、王良至京师。党、光不屈,以良为谏议大夫⑥。

———————————

① 稽式:取法。
② 文物:指礼乐制度。
③ 辟:征召。
④ 投劾:呈递弹劾自己的状文,古代弃官的一种方式。
⑤ 入侍:指入朝为质。
⑥ 谏议大夫:光禄勋属官,掌顾问应对。

⬛目党入见，伏而不谒，自陈愿守所志。博士范升奏曰①："伏见太原周党、东海王良②、山阳王成等③，蒙受厚恩，使者三聘，乃肯就车，及陛见帝庭，党不以礼屈，伏而不谒，偃蹇(jiǎn)骄悍④，同时俱逝⑤。党等文不能演义⑥，武不能死君，钓采华名，庶几三公之位⑦。臣愿与坐云台之下⑧，考试图国之道。"书奏，诏曰："自古明王、圣主，必有不宾之士，伯夷、叔齐不食周粟，太原周党不受朕禄，亦各有志焉。其赐帛四十匹，罢之。"

光字子陵，少与帝同游学，及帝即位，光乃变姓名，隐身不见，帝以物色访之⑨，得于齐国⑩，累征乃至。车驾即日幸其馆，光卧不起，帝即其卧所抚光腹曰："咄咄子陵，不可相助为理耶？"光乃张目熟视曰："昔唐尧著德，巢父洗耳。士固有志，何至相迫乎！"帝曰："子陵，我竟不能下汝耶！"于是升舆叹息而去。复引光入，论道旧故，相对累日，因共偃卧，光以足加帝腹上。明日，太史奏"客星犯御座甚急"，帝笑曰："朕故人严子陵共卧尔。"拜谏议大夫，不肯受，去，耕钓于富春山中，以寿终于家。

王良后历沛郡太守、大司徒司直⑪，在位恭俭，布被瓦器，妻子不入官

---

① 博士：学官名。

② 东海：郡名，治今山东郯城县。

③ 山阳：郡名，治今山东巨野县。

④ 偃蹇：傲慢。

⑤ 逝：离去。

⑥ 演义：详细叙述道理事实。

⑦ 庶几：希求。

⑧ 云台：东汉南宫正殿。

⑨ 物色：形貌。

⑩ 齐国：王国名，治今山东淄博市临淄区。

⑪ 沛郡：治今安徽濉溪县。大司徒司直：大司徒府最高属官，主管监察检举，助督录诸州。

舍。后以病归,一岁复征,至荥阳,疾笃,不任进道,过其友人。友人拒不肯见,曰:"不有忠言奇谋而取大位,何其往来屑屑不惮烦也!"良惭,后征不应,卒于家。

纲 庚寅,六年(30),春正月,以春陵乡为章陵县①,复其徭役②。

纲 吴汉等拔朐,斩董宪、庞萌、江、淮、山东悉平。

目 吴汉等诸将还京师,置酒赏赐。帝积苦兵间,以隗嚣遣子内侍,公孙述远据边陲,乃谓诸将曰:"且当置此两子于度外耳。"因休诸将于雒阳,分军士于河内③,数腾书陇、蜀,告示祸福。帝与述书曰:"君非吾贼臣乱子,仓卒时人皆欲为君事耳。天下神器,不可力争,宜留三思!"署曰"公孙皇帝"。述不答。

纲 冯异入朝。

目 异治关中,出入三岁,上林成都④。人有上章言异威权至重,百姓归心,号为"咸阳王"。帝以章示异,异惶惧,上书陈谢。诏报曰:"将军之于国家,义为君臣,恩犹父子,何嫌何疑,而有惧意!"至是自长安入朝,帝谓公卿曰:"是我起兵时主簿也⑤,为吾披荆棘,定关中。"既罢,赐珍宝、钱帛,诏曰:"仓卒芜蒌亭豆粥,滹沱河麦饭,厚意久不报。"异稽首谢曰:"臣闻管仲谓桓公曰:'愿君无忘射钩,臣无忘槛车⑥。'齐

---

① 春陵:光武帝故乡。章陵县:今湖北枣阳市。
② 复:免除徭役或租税。
③ 河内:郡名,治今河南武陟县。
④ 成都:形成都邑,形容归附之多。
⑤ 主簿:主管文书之官。
⑥ 槛车:四周有栏槛的囚车。

国赖之。臣今亦愿国家无忘河北之难，小臣不敢忘巾车之恩。"留十余日，令与妻子还西。

纲 夏四月，遣耿弇等七将军从陇道伐蜀。

纲 五月，隗嚣反，使其将王元据陇坻(dǐ)。诸将与战，大败而还。

〔中国历史上首次对国家行政机构及其冗员做大刀阔斧精简〕

纲 六月，并省县国，减损吏员。

目 诏曰："夫张官置吏，所以为民也。今百姓遭难，户口耗少，而县官吏职，所置尚繁。其令司隶①、州牧，各实所部②，省减吏员，县国不足置长吏者并之。"于是并省四百余县，吏职减损，十置其一。

纲 秋九月晦③，日食。

目 执金吾朱浮上疏曰："昔尧、舜之盛，犹加三考④，大汉之兴，亦累功效，吏皆积久，至长子孙。而间者守宰数见换易，迎新相代，疲劳道路。寻其视事日浅，未足昭见其职，既加严切，人不自保，故争饰诈伪以希虚誉，斯所以致日月失行之应也。愿陛下游意于经年之外，望治于一世之后⑤，天下幸甚！"帝采其言，自是牧、守易代颇简。

----

① 司隶：司隶校尉省称，内察京师百官，外部河南、河内、左冯翊、右扶风、京兆、河东、弘农七郡。
② 实：核实。
③ 晦：农历每月的最后一日。
④ 三考：古代官吏考绩之制，指经三次考核决定升降赏罚。
⑤ 一世：三十年。

纲 冬十二月,大司空弘免。

〔汉代轻田租,重人口税〕

纲 复田租旧制。

目 诏曰:"顷者师旅未解,用度不足,故行十一之税。今粮储差积①,其令郡国收见田租,三十税一,如旧制。"

纲 隗嚣降蜀。

目 先是,隗嚣问于班彪曰:"往者周亡,战国并争,数世然后定。意者从横之事②,复起于今乎? 将乘运迭兴,在于今日也?"彪曰:"周之废兴,与汉殊异。昔周爵五等,诸侯从政,本根既微,枝叶强大,故其末流有从横之事,势数然也。汉承秦制,改立郡县,主有专己之威,臣无百年之柄,至于成帝,假借外家,哀、平短祚,国嗣三绝,故王氏擅朝,能窃号位。危自上起,伤不及下,是以即真之后③,天下莫不引领而叹。十余年间,中外骚扰,远近俱发,假号云合④,咸称刘氏,不谋同辞。方今雄杰带州域者,皆无六国世业之资,而百姓讴吟思仰,汉必复兴,已可知矣。"嚣曰:"生言周、汉之势可也,至于但见愚人习识刘氏姓号之故,而谓汉复兴,疏矣! 昔秦失其鹿,刘季逐而掎(jǐ)之⑤,

---

① 差:稍微。
② 从横:合纵连横。
③ 即真:指由摄政而正式即皇帝位。
④ 假号:起事者自立的名号。
⑤ 掎:牵引,拖住。

时民复知汉乎?"彪乃为之著《王命论》以风切之①,曰:"俗见高祖兴于布衣,不达其故,至比天下于逐鹿,不知神器有命,不可以智力求也。悲夫! 此世所以多乱臣贼子者也。夫饥馑流隶,饥寒道路,所愿不过一金,然终转死沟壑。何则? 贫穷亦有命也。况乎天子之贵,四海之富,神明之祚,可得而妄处哉? 故虽遭罹厄会,窃其权柄,勇如信、布②,强如梁、籍③,成如王莽,然卒润镬(huò)伏质④,烹醢(hǎi)分裂⑤,又况幺麽(mó)不及数子⑥,而欲闇奸天位者虖⑦! 英雄诚知觉寤,远览深识,审神器之有授,毋贪不可冀,则福祚流于子孙,天禄其永终矣。"嚣不听。马援闻隗嚣欲贰于汉,数以书责譬之。嚣得书增怒。及嚣发兵反,援上书极陈灭嚣之术,又为书与嚣将杨广,使晓劝于嚣,广竟不答。隗嚣上疏谢,帝复赐嚣书,嚣知帝审其诈,遂遣使称臣于公孙述。

〔削弱地方军权〕

纲 辛卯,七年(31),春三月,罢郡国车骑、材官⑧,还复民伍。

纲 是月晦,日食。诏百僚各上封事,不得言圣。

---

① 风切:讽喻切责。"风"同"讽"。
② 信、布:韩信、黥布。
③ 梁、籍:项梁、项籍。
④ 镬:古时曾用做烹人的刑器。质:古代刑具,铡刀的垫座。
⑤ 醢:古代酷刑,将人剁成肉酱。
⑥ 幺麽:微不足道的人。
⑦ 闇奸:阴谋篡夺。
⑧ 车骑、材官:汉代兵种。

目 大中大夫郑兴上疏曰："顷年日食每多在晦,先时而合,皆月行疾也。日君象而月臣象,君亢急则臣下促迫,故月行疾。今陛下高明而群臣惶促,宜留思柔克之政,垂意《洪范》之法①。"帝躬勤政事,颇伤严急,故兴奏及之。

纲 夏五月,以李通为大司空。

纲 以杜诗为南阳太守。

目 诗政治清平,兴利除害,百姓便之。又修治陂池,广拓土田,郡内比室殷足,时人方于召信臣。南阳为之语曰："前有召父,后有杜母。"

纲 壬辰,八年(32),遣中郎将来歙伐隗嚣,取略阳②,斩其守将。夏闰四月,帝自将征嚣,窦融等率五郡兵以从,嚣众皆降。嚣奔西城③,吴汉引兵围之。

目 来歙将二千余人,伐山开道,径袭略阳,斩隗嚣守将金梁。嚣大惊曰："何其神也!"帝闻得略阳,甚喜,曰："略阳,嚣所依阻,心腹已坏,则制其支体易矣!"嚣自悉其大众数万人围略阳,来歙与将士固死坚守。夏闰四月,帝自征嚣,光禄勋郭宪谏曰④："东方初定,车驾未可远征。"乃当车拔佩刀以断车靷(yǐn)⑤。帝不从,西至漆⑥。诸将多以王师之重,不宜远入险阻,计犹豫未决。帝召马援问之,援因说隗嚣将

---

① 《洪范》:《尚书》篇名,阐述治国大法。
② 略阳:县名,今甘肃秦安县。
③ 西城:西县县城,在今甘肃礼县。
④ 光禄勋:列卿之一,总领宫内事务。
⑤ 车靷:引车前行的革带。
⑥ 漆:县名,今陕西彬州市。

帅有土崩之势,兵进有必破之状。又于帝前聚米为山谷,指画形势,开示众军所从道径,往来分析,昭然可晓。帝曰:"虏在吾目中矣!"明旦,遂进军至高平第一①。窦融率五郡太守与大军会,遂数道上陇。使王遵以书招牛邯,下之,拜邯大中大夫。于是嚣大将十三人,属县十六,众十余万皆降。嚣将妻子奔西城从杨广,而田弇、李育保上邽②。略阳围解。帝劳赐来歙,班坐绝席③,在诸将之右,赐歙妻缣千匹。进幸上邽,诏告隗嚣曰:"若束手自诣,父子相见,保无他也。若遂欲为黥布者,亦自任也。"嚣终不降,于是诛其子恂。使吴汉、岑彭围西城,耿弇、盖延围上邽。以四县封窦融为安丰侯④,弟友为显亲侯⑤,及五郡太守皆封列侯,遣西还所镇。

纲 颍川盗起。九月,帝还宫。六日,自将讨平之。

目 颍川盗群起,寇没属县,河东守兵亦叛⑥,京师骚动。帝闻之曰:"吾悔不用郭子横之言⑦。"秋八月,帝自上邽晨夜东驰,赐岑彭等书曰:"两城若下⑧,便可将兵南击蜀虏⑨。人苦不知足,既平陇,复望蜀。每一发兵,头须为白。"九月乙卯(初一日),车驾还宫。帝谓执金吾寇恂曰:"颍川迫近京师,当以时定。惟念独卿能平之耳,从九卿复出

① 高平:县名,今宁夏固原市。第一:城名,高平县有第一城。
② 上邽:县名,今甘肃天水市。
③ 绝席:专席,以示尊显。
④ 安丰:侯国名,今河南固始县。
⑤ 显亲:侯国名,今甘肃秦安县西北。
⑥ 河东:郡名,治今山西夏县。
⑦ 子横:郭宪字。
⑧ 两城:西城、上邽。
⑨ 蜀虏:指公孙述。

以忧国可也!"对曰:"颍川闻陛下有事陇、蜀,故狂狡乘间相诖误耳①。如闻乘舆南向,贼必惶怖归死,臣愿执锐前驱。"帝从之。庚申(初六日),车驾南征,颍川盗贼悉降。寇恂竟不拜郡,百姓遮道曰②:"愿从陛下复借寇君一年。"乃留恂长社③,镇抚吏民,受纳余降。

东郡、济阴盗贼亦起④,帝遣李通、王常击之。以耿纯尝为东郡太守,威信著于卫地,遣使拜大中大夫,使与大兵会东郡。东郡闻纯入界,盗贼九千余人皆诣纯降,大兵不战而还。玺书复以纯为东郡太守。

纲 冬,公孙述遣兵救隗嚣,吴汉引兵下陇。

目 杨广死,隗嚣穷困。岑彭壅谷水灌西城,城未没丈余。会王元等将蜀兵五千余乘高卒至,决围殊死战,遂得入城,迎嚣归冀⑤。吴汉等军食尽,乃引兵下陇。校尉太原温序为嚣将苟宇所获,宇欲降之。序大怒叱宇等曰:"虏何敢迫胁汉将!"因以节挝(zhuā)杀数人⑥。宇众争欲杀之,宇止之曰:"此义士,死节,可赐以剑。"序受剑,衔须于口,顾左右曰:"既为贼所杀,无令须污血!"遂伏剑而死。从事王忠持其丧归洛阳⑦,诏赐以冢地,拜三子为郎。

纲 癸巳,九年(33),春正月,征虏将军、颍阳侯祭遵卒于军⑧,诏冯异领

---

① 狂狡:指狂妄狡诈之徒。
② 遮道:拦路。
③ 长社:县名,今河南长葛市。
④ 东郡:治今河南濮阳市。济阴:郡名,治今山东菏泽市定陶区。
⑤ 冀:县名,今甘肃天水市西北。
⑥ 挝:击。
⑦ 从事:将军属吏。
⑧ 颍阳:县名,今河南许昌市西南。

其营。

目　遵为人，廉约小心，克己奉公，赏赐尽与士卒，约束严整，所在吏民不知有军。取士皆用儒术，对酒设乐，必《雅》歌投壶。临终，遗戒薄葬，问以家事，终无所言。其后朝会，帝每叹曰："安得忧国奉公如祭征虏者乎！"

纲　隗嚣死，诸将立其子纯。

纲　夏六月，遣来歙、马援护诸将冯异等屯长安①。

纲　秋八月，歙率异等讨隗纯于天水。

纲　甲午，十年(34)，夏，征西大将军、夏阳侯冯异卒于军②。

纲　秋八月，帝如长安，遂至汧③，隗嚣将高峻降。

目　初，隗嚣将高峻拥兵据高平第一，耿弇等围之，一岁不拔。帝自将征之，进幸汧。遣寇恂往降之。恂至第一，峻遣军师皇甫文出谒，辞礼不屈。恂怒，斩之，遣其副归告峻曰："军师无礼，已戮之矣！欲降，急降；不欲，固守。"峻惶恐，即日开城门。诸将皆贺，因曰："敢问杀其使而降其城，何也？"恂曰："皇甫文，峻之腹心，其所取计者也。今来，辞意不屈，必无降心。全之则文得其计，杀之则峻亡其胆，是以降耳。"诸将皆曰："非所及也。"

----

① 护：总领，统率。
② 夏阳：侯国名，今陕西韩城市。据《后汉书》，冯异封阳夏侯，阳夏在今河南太康县。
③ 汧：县名，今陕西陇县。

纲 冬十月，来歙等攻破落门①，隗纯降，王元奔蜀。陇右悉平。

纲 乙未，十一年（35），春三月，遣吴汉等将兵会岑彭伐蜀，破其浮桥，遂入江关②。

目 岑彭屯津乡③，数攻田戎等，不克。帝遣吴汉率诛虏将军刘隆等三将发荆州兵④，与彭会荆门。彭装战船数十艘，吴汉以诸郡棹（zhào）卒多费粮谷⑤，欲罢之。彭以为蜀兵盛，不可遣，上书言状。帝报彭曰："大司马习用步骑⑥，不晓水战，荆门之事，一由征南公为重而已⑦。"闰月，岑彭令军中募攻浮桥，先登者上赏。于是偏将军鲁奇应募而前。时东风狂急，鲁奇船逆流而上，直冲浮桥，而攒（cuán）柱有反把钩奇船，不得去。奇等乘势殊死战，因飞炬焚之，风怒火盛，桥楼崩烧。岑彭悉军顺风并进，所向无前，蜀兵大乱，溺死者数千人，斩任满，生获程汎，而田戎走保江州⑧。彭上刘隆为南郡太守⑨，自率辅威将军臧宫、骁骑将军刘歆长驱入江关。令军中无得虏掠。百姓大喜，争开门降。

---

① 落门：在今甘肃武山县洛门镇。
② 江关：一般指瞿塘关，在今重庆市奉节县瞿塘峡夔门山麓。或以湖北荆门、虎牙二山夹江对峙，为长江险处，称江关。
③ 津乡：在今湖北荆州市。
④ 荆州：今湖北、湖南大部，及河南、贵州、广东、广西等省的一小部分。
⑤ 棹卒：操棹行船的兵士。
⑥ 大司马：即吴汉。
⑦ 征南公：岑彭为征南大将军，故称征南公。
⑧ 江州：县名，今重庆市。
⑨ 南郡：治今湖北荆州市。

纲　夏，先零羌反，以马援为陇西太守①，击破之。

纲　公孙述遣王元拒河池②。六月，诸将击破之。述使盗杀监护使者来歙，诏以将军马成代之。

目　公孙述以王元为将军，使与领军环安拒河池。六月，来歙与盖延等进攻元、安，大破之，乘胜遂进。蜀人大惧，使刺客刺歙，未殊③，驰召盖延。延见歙，因伏悲哀，不能仰视。歙叱延曰："虎牙何敢然④！今使者中刺客，无以报国，故呼巨卿⑤，欲相属以军事，而反效儿女子涕泣乎！刀虽在身，不能勒兵斩公邪！"延收泪强起，受所诫。歙自书表曰："臣夜人定后，为何人所贼伤，中臣要害。臣不敢自惜，诚恨奉职不称，以为朝廷羞。夫理国以得贤为本，大中大夫段襄骨鲠可任，愿陛下裁察。又臣兄弟不肖，终恐被罪，陛下哀怜，数赐教督。"投笔抽刀而绝。帝闻，大惊，省书揽涕。以扬武将军马成代之。歙丧还洛阳，乘舆缟素临吊⑥，送葬。

纲　帝自将征蜀。秋七月，次长安⑦。

纲　岑彭及将军臧宫大破蜀兵。延岑走，王元以其众降。

---

① 陇西：郡名，治今甘肃临洮县。

② 河池：县名，今甘肃徽县。

③ 殊：死亡。

④ 虎牙：盖延为虎牙将军。

⑤ 巨卿：盖延字。

⑥ 缟素：缟、素均为白色生绢，指丧服。

⑦ 次：军队驻扎。

目公孙述使其将延岑、王元等悉兵拒广汉及资中①，又遣将侯丹拒黄石②。岑彭使臧宫从涪水上平曲③，拒延岑，自分兵浮江下还江州，溯都江而上，袭击侯丹，大破之，因晨夜倍道，兼行二千余里，径拔武阳④。使精骑驰击广都⑤，去成都数十里，势若风雨，所至皆奔散。初，述闻汉兵在平曲，故遣大兵逆之⑥。及彭至武阳，绕出延岑军后，蜀地震骇，述大惊，以杖击地曰："是何神也！"臧宫晨夜进兵，延岑不意汉军卒至，大震恐。宫因纵击，大破之。延岑奔成都，王元举众降。

纲冬十月，公孙述使盗刺杀征南大将军、舞阴侯岑彭⑦。

目公孙述使刺客诈为亡奴，降岑彭，夜刺杀彭。监军郑兴领其营，以俟吴汉至而授之。彭持军整齐，秋毫无犯，蜀人为立庙祠之。

纲马成等破河池，平武都⑧，遂与马援击破先零羌。

纲以郭伋为并州牧⑨。

目郭伋为并州牧，过京师，帝问以得失。伋曰："选补众职，当简天下贤俊，不宜专用南阳人⑩。"是时在位多乡曲故旧，故伋言及之。

---

① 广汉：县名，今四川射洪市。资中：县名，今四川资阳市。
② 黄石：即黄石滩，在今重庆彭水县。
③ 平曲：当在今四川绵竹市。
④ 武阳：县名，今四川眉山市彭山区。
⑤ 广都：县名，今四川成都市东南。
⑥ 逆：迎击。
⑦ 舞阴：侯国名，今河南泌阳县。
⑧ 武都：郡名，治今甘肃礼县。
⑨ 并州：今山西大部、内蒙古中部，及河北、陕西的部分地区。
⑩ 南阳：光武帝家乡。

纲丙申,十二年(36),春正月,吴汉大破蜀兵,遂拔广都。

纲秋七月,将军冯骏拔江州,获田戎。

纲吴汉进攻成都。九月,入其郭(fú)①,臧宫拔绵竹②,引兵与汉会。

目吴汉乘利,自将步骑二万进逼成都。去城十余里,阻江北营,作浮桥,使副将刘尚屯于江南,为营相去二十余里。述使谢丰、袁吉将众出攻汉,使别将劫刘尚,令不得相救。汉乃召诸将属之曰:"吾欲潜师就尚于江南,并兵御之。若能同心一力,人自为战,大功可立,如其不然,败必无余。成败之机,在此一举。"诸将皆曰:"诺。"于是夜衔枚引兵与尚合军③。明日,汉悉兵迎战,大破之,斩丰、吉。于是引还广都,留尚拒述。自是汉与述战于广都、成都之间,八战八克,遂军于其郭中。臧宫拔绵竹,与吴汉会于成都。

纲冬十一月,公孙述引兵出战,吴汉击杀之。延岑以成都降,蜀地悉平。

目臧宫军咸阳门④,述自将数万人攻汉,使延岑扼宫。大战,岑三合三胜,军士并疲,汉因使护军高午、唐邯将锐卒数万击之,述兵大乱。高午奔陈刺述,洞胸堕马死。延岑以城降。吴汉夷述妻子,尽灭公孙氏,并族延岑。

初,述征广汉李业为博士⑤,业固称疾不起。述羞不能致,使大鸿胪尹

---

① 郭:外城。
② 绵竹:县名,今四川德阳市。
③ 衔枚:古代行军袭敌时,令军士把箸横衔在口中,以防喧哗。
④ 咸阳门:成都北门。
⑤ 广汉:郡名,治今四川广汉市。

融奉诏命以劫业①："若起则授公侯之位,不起赐以毒酒。"业乃叹曰："古人危邦不入,乱邦不居,为此故也。君子见危授命,乃诱以高位重饵乎!"融曰："宜呼室家计之。"业曰："丈夫断之于心久矣,何妻子之为!"遂饮毒而死。述耻有杀贤之名,遣使吊祠,赙(fù)赠百匹②,业子翚(huī)逃,辞不受。又聘巴郡谯玄③,玄不诣,亦遣使者以毒药劫之。太守自诣玄庐劝之行。玄曰："保志全高,死亦奚恨!"遂受毒药。玄子瑛泣血叩头于太守,愿奉家钱千万以赎父死。太守为请,述许之。述又征蜀郡王皓、王嘉④,恐其不至,先系其妻子,使者谓嘉曰："速装⑤,妻子可全。"对曰："犬马犹识主,况于人乎!"王皓先自刎,以首付使者。述怒,遂诛皓家属。王嘉闻而叹曰："后之哉!"乃对使者伏剑而死。犍(qián)为费贻不肯仕述⑥,漆身为癞⑦,阳狂以避之。同郡任永、冯信皆托青盲以辞征命⑧。帝既平蜀,诏赠常少为太常⑨,张隆为光禄勋,谯玄已卒,祠以中牢⑩,敕所在还其家钱,而表李业之闾。征费贻、任永、冯信,会永、信病卒,独贻仕至合浦太守⑪。上以述将程乌、李育有才干,皆擢用之。于是西土皆悦,莫不归心焉。

---

① 大鸿胪:列卿之一,掌诸侯、各少数民族事务及外交。劫:胁迫。

② 赙赠:赠送财物帮助丧家。

③ 巴郡:治今重庆市。

④ 蜀郡:治今四川成都市。

⑤ 速装:迅速料理行装。

⑥ 犍为:郡名,治今四川宜宾市。

⑦ 癞:顽癣。

⑧ 青盲:俗称青光眼。

⑨ 太常:列卿之一,职掌宗庙礼仪。

⑩ 中牢:即少牢,猪羊二牲。

⑪ 合浦:郡名,治今广西合浦县。

纲 参狼羌寇武都,马援击破之。

目 是岁,参狼羌与诸种寇武都,陇西太守马援击破之,降者万余人,于是陇右清静。援务开恩信,宽以待下,任吏以职,但总大体,而宾客故人日满其门。诸曹时白外事①,援辄曰:"此丞、掾之任,何足相烦! 颇哀老子,使得遨游。若大姓侵小民,黠吏不从令,此乃太守事耳。"

纲 诏边吏料敌战守,不拘以逗留法②。

纲 窦融及五郡太守入朝,以融为冀州牧③。

目 上诏窦融与五郡太守入朝。融等奉诏而行,官属宾客相随,驾乘千余两④。既至,赏赐恩宠,倾动京师。寻拜融冀州牧,又以梁统为大中大夫,姑臧长孔奋为武都郡丞⑤。姑臧在河西最为富饶,天下未定,士多不修简操。奋在职四年,力行清洁,为众人所笑,以为身处脂膏,不能自润。及从融入朝,诸守令财货连毂(gǔ)⑥,唯奋无资,单车就道,帝以是赏之。

纲 雍奴侯寇恂卒⑦。

纲 丁酉,十三年(37),春正月,诏太官勿受郡国异味⑧。

---

① 诸曹:郡中各部门官员。
② 逗留:停留避敌。
③ 冀州:今河北中部和南部、山东西部、河南北部一带。
④ 两:同"辆"。
⑤ 姑臧:县名,今甘肃武威市。
⑥ 连毂:形容车辆众多。
⑦ 雍奴:侯国名,今天津市武清区。
⑧ 太官:职掌皇帝膳食及燕享事宜。异味:非比寻常的美味。

目诏曰:"郡国献异味,其令太官勿复受。远方口实①,所以荐宗庙,自如旧制。"时异国有献名马者,日行千里,又进宝剑,价值百金。诏以剑赐骑士,马驾鼓车。上雅不喜听音乐,手不持珠玉。尝出猎,车驾夜还,上东门候郅恽拒关不开②。上令从者见面于门间,恽曰:"火明辽远③。"遂不受诏。上乃回,从东中门入。明日,恽上书谏曰:"陛下远猎山林,夜以继日,如社稷、宗庙何!"书奏,赐恽布百匹,贬东中门候为参封尉④。

纲诏诸王皆降为公侯。

纲以绍嘉公孔安为宋公,承休公姬常为卫公。

纲以韩歆为大司徒。

[不让功臣参与朝政]

纲夏四月,吴汉军还,大飨将士,诸功臣皆增邑更封。

目汉自蜀振旅而还。四月,至京师。于是大飨将士、功臣,增邑更封凡三百六十五人,其外戚、恩泽封者四十五人⑤。定封邓禹为高密侯,食四县,李通为固始侯⑥,贾复为胶东侯⑦,食六县,余各有差。已殁者

---

① 口实:食物。
② 门候:职掌候时开闭城门。
③ 火明辽远:虽灯火明亮,却距离遥远,意为看不清楚。
④ 参封:县名,属琅邪郡,今地无考。
⑤ 恩泽:出于皇帝私恩而获封为侯爵者为恩泽侯。
⑥ 固始:侯国名,今安徽临泉县。
⑦ 胶东:侯国名,今山东平度市。

益封其子孙,或更封支庶。

帝在兵间久,厌武事,且知天下疲耗,思乐息肩,自陇、蜀平后,非警急未尝复言军旅。皇太子尝问攻战之事,帝曰:"昔卫灵公问陈,孔子不对。此非尔所及。"邓禹、贾复知帝偃干戈,修文德,不欲功臣拥众京师,乃去甲兵,敦儒学。帝思念欲完功臣爵土,不令以吏职为过,遂罢左、右将军官。耿弇等亦上大将军印绶,皆以列侯就第①,加位特进②,奉朝请。

邓禹内行淳备,有子十三人,各使守一艺,修整闺门,教养子孙,皆可以为后世法。

贾复为人刚毅方直,多大节,既还私第,阖门养威重。朱祜(hù)等荐复宜为宰相,帝方以吏事责三公③,故功臣并不用。

纲 以窦融为大司空。

王　勇　评注

陈苏镇　审定

---

① 就第:免职回家。
② 特进:官名,授予列侯中有特殊地位的人,位在三公下。
③ 责:要求。

纲鉴易知录卷二一

　　卷首语:本卷起汉光武帝建武十四年(38),止汉明帝永平十四年(71),所记为东汉完成统一后的前三十四年史事。光武帝自称欲以柔道治国,对内重用循吏,减少对人民的骚扰,对外反对用兵匈奴,多次拒绝西域各国请置都护。他统治末期封禅泰山,又宣布图谶于天下,宣扬自己"受命中兴"的合法性。明帝在位时严格控制外戚,对楚王刘英狱大肆株连,政治风气较为苛刻。

东汉纪

光武皇帝

纲 戊戌，十四年（建武十四年，38），莎车、鄯（shàn）善遣使奉献①，请置都护②，不许。

目 莎车王贤、鄯善王安，皆遣使奉献。西域苦匈奴重敛，皆愿属汉，复置都护。上以中国新定，不许。

纲 大中大夫梁统请更定律，不报。

目 统上疏曰："臣窃见元帝轻殊死刑三十四事③，哀帝轻殊死刑八十一事，其四十二事手杀人者减死一等。自后著为常准，故人轻犯法，吏易杀人。臣闻刑罚在衷（zhòng）④，无取于轻。谨表其尤害于体者⑤，傅奏于左。愿陛下宣诏有司，详择其善，定不易之典！"事下公卿。光禄勋杜林以为"宜如旧制"。统复上言曰："臣之所奏，非曰严刑。《经》曰⑥：'爰制百姓，于刑之衷。'衷之为言，不轻不重之谓也。自高

---

① 莎车：西域国名，治今新疆莎车县旧城。鄯善：即楼兰，西域国名，治今新疆若羌县附近。

② 都护：即西域都护，汉朝派驻西域的最高军政长官。

③ 殊死刑：斩首的死刑。

④ 衷：适当。

⑤ 体：政体。

⑥ 经：此指《尚书·吕刑》。

祖至于孝宣,海内称治,至初元、建平而盗贼浸多①,皆刑罚不衷,愚人易犯之所致也。由此观之,则刑轻之作,反生大患,惠加奸轨,而害及良善也!"事寝,不报。

纲 己亥,十五年(39),春正月,免大司徒歆归田里,歆自杀。

目 韩歆好直言无隐,帝每不能容。歆于上前证岁将饥凶,指天画地,言甚刚切,故坐免归田里。帝犹不释,复遣使宣诏责之,歆及子婴皆自杀。歆素有重名,死非其罪,众多不厌②,帝乃追赐钱谷,以成礼葬之③。

纲 有星孛于昴(mǎo)④。

纲 夏四月,追谥兄縯为齐武公。

[度田的本质是国家与豪强地主争夺对土地和人口的控制权]

纲 诏州郡检核垦田、户口⑤。

目 帝以天下垦田,多不以实自占⑥,又户口、年纪,互有增减,乃诏下州郡检核。于是刺史、太守多为诈巧,苟以度田为名,聚民田中,并度庐屋、里落,民遮道啼呼,或优饶豪右,侵刻羸弱。

---

① 初元:元帝年号。建平:哀帝年号。
② 厌:心服。
③ 成礼:既定的礼仪。
④ 孛:彗星。昴:星宿名,二十八宿之一。
⑤ 检核:查实。
⑥ 自占:自行估计。

时诸郡各遣使奏事,帝见陈留吏牍上有书①,视之,云:"颍川、弘农可问②,河南、南阳不可问③。"帝诘吏由④,抵言"于长寿街上得之"⑤。帝怒。时皇子东海公阳年十二,在幄后言曰:"吏受郡敕,当欲以垦田相方耳。"帝曰:"即如此,何故言河南、南阳不可问?"对曰:"河南帝城,多近臣;南阳帝乡,多近亲,田宅逾制,不可为准。"帝令虎贲将诘问吏⑥,吏乃首服⑦,如东海公对。上由是益奇爱阳。遣谒者考实二千石长吏阿枉不平者⑧。

评东汉豪族:

两汉之际,豪族势力迅速膨胀。他们宗族强大,武断乡曲,兼并土地,役使贫民,形成不易控制的社会力量。东汉初年,刘秀裁减地方吏职、废罢郡国兵、放免奴婢、强化吏治、推行屯田,都与抑制豪族有关。不过,东汉吸取王莽教训,对土地兼并基本采取放任态度,致使豪族势力继续发展。其中部分家族世代传习儒家经典,进而累世高官,形成以弘农杨氏、汝南袁氏为代表的世家大族集团。东汉末年分裂局面的出现,以及曹魏以下门阀政治的形成,都与豪族的普遍存在密切相关。

纲 冬十一月,遣马成缮治障塞。以张堪为渔阳太守。

---

① 陈留:郡名,治今河南开封市祥符区。牍:古代写字用的木板。书:字。
② 弘农:郡名,治今河南灵宝市。
③ 河南:郡名,治今河南洛阳市。
④ 诘:质问。
⑤ 抵言:谎称。长寿街:洛阳城中街道。
⑥ 虎贲将:虎贲中郎将省称,皇帝身边的侍卫武官。
⑦ 首服:坦白服罪。
⑧ 谒者:光禄勋属官,掌管传达。二千石长吏:郡县长官。

目 使扬武将军马成缮治障塞,十里一堠(hòu)①,以备匈奴。骑都尉张堪击破匈奴于高柳②,拜堪渔阳太守。堪视事八年,匈奴不敢犯塞,劝民耕稼,以致殷富。百姓歌曰:"桑无附枝,麦穗两岐③。张君为政,乐不可支!"

纲 庚子,十六年(40),春二月,交趾女子徵侧、徵贰反④。

纲 三月晦,日食。

纲 秋九月,群盗起。冬十月,诏许相斩除罪⑤,遂皆解散。

纲 复行五铢钱⑥。

纲 辛丑,十七年(41),春二月晦,日食。

纲 冬十月,废皇后郭氏,立贵人阴氏为皇后。

目 郭后宠衰,数怀怨怼,上怒之,废后,立贵人阴氏为皇后。诏曰:"异常之事,非国休福,不得上寿称庆。"郅恽言于帝曰:"臣闻夫妇之好,父不能得之于子,况臣能得之于君乎! 是臣所不敢言。虽然,愿陛下念其不可,勿乱大伦,使天下有议社稷者!"帝曰:"恽善恕己量主,知我必不有所左右而轻天下也!"

――――――――――

① 堠:瞭望敌情的土堡。
② 高柳:县名,今山西阳高县。
③ 两岐:分而为两支。
④ 交趾:郡名,治今越南北宁市。
⑤ 除罪:免罪。
⑥ 五铢钱:钱币名。始铸于汉武帝,重五铢。

〔刘秀欲以柔道治天下〕

纲帝如章陵①。

目帝幸章陵,修园庙,祠旧宅,观田庐,置酒作乐,赏赐。时宗室诸母因
　　酣悦,相与语曰:"文叔少时谨信②,与人不款曲③,唯直柔耳④。今乃
　　能如此!"帝闻之,大笑曰:"吾治天下,亦欲以柔道行之。"

纲十二月,以马援为伏波将军,讨交趾。

纲壬寅,十八年(42),春三月,马援与徵侧、徵贰战,大破之。

〔徙四亲庙〕

纲癸卯,十九年(43),春正月,尊孝宣皇帝庙为中宗。始祠元帝以上于
　　太庙,成帝以下于长安。徙四亲庙于章陵。

目五官中郎将张纯与太仆朱浮奏议⑤:"《礼》,为人子事大宗⑥,降其私
　　亲。当除今亲庙四,以先帝四庙代之。"大司徒戴涉等奏立元、成、哀、
　　平四庙。上自以昭穆次第⑦,当为元帝后,遂追尊宣帝曰中宗。始祠
　　昭帝、元帝于太庙,成帝、哀帝、平帝于长安,春陵节侯以下于章陵,其

---

① 章陵:县名,建武六年以春陵乡改。
② 文叔:光武帝字。
③ 款曲:殷勤酬应。
④ 直柔:坦率温和。
⑤ 五官中郎将:宫中宿卫武官。太仆:列卿之一,掌宫廷车马。
⑥ 大宗:宗法社会以嫡系长房为大宗,余子为小宗。
⑦ 昭穆:宗庙或宗庙中神主的排列次序,始祖居中,以下父子递为昭穆,左为昭,右为穆。

长安、章陵，皆太守、令、长侍祠。

纲马援斩徵侧、徵贰。

纲六月，废皇太子彊为东海王。立东海王阳为皇太子，改名庄。

目郭后既废，太子彊意不自安。郅恽说太子曰："久处疑位，上违孝道，下近危殆，不如辞位，以奉养母氏。"太子从之，数因左右及诸王陈其恳诚，愿备藩国。上不忍，迟回者数岁。六月，诏曰："《春秋》之义，立子以贵。东海王阳，皇后之子，宜承大统。皇太子彊，崇执谦退，愿备藩国，父子之情，重久违之。其以彊为东海王，立阳为皇太子，改名庄。"

帝以太子舅阴识守执金吾①，阴兴为卫尉②，皆辅导太子。识性忠厚，入虽极言正议，及与宾客语，未尝及国事，帝敬重之。兴虽礼贤好施，而门无游侠，与张宗、鲜于裒(póu)不相好，知其有用，犹称所长而达之③，友人张汜、杜禽与兴厚善④，以为华而少实，但私之以财，终不为言，是以世称其忠。后帝欲以兴为大司徒，兴固辞曰："臣不敢惜身，诚亏损盛德，不敢苟冒⑤。"帝遂听之。

以沛国桓荣为议郎，使授太子经。车驾幸太学，会诸博士论难于前，荣辨明经义，每以礼让相厌，不以辞长胜人⑥，儒者莫之及。

---

① 守：暂时署理职务。
② 卫尉：列卿之一，掌宫门屯卫。
③ 达：推举。
④ 厚善：交情深厚。
⑤ 苟冒：贪求。
⑥ 辞长：擅长辞令。

〔强项令董宣〕

纲 赐雒阳令董宣钱三十万。

目 陈留董宣为雒阳令。湖阳公主苍头白日杀人①，因匿主家，吏不能得。及主出行，以奴骖(cān)乘②，宣候之，驻车叩马，以刀画地，大言数主之失，叱奴下车，因格杀之。主即还宫诉帝，帝大怒，召宣，欲箠杀之③。宣叩头曰："愿乞一言而死。"帝曰："欲何言？"宣曰："陛下圣德中兴，而纵奴杀人，将何以治天下乎？臣不须箠，请自杀！"即以头击楹，流血被面。帝令小黄门持之④。使宣叩头谢主，宣不从，强使顿之⑤，宣两手据地，终不肯俯。主曰："文叔为白衣时藏亡匿死，吏不敢至门，今为天子，威不能行一令乎？"帝笑曰："天子不与白衣同。"因敕"强项令出！"赐钱三十万，宣悉以班诸吏⑥。由是能搏击豪强，京师莫不震栗。

纲 秋九月，帝如南顿⑦，赐复二岁。

目 上幸南阳，进幸汝南南顿县舍⑧，置酒会，赐吏民，复南顿田租一岁。父老前叩头言："愿赐复十年。"帝曰："天下重器，常恐不任，日复一

---

① 湖阳公主：光武帝姊。苍头：奴仆。
② 骖乘：陪同乘车。
③ 箠杀：用棍棒打死。
④ 小黄门：宦官，掌侍左右，受尚书事。
⑤ 顿：以首叩地。
⑥ 班：分给。
⑦ 南顿：县名，今河南项城市。光武帝父刘钦曾任南顿令。
⑧ 汝南：郡名，治今河南平舆县。

日,安敢远期十岁乎①!"吏民又言:"陛下实惜之,何言谦也!"帝大笑,复增一岁。

纲　甲辰,二十年(44),夏五月,大司马广平侯吴汉卒。

目　汉病笃,车驾亲临,问所欲言。对曰:"臣愚无所知识,愿陛下慎无赦而已。"汉每从征伐,或战不利,诸将多惶惧,失其常度,汉意气自若。帝叹曰:"吴公差强人意②,隐若一敌国矣③!"每当出师,朝受诏,夕则引道④,初无办严之日⑤。及在朝廷,斤斤谨质,形于体貌。汉尝出征,妻子在后买田宅,汉还让之曰:"军师在外,吏士不足,何多买田宅乎!"遂尽以分与昆弟、外家⑥。故能任职,以功名终。

纲　以郭况为大鸿胪。

目　帝数幸况第,赏赐金帛,丰盛莫比,京师号况家为"金穴"。

纲　冬十二月,遣马援屯襄国⑦。

目　马援自交趾还平陵⑧,孟冀迎劳之。援曰:"方今匈奴、乌桓尚扰北边,欲自请击之,男儿要当死于边野,以马革裹尸还葬耳,何能卧床上在儿女子手中邪!"冀曰:"谅!为烈士当如是矣⑨!"十二月,匈奴寇

① 期:约定。
② 差强人意:颇能振奋人心。
③ 隐:威重貌。
④ 引道:起程。
⑤ 办严:准备行装。
⑥ 外家:母亲和妻子的娘家。
⑦ 襄国:县名,今河北邢台市。
⑧ 平陵:县名,今陕西咸阳市西北。
⑨ 烈士:有节气有壮志的人。

天水、扶风、上党①，援自请击，帝许之，使出屯襄国，诏百官祖道②。援谓黄门郎梁松、窦固曰③："凡人富贵，当使可复贱也。如卿等欲不可复贱，居高坚自持④。勉思鄙言！"

〔西域十八国请都护〕

纲 乙巳，二十一年(45)，冬，西域十八国遣子入侍，请都护，不许。

目 莎车王贤欲兼并西域，诸国愁惧。车(jū)师、鄯善等十八国俱遣子入侍⑤，愿得都护。帝以中国初定，北边未服，皆还其侍子，厚赏赐之。诸国闻都护不出，而侍子皆还，大忧恐，乃与敦煌太守檄⑥："愿留侍子以示莎车，言侍子见留，都护寻至。"裴遵以状闻，帝许之。

纲 丙午，二十二年(46)，冬，以刘昆为光禄勋。

目 初，昆为江陵令，县有火灾，昆向火叩头，火寻灭。后为弘农太守，虎皆负子渡河。帝闻而异之，征昆代林为光禄勋。帝问昆曰："前在江陵，反风灭火，后守弘农，虎北渡河，行何德政而致是事？"对曰："偶然耳。"左右皆笑。帝叹曰："此乃长者之言也！"顾命书诸策⑦。

纲 西域复请都护，不许，遂附于匈奴。

---

① 上党：郡名，治今山西长子县。

② 祖道：饯行。

③ 黄门郎：掌侍从左右，关通内外。

④ 自持：自我克制。

⑤ 车师：西域国名。前部治今新疆吐鲁番市，后部治今新疆奇台县。

⑥ 敦煌：郡名，治今甘肃敦煌市。檄：官府用以征召、晓喻、声讨的文书。

⑦ 策：简册。

目西域诸国侍子久留敦煌,皆愁思亡归。莎车王贤知都护不出,击破鄯善,攻杀龟兹(qiū cí)王①。鄯善王安上书:"愿复遣子入侍,更请都护。都护不出,诚迫于匈奴。"帝报曰:"今使者大兵未能得出,如诸国力不从心,东西南北自在也。"于是鄯善、车师复附匈奴。

〔匈奴正式分裂为南、北两部〕

纲戊申,二十四年(48),春正月,匈奴南边八部立日逐王比为南单于,款塞内附②。

目匈奴南边八部大人共议立日逐王比为呼韩邪单于,款五原塞③,愿永为藩蔽,扞御北房。事下公卿,议者皆以为"天下初定,中国空虚,不可许"。五官中郎将耿国独以为"宜如孝宣故事,受之,令东扞鲜卑,北拒匈奴,率厉四夷,完复边郡"。帝从之。于是分为南、北匈奴。

纲秋七月,遣马援征武陵蛮④。

目武陵蛮寇临沅⑤,遣李嵩、马成讨之,不克。马援请行,帝愍其老,未许。援曰:"臣尚能被甲上马。"帝令试之,援据鞍顾盼,以示可用。帝笑曰:"矍铄哉是翁!"遂遣率马武、耿舒等将四万余人征五溪⑥。援

---

① 龟兹:西域国名,治今新疆库车市。
② 款塞:叩塞门,谓外族前来通好。
③ 五原塞:五原郡榆柳塞,在今内蒙古五原县境。
④ 武陵蛮:汉时对武陵山区蛮族的总称。
⑤ 临沅:县名,今湖南常德市武陵区。
⑥ 五溪:地名,汉属武陵郡,为蛮族聚居地。

谓友人杜愔曰："吾受厚恩，年迫日索①，常恐不得死国事。今获所愿，甘心瞑目，但畏长者家儿②，或在左右，与从事，殊难得调，介介独恶是耳③！"

纲 冬十月，匈奴南单于遣使入贡。

目 南单于奉藩称臣，上以问朗陵侯臧宫④，宫曰："匈奴饥疫分争，臣愿得五千骑以立功。"帝笑曰："常胜之家难与虑敌，吾方自思之。"

纲 己酉，二十五年(49)，春三月晦，日食。

纲 夏，新息侯马援卒于军，诏收其印绶。

目 马援军至临乡⑤，击破蛮兵。初，援尝有疾，虎贲中郎将梁松来候之⑥，独拜床下，援不答。松意不平。诸子问曰："梁伯孙帝婿⑦，贵重朝廷，公卿以下莫不惮之，大人奈何独不为礼?"援曰："我乃松父友也，虽贵，何得失其序乎！"

援兄子严、敦并喜讥议，通轻侠⑧，援前在交趾，还书诫之曰："吾欲汝曹闻人过失，如闻父母之名，耳可得闻，口不可得言也。好议论人长短，妄是非政法，此吾所大恶。宁死，不愿闻子孙有此行也。龙伯高

---

① 索：尽。
② 长者家儿：权要子弟。
③ 介介：耿耿于心。
④ 朗陵：侯国名，今河南确山县。
⑤ 临乡：在今湖南常德市古城山一带。
⑥ 候：拜访。
⑦ 伯孙：梁松字。
⑧ 通：交往。

敦厚周慎,口无择言①,谦约节俭,廉公有威,吾爱之重之,愿汝曹效之。杜季良豪侠好义,忧人之忧,乐人之乐,父丧致客,数郡毕至,吾爱之重之,不愿汝曹效也。效伯高不得,犹为谨敕之士②,所谓'刻鹄不成尚类鹜(wù)'者也。效季良不得,陷为天下轻薄子,所谓'画虎不成反类狗'者也。"伯高者,山都长龙述也③。季良者,越骑司马杜保也④。会保仇人上书,讼保为行浮薄,乱群惑众,伏波将军万里还书以诫兄子⑤,而梁松、窦固与之交结。帝召松、固以讼书及援诫书示之,松、固叩头流血而得不罪。诏免保官,擢拜龙述为零陵太守⑥。松由是恨援。

及援讨武陵蛮,军次下隽⑦,有两道可入,从壶头则路近而水险⑧,从充则涂夷而运远⑨。耿舒欲从充道,援以为弃日费粮⑩,不如进壶头。以事上之,帝从援策。进营壶头,贼乘高守隘,水疾,船不得上。会暑甚,士卒多疫死,援亦中病。耿舒与兄弇(yǎn)书,言:"壶头竟不得进,大众怫郁行死⑪,诚可痛惜!前到临乡,贼无故自致,若夜击之,即可殄灭。伏波类西域贾胡,到一处辄止,以是失利。今果疫疾。"弇得

---

① 口无择言:出口皆合道理,无需选择。
② 谨敕:谨慎自律。
③ 山都:县名,今湖北襄阳市。
④ 越骑司马:越骑校尉佐官,掌京师宿卫。
⑤ 伏波将军:即马援。
⑥ 零陵:郡名,治今湖南永州市零陵区。
⑦ 下隽:县名,今湖北通城县。
⑧ 壶头:山名,在今湖南沅陵县境。
⑨ 充:县名,今湖南桑植县。涂:同"途"。夷:平坦。
⑩ 弃日:耗费时日。
⑪ 怫郁:激怒的样子。行死:将死。

书奏之,帝乃使梁松乘驿责问援①,因代监军。会援卒,松因是构陷援。帝大怒,追收援新息侯印绶。

初,援在交趾,尝饵薏苡(yì yǐ)实②,能轻身,胜瘴气,军还,载之一车。及卒后,有上书谮之者,以为昔所载还皆明珠、文犀③,帝益怒。援妻孥惶惧④,不敢以丧还旧茔,稿葬城西⑤。前云阳令朱勃诣阙上书曰:"窃见故伏波将军马援,事朝廷二十二年,北出塞漠,南渡江海,触冒毒气,僵死军事,名灭爵绝,国土不传,家属杜门,葬不归墓,怨隙并兴,宗亲怖栗,臣窃伤之!愿下公卿,评援功罪,宜绝宜续,以厌海内之望。"帝意稍解。

[宋均矫制降群蛮]

纲 冬十月,监军谒者宋均矫制告谕群蛮,降之。

目 谒者宋均监援军,援既卒,军士疫死者大半,蛮亦饥困。均乃与诸将议曰:"夫忠臣出境,有可以安国家,专之可也⑥。"乃矫制调伏波司马吕种守沅陵长⑦,命种奉诏书入虏营,告以恩信,因勒兵随其后。蛮夷震怖,冬十月,共斩其大帅而降,群蛮遂平。上嘉其功,迎赐以金帛。

---

① 驿:驿马。
② 薏苡:一年生或多年生草本植物。子粒含淀粉,可食用、入药。
③ 文犀:有纹理的犀角。
④ 妻孥:妻子和儿女。
⑤ 稿葬:草草安葬。
⑥ 专:专断。
⑦ 沅陵:县名,今湖南沅陵县。

纲 庚戌,二十六年(50),春正月,初作寿陵①。

目 帝曰:"古者帝王之葬,皆陶人瓦器,木车茅马,使后世之人不知其处。太宗识终始之义②,景帝能述遵孝道,遭天下反覆,而霸陵独完受其福③,岂不美哉! 今所制地,不过二三顷,无为山陵陂池,裁令流水而已,使迭兴之后,与丘陇同体。"

纲 辛亥,二十七年(51),夏五月,诏三公去"大"名,改司马曰太尉。

纲 北匈奴求和亲,不许。

目 北匈奴遣使诣武威④,求和亲,帝召公卿廷议,不决。皇太子言曰:"南单于新附,今交通北虏,臣恐南单于将有二心。"帝然之,告武威太守,勿受其使。臧宫、马武上书曰:"虏今人畜疫死,旱蝗赤地,疲困乏力,不当中国一郡。今命将临塞,厚县购赏⑤,北虏之破,不过数年。"诏报曰:"今国无善政,灾变不息,百姓惊惶,人不自保,而复欲远事边外乎! 诚能举天下之半以灭大寇,岂非至愿! 苟非其时,不如息民。"自是诸将莫敢言兵事者。

〔东汉仍旧郡国并行,但王国封地远小于西汉初〕

纲 壬子,二十八年(52),春,以鲁益东海。

---

① 寿陵:帝、后生前预筑的陵墓。
② 太宗:即文帝。
③ 霸陵:文帝陵,在今陕西西安市灞桥区狄寨街道江村东。
④ 武威:郡名,治今甘肃武威市凉州区。
⑤ 县:同"悬"。

目徙鲁王兴为北海王①,以鲁益东海。帝以东海王彊去就有礼,故优以大封,食二十九县,赐虎贲旄头②,设钟簴(jù)之乐③,拟于乘舆。

纲夏六月,沛太后郭氏薨④。

纲秋八月,以张佚为太子太傅,桓荣为少傅。

目上大会群臣,问"谁可傅太子者?"群臣承望上意,皆言:"太子舅阴识可。"博士张佚正色曰:"今陛下立太子为阴氏乎? 为天下乎? 即为阴氏,则阴侯可;为天下,则固宜用天下之贤才。"帝称善,曰:"欲置傅者,以辅太子也,今博士不难正朕,况太子乎!"即拜佚为太子太傅,以博士桓荣为少傅,赐以辎车、乘马⑤。荣大会诸生,陈其车马、印绶,曰:"今日所蒙,稽古之力也⑥,可不勉哉!"

纲北匈奴乞和亲,许之。

纲甲寅,三十年(54),春二月,帝东巡。

目群臣上言:"即位三十年,宜封禅泰山。"诏曰:"即位三十年,百姓怨气满腹。'吾谁欺,欺天乎!''曾谓泰山不如林放乎?'何事污七十二代之编录!"于是群臣不敢复言。

---

① 北海:王国名,治今山东昌乐县。
② 虎贲:武士。旄头:仪仗中担任先驱的骑兵。
③ 钟簴:一种悬钟的格架。
④ 沛太后:即废后,沛王刘辅之母,故称沛太后。
⑤ 辎车:外面罩有蓬、帷幔的车子。
⑥ 稽古:考察古事。

纲闰月,有星孛于紫宫①。

纲夏,大水。

纲胶东侯贾复卒。

目复从征伐,未尝丧败。诸将每论功伐,复未尝有言,帝辄曰:"贾君之功,我自知之。"

纲乙卯,三十一年(55),夏五月,大水。晦,日食。蝗。

纲丙辰,建武中元元年(56),春正月,以第五伦为会稽太守②。

目京兆掾第五伦领长安市③,公平廉介,市无奸枉。每读诏书,叹息曰:"此圣主也,一见决矣。"后补淮阳王医工长④,王入朝,伦随官属得会见。帝问以政事,伦因此酬对,帝大悦,拜会稽太守。为政清而有惠,百姓爱之。

〔封禅〕

纲二月,帝东巡,封泰山,禅梁阴⑤。

目上读《河图会昌符》曰⑥:"赤刘之九⑦,会命岱宗⑧。"上感此文,乃诏

---

① 紫宫:星官名,指紫微垣。
② 第五:复姓。会稽:郡名,治今浙江绍兴市越城区。
③ 京兆:即京兆尹,治今陕西西安市。
④ 医工长:掌医药之官。
⑤ 梁阴:梁父山之北。梁父是泰山下小山。
⑥《河图会昌符》:谶纬篇名。
⑦ 赤刘:赤为火色,汉姓刘,以火德王,故称赤刘。九:光武帝是高帝九世孙。
⑧ 岱宗:泰山。

梁松等按索《河》《洛》谶文①，言九世当封禅者，凡三十六事。于是张纯等复奏请封禅，上乃许焉。丁卯(正月十六日)，车驾东巡，二月，幸鲁，进幸泰山。辛卯(二十二日)，祭天于泰山下南方。事毕，天子御辇登山，尚书令奉玉牒简②，天子以寸二分玺亲封之，事毕，上乃到山下。甲午(二十五日)，禅祭地于梁阴。

纲夏四月，帝还宫。

纲六月，京师醴泉出，赤草生，郡国言甘露降。

纲秋，蝗。

纲冬十一月晦，日食。

〔谶纬成为与五经具有同等地位的法定经典〕

纲起明堂、灵台、辟雍。宣布图谶于天下③。

目初，上以《赤伏符》即帝位，由是信用谶文，多以决定嫌疑。桓谭上疏谏曰："凡人忽于见事④，而贵于异闻。观先王之所纪述，咸以仁义正道为本，非有奇怪虚诞之事。盖天道性命⑤，圣人所难言也，自子贡以下，不得而闻，况后世浅儒能通之乎！今诸巧慧小才、伎数之人，增

---

① 《河》《洛》谶文：《河图》《洛书》等谶记之文。
② 玉牒：古代帝王封禅、郊祀的玉简文书。
③ 明堂：帝王宣明政教的地方。灵台：观察天文气象的地方。辟雍：行乡饮、大射或祭祀之礼的地方。图谶：有关吉凶祸福、治乱兴衰征验的书，多为隐语、预言。
④ 见事：看到的事情。
⑤ 性命：指人的禀赋与命运。

益图书,矫称谶记,以欺惑贪邪,诖误人主,焉可不抑远之哉!臣谭伏闻陛下穷折方士黄白之术①,甚为明矣,而乃欲听纳谶记,又何误也!其事虽有时合,譬犹卜数只偶之类②。陛下宜垂明听,发圣意,屏群小之曲说,述五经之正义。"疏奏,帝不悦。会议灵台所处,帝谓谭曰:"吾欲以谶决之。"谭默然,良久曰:"臣不读谶。"帝问其故,谭复极言谶之非经。帝大怒曰:"桓谭非圣无法,将下斩之!"谭叩头流血,良久,乃得解。出为六安郡丞③,道病卒。

纲 丁巳,二年(57),春二月,帝崩。

目 帝崩于南宫前殿,年六十三。帝每旦视朝,日昃乃罢,数引公卿、郎将讲论经理④,夜分乃寐。皇太子见帝勤劳不怠,乘间谏曰:"陛下有禹、汤之明,而失黄老养性之福,愿颐养精神,优游自宁。"帝曰:"我自乐此,不为疲也。"虽以征伐济大业,及天下既定,乃退功臣而进文吏,明慎政体,总揽权纲,量时度力,举无过事,故能恢复前烈⑤,身致太平。

纲 太子庄即位,尊皇后曰皇太后。

纲 三月,葬原陵⑥。

纲 夏四月,以邓禹为太傅,东平王苍为骠骑将军⑦。

① 穷折:竭力斥责。黄白之术:烧炼丹药点化金银的法术。
② 只偶:奇偶。
③ 六安郡:治今安徽六安市。
④ 经理:经书的义理。
⑤ 前烈:前人的功业。
⑥ 原陵:光武帝陵,在今河南孟津县境。
⑦ 东平:王国名,治今山东东平县。

目诏曰:"高密侯禹,元功之首。东平王苍,宽博有谋。其以禹为太傅,苍为骠骑将军。"苍尝荐西曹掾吴良①,帝曰:"荐贤助国,宰相之职也。萧何举韩信,设坛而拜,不复考试,今以良为议郎。"

显宗孝明皇帝

纲戊午,显宗孝明皇帝永平元年(58),春正月,朝原陵。

目帝率公卿以下朝于原陵,如元会仪②。太官上食③,太常奏乐,是后遂以为常。

纲夏五月,太傅、高密侯邓禹卒。

纲东海王彊卒。

纲好畤侯耿弇卒④。

纲己未,二年(59),春正月,宗祀光武皇帝于明堂。始服冠冕玉佩,登灵台,望云物⑤。

纲三月,临辟雍,行大射礼⑥。

纲冬十月,行养老礼⑦。

---

① 西曹掾:公府属吏,掌府中吏属的任免赏罚。
② 元会:皇帝元旦朝见群臣的朝会。
③ 太官:少府属官,掌皇帝饮食。
④ 好畤:侯国名,今陕西乾县。
⑤ 云物:日旁云气的色彩。古代据以辨吉凶水旱。
⑥ 大射礼:古代帝王祭祀前选择参加祭祀人而举行的射礼。
⑦ 养老礼:古代对年高德劭的老者按时饷以酒食而敬礼之的礼节。

目 上幸辟雍,初行养老礼,以李躬为三老,桓荣为五更①。礼毕,引桓荣

及弟子升堂,上自为下说,诸儒执经问难于前②,冠带搢绅之人,圜桥

门而观听者,盖亿万计。于是下诏赐荣爵关内侯③。上自为太子,受

《尚书》于桓荣,及即位,犹尊荣以师礼。荣卒,帝以荣子郁为侍中④。

纲 庚申,三年(60),春二月,立贵人马氏为皇后,子炟(dá)为皇太子。

目 后,援之女也,光武时选入太子宫,能奉承阴后,傍接同列⑤,礼则修

备,上下安之,遂见宠异。及帝即位,为贵人。时后前母姊女贾氏亦

以选入,生皇子炟,帝以后无子,命养之,谓曰:"人未必当自生子,但

患爱养不至耳。"后于是尽心抚育,劳悴过于所生。太子亦孝性纯笃,

母子慈爱,始终无纤介之间⑥。后常以皇嗣未广,荐达左右,若恐不

及。及有司奏立长秋宫⑦,帝未有所言,皇太后曰:"马贵人德冠后

宫,即其人也。"后既正位宫闱,愈自谦肃,好读书。常衣大练⑧,裙不

加缘⑨。朔望诸姬、主朝谒⑩,望见后袍衣疏粗,以为绮縠(hú)⑪,就

视,乃笑。后曰:"此缯特宜染色,故用之耳。"

---

① 三老、五更:尊养老人的荣誉称号。

② 前:桓荣之前。

③ 关内侯:爵位名,二十等爵的第十九级。

④ 侍中:掌侍从左右,参议众事,顾问应对。

⑤ 傍接:广为交接。

⑥ 间:隔阂,嫌隙。

⑦ 长秋宫:皇后居住的宫殿。

⑧ 大练:较粗疏的丝织品。

⑨ 缘:衣服边上的镶绲。

⑩ 朔望:朔日和望日,旧历每月初一日和十五日。主:公主。

⑪ 绮縠:绫绸绉纱之类。

〔云台二十八将〕

纲 图画中兴功臣于云台。

目 帝思中兴功臣,乃图二十八将于南宫云台。以邓禹为首,次马成、吴汉、王梁、贾复、陈俊、耿弇、杜茂、寇恂、傅俊、岑彭、坚镡、冯异、王霸、朱祜、任光、祭遵、李忠、景丹、万修、盖延、邳彤、铫期、刘植、耿纯、臧宫、马武、刘隆,又益以王常、李通、窦融、卓茂,合三十二人。马援以椒房之亲①,独不与焉。

纲 夏六月,有星孛于天船北②。

纲 大起北宫,既而罢之。

目 时天旱,尚书仆射钟离意诣阙免冠上疏曰③:"昔成汤遭旱,以六事自责。窃见北宫大作,民失农时。自古非苦宫室小狭,但患民不安宁,宜且罢止,以应天心。"帝策诏报曰:"汤引六事,咎在一人,其冠履,勿谢。"又敕大匠止作诸宫④,遂应时澍(shù)雨⑤。

帝性褊察,好以耳目隐发为明⑥,公卿大臣数被诋毁,近臣尚书以下至见提曳⑦。尝以事怒郎药崧(sōng),以杖撞之,崧走入床下,帝怒甚,疾言曰:"郎出!"崧乃曰:"'天子穆穆,诸侯皇皇',未闻人君,自起撞

---

① 椒房:后妃的代称。
② 天船:星名。
③ 免冠:脱帽,用以表示谢罪。
④ 大匠:将作大匠省称,掌宫室、宗庙、陵寝及其他土木营建。
⑤ 澍雨:及时的雨水。
⑥ 隐发:揭发隐私。
⑦ 提:掷。曳:拖。

郎。"帝乃赦之。

是时朝廷莫不悚栗,争为严切以避诛责,唯钟离意独敢谏争,数封还诏书,臣下过失,辄救解之。

钟离意荐全椒长刘平①,诏征拜议郎。平在全椒,政有恩惠,民或增赀就赋,或减年从役。太守行部②,狱无系囚,人自以得所,不知所问,但班诏书而去。

纲 秋八月晦,日食。

纲 冬十月,帝奉皇太后如章陵。

目 车驾从皇太后幸章陵。荆州刺史郭贺,官有殊政,上赐以三公之服,黼黻(fǔ fú)、冕旒③,敕行部去襜(chān)帷④,使百姓见其容服⑤,以章有德。

纲 辛酉,四年(61),冬十月,陵乡侯梁松下狱⑥,死。

目 松坐怨望、县飞书诽谤⑦,下狱,死。初,上为太子,大中大夫郑兴子众以通经知名,太子及山阳王荆因梁松以缣帛请之,众曰:"太子储君,无外交之义⑧。汉有旧防,藩王不宜私通宾客。"松曰:"长者意不可

---

① 全椒:县名,今安徽全椒县。
② 行部:巡行所辖部界。
③ 黼黻:绣有华美花纹的礼服,多指帝王和高官所穿之服。冕旒:古代大夫以上的礼冠,顶有延,前有旒。
④ 襜帷:车上四周的帷帐。
⑤ 容服:仪容服饰。
⑥ 陵乡:侯国名,在今河北故城县。
⑦ 飞书:匿名书。
⑧ 外交:与朝臣交往。

逆。"众曰:"犯禁触罪,不如守正而死。"遂不往。及松败,宾客多坐之①,唯众不染于辞②。

纲 甲子,七年(64),春正月,皇太后阴氏崩。二月,葬光烈皇后③。

纲 以宋均为尚书令。

目 初,均为九江守④,五日一听事,悉省掾、史,闭督邮府内⑤,属县无事,百姓安业。九江旧多虎暴,常募设槛阱⑥,而犹多伤害。均下记属县曰⑦:"夫江、淮之有猛兽,犹北土之有鸡豚也,今为民害,咎在残吏⑧,而劳勤张捕,非忧恤之本也。其务退奸贪,思进忠善,可一去槛阱,除削课制⑨。"其后无复虎患。帝闻均名,故任以枢机。均谓人曰:"国家喜文法、廉吏,以为足止奸也。然文吏习为欺谩⑩,而廉吏清在一己,无益百姓流亡、盗贼为害也。均欲叩首争之,时未可改也。久将自苦之,乃可言耳!"

〔佛教开始传入中国〕

纲 乙丑,八年(65),冬十月,诏听有罪亡命者赎。

---

① 坐:连坐。
② 染:牵连。
③ 光烈皇后:即阴太后。
④ 九江:郡名,治今安徽寿县。
⑤ 督邮:郡吏,掌案行属县,督察县政。
⑥ 槛阱:捕捉野兽的机具和陷坑。
⑦ 记:公文。
⑧ 残吏:残虐百姓的官吏。
⑨ 课制:指赋税。
⑩ 文吏:文法之吏,指执法吏。

目募死罪系囚诣度辽营,有罪亡命者,令赎各有差。楚王英奉黄缣、白纨诣国相曰:"托在藩辅,过恶累积,欢喜大恩,奉送缣帛,以赎愆罪。"国相以闻,诏报曰:"楚王诵黄老之微言,尚浮图之仁祠①,洁斋三月,与神为誓,何嫌何疑,当有悔吝! 其还赎,以助伊蒲塞、桑门之盛馔②。"

初,帝闻西域有神,其名曰佛,因遣使之天竺③,求其道,得其书及沙门以来。其书大抵以虚无为宗,贵慈悲不杀,以为人死精神不灭,随复受形,生时所行善恶,皆有报应,故所贵修练精神,以至为佛。善为宏阔胜大之言,以劝诱愚俗。精于其道者,号曰沙门。于是中国始传其术,图其形像,而王公贵人,独楚王英最先好之。

纲是月晦,日食既④,诏群司极言⑤,复以示百官。

纲丙寅,九年(66),大有年⑥。

[四姓小侯]

纲匈奴遣子入学。

目帝崇尚儒学,自皇太子诸王侯及大臣子弟、功臣子孙,莫不受经。又为外戚樊氏、郭氏、阴氏、马氏诸子立学于南宫⑦,号"四姓小侯",置

---

① 黄老:黄帝与老子的并称。浮图:即浮屠,代指佛教。
② 伊蒲塞:即优婆塞,在家受五戒的男性佛教徒。桑门:即沙门,僧侣。
③ 天竺:印度的古称。
④ 日食既:指日全食。
⑤ 极言:直言规劝。
⑥ 大有年:大丰收。
⑦ 樊氏:光武帝母家。郭氏、阴氏:光武帝后家。马氏:明帝后家。

五经师,搜选高能,以授其业。自期门、羽林之士①,悉令通《孝经》章句②。匈奴亦遣子入学。

纲 丁卯,十年(67),冬十二月,以丁鸿为侍中。

目 初,陵阳侯丁綝卒③,子鸿当袭封,上书称病,让国于弟盛,不报。既葬,乃挂衰绖(cuī dié)于冢庐而逃去④。友人九江鲍骏遇鸿于东海,让之曰:"昔伯夷、吴札,乱世权行,故得申其志耳。今子以兄弟私恩,而绝不灭之基,可乎?"鸿感悟垂涕,乃还就国。鲍骏因上书荐鸿经学至行⑤,上征鸿为侍中。

纲 戊辰,十一年(68),春正月,东平王苍来朝。

目 苍与诸王俱来朝,月余,还国。帝临送归宫,凄然怀思,乃遣使手诏赐东平国中傅曰⑥:"辞别之后,独坐不乐,因就车归,伏轼而吟,瞻望永怀,实劳我心。诵及《采菽》,以增叹息。日者⑦,问东平王:'处家何等最乐?'王言:'为善最乐。'其言甚大,副是要腹矣⑧。今送列侯印十九枚,诸王子年五岁已上能趋拜者⑨,皆令带之。"

---

① 期门、羽林:宫廷禁卫军士。
② 章句:剖章析句。经学家解说经义的一种方式,亦泛指书籍注释。
③ 陵阳:侯国名,今安徽石台县。
④ 衰绖:丧服。
⑤ 至行:卓绝的品行。
⑥ 中傅:宦官。
⑦ 日者:往日。
⑧ 副:相称。要:同"腰"。东平王腰腹粗阔,而其言含义高深,两者可相比拟。
⑨ 趋拜:趋走拜谒。

纲 庚午,十三年(70),冬十一月,楚王英有罪,废徙丹阳①。

目 楚王英与方士作金龟、玉鹤,刻文字为符瑞。男子燕广告英与渔阳王
　　平、颜忠等造作图书,有逆谋。事下案验,有司奏英大逆不道,请诛
　　之。帝以亲亲不忍,十一月,废英,徙丹阳泾县②。

〔穷治楚王英狱〕

纲 辛未,十四年(71),夏四月,故楚王英自杀。

目 楚王英至丹阳,自杀。

　　是时穷治楚狱,遂至累年,其辞语相连,自京师亲戚、诸侯、州郡豪杰
　　及考案吏③,阿附坐死、徙者以千数,而系狱者尚数千人。
　　英阴疏天下名士,上得其录,有吴郡太守尹兴名④,乃征兴及掾、史五
　　百余人诣廷尉就考⑤。诸吏不胜掠治,死者大半,唯门下掾陆续、主簿
　　梁宏、功曹史驷勋,备受五毒⑥,肌肉消烂,终无异辞。续母自吴来雒
　　阳,作食以馈。续虽见考,辞色未尝变,而对食悲泣不自胜。治狱者
　　问其故,续曰:"母来不得见,故悲耳。"问:"何以知之?"续曰:"母截
　　肉未尝不方,断葱以寸为度,故知之。"使者以状闻,上乃赦兴等,禁锢
　　终身⑦。

----

① 丹阳:郡名,治今安徽宣城市宣州区。
② 泾县:今安徽泾县。
③ 考案:拷问查究。
④ 吴郡:治今江苏苏州市。
⑤ 廷尉:列卿之一,掌司法。
⑥ 五毒:古代的五种酷刑。
⑦ 禁锢:阻绝仕宦之途。

颜忠、王平辞引隧乡侯耿建①、朗陵侯臧信、濩泽侯邓鲤②、曲成侯刘建③。是时上怒甚,吏皆惶恐,诸所连及,率一切陷入,无敢以情恕者。侍御史寒朗心伤其冤④,乃上言:"建等无奸,专为忠、平所诬,疑天下无辜,类多如此。"帝怒,促提下捶之。左右方引去,朗曰:"臣今所陈,诚死无悔!"帝意解,诏遣朗出。后二日,车驾自幸洛阳狱,录囚徒⑤,理出千余人。时天旱,即下雨。马后亦以楚狱多滥,乘间为帝言之,帝恻然感悟,夜起彷徨,由是多所降宥。

纲 初作寿陵。

目 初作寿陵,制:"裁令流水而已,无得起坟。"

王　勇　评注

陈苏镇　审定

---

① 隧乡:侯国名,在今山东肥城市境。
② 濩泽:侯国名,今山西阳城县。
③ 曲成:侯国名,今山东招远市。
④ 侍御史:掌监察。
⑤ 录:省察,甄别。

纲鉴易知录卷二二

卷首语:本卷起汉明帝永平十五年(72),止安帝元初六年(119),所记为东汉明、章、和、殇、安五朝计四十八年史事。明、章、和帝时汉匈间持续战争,东汉最终迫使北匈奴主力西迁,重新统一西域。章帝死后,窦氏把持朝政,成为东汉首个专权的外戚家族。而在和帝依靠宦官郑众等铲除窦氏后,宦官势力亦迅速发展起来,从而开东汉后期宦官外戚迭相专权局面之端。

东汉纪

孝明皇帝

纲 壬申,十五年(永平十五年,72),春二月,帝东巡,耕于下邳①。三月,
至鲁,诣孔子宅。

目 幸孔子宅,亲御讲堂,命皇太子诸王说经。

〔减少诸侯王食封收入〕

纲 封皇子六人为王。

目 封皇子恭为巨鹿王②,党为乐成王③,衍为下邳王④,畅为汝南王,昞为
常山王⑤,长为济阴王。帝亲定其封域,裁令半楚、淮阳⑥。马后曰:
"诸子食数县,于制不已俭乎?"帝曰:"我子岂宜与先帝子等,岁给二
千万足矣。"

纲 冬,遣都尉耿秉、窦固将兵屯凉州。

纲 癸酉,十六年(73),春二月,遣太仆祭肜及窦固等伐北匈奴,固取伊吾

---

① 下邳:县名,今江苏邳州市。
② 巨鹿:王国名,治今河北晋州市。
③ 乐成:王国名,治今河北献县。
④ 下邳:王国名,治今江苏邳州市。
⑤ 常山:王国名,治今河北元氏县。
⑥ 楚、淮阳:楚王刘英、淮阳王刘延,均是光武帝子。

卢地①,肜不见虏而还,下狱,免,卒。

〔班超立功西域〕

纲西域诸国遣子入侍。

目窦固使假司马班超与从事郭恂俱使西域②。超行到鄯善,鄯善王广奉
超礼敬甚备,后忽更疏懈,超谓其官属曰:"此必虏使来,狐疑未知所
从故也。明者睹未萌,况已著邪!"乃召侍胡诈之曰:"匈奴使来数日,
今安在乎?"侍胡惶恐曰:"到已三日,去此三十里。"超乃闭侍胡③,悉
会其吏士三十六人,曰:"不入虎穴,不得虎子。当今之计,独有因夜
以火攻虏,使彼不知我多少,必大震怖,可殄尽也。灭此虏,则鄯善破
胆,功成事立矣。"众曰:"当与从事议之。"超怒曰:"吉凶决于今日。
从事,文俗吏,闻此必恐,而谋泄,死无所名,非壮士也。"众曰:"善。"
初夜,超遂将吏士往奔虏营。会天大风,超令十人持鼓藏虏舍后,约
曰:"见火燃,皆当鸣鼓大呼。余人悉持兵弩,夹门而伏。"超乃顺风纵
火,前后鼓噪④,虏众惊乱,超手格杀三人,吏兵斩其使及从士三十余
级,余众百许人悉烧死。明日,乃还告郭恂,恂大惊。超于是召鄯善
王广,以虏使首示之,一国震怖。广叩头,"愿属汉,无二志。"遂纳子
为质。还白窦固,固大喜,具上超功效,并求更选使使西域。帝曰:
"吏如班超,何故不遣而更选乎! 今以超为军司马,令遂前功。"

---

① 伊吾卢:在今新疆哈密一带。
② 假司马:武官,军司马副职。从事:将军属吏,文职。
③ 闭:关押。
④ 鼓噪:擂鼓呐喊。

固复使超使于寘(tián)①。是时于寘王广德雄张南道②,而匈奴遣使监护其国。超既至于寘,广德素闻超在鄯善诛灭虏使,大惶恐,即杀匈奴使者而降。于是诸国皆遣子入侍,西域与汉绝六十五载,至是乃复通焉。

纲 秋七月,北匈奴大入云中③。

目 北匈奴大入云中,云中太守廉范拒之。吏以众少,欲移书傍郡求救,范不许。会日暮,范令军士各交缚两炬,三头爇火,营中星列。虏谓汉兵救至,大惊,待旦将退。范令军中蓐(rù)食④,晨,往赴之,斩首数百级,虏自相辚藉⑤,死者千余人,由此不敢向云中。

纲 甲戌,十七年(74),春正月,北海王睦卒。

目 睦少好学,光武及上皆爱之。尝遣中大夫诣京师朝贺⑥,召而谓之曰:"朝廷设问寡人,大夫将何辞以对?"使者曰:"大王忠孝慈仁,敬贤乐士,臣敢不以实对!"睦曰:"吁,子危我哉! 此乃孤幼时进趋之行也⑦。大夫具对以孤袭爵以来,志意衰惰,声色是娱,犬马是好,乃为相爱耳。"其智虑畏慎如此。

纲 白狼等国入贡。

---

① 于寘:西域国名,治今新疆和田市。
② 雄张:嚣张横行。
③ 云中:郡名,治今内蒙古托克托县。
④ 蓐食:早晨在床席上进餐,谓早餐时间很早。
⑤ 辚藉:辗轧,践踏。
⑥ 中大夫:王国职官,掌侍从应对。
⑦ 进趋:努力向上。

目益州刺史朱辅宣示汉德，威怀远夷，自汶山以西①，前世所不至，正朔所未加，白狼、槃(pán)木等百余国②，皆举种称臣奉贡。

纲夏五月，百官上寿。

目公卿百官以威德怀远，祥物显应，并集朝堂，奉觞上寿。制曰："天生神物，以应王者，远人慕化，实由有德，朕以虚薄，何以享斯！唯高祖、光武圣德所被，不敢有辞，其敬举觞，太常择吉日，策告宗庙。"仍推恩赐民爵及粟有差。

〔自西汉末中断的汉与西域交通得到恢复〕

纲冬十一月，窦固等击车师，降之，复置西域都护、戊己校尉③。

纲乙亥，十八年(75)，春二月，窦固军还。

纲北匈奴击车师后王安得，杀之，遂攻戊校尉耿恭。恭击却之。

目北单于遣左鹿蠡王率二万骑击车师，耿恭遣司马将兵三百人救之，皆为所杀，匈奴遂破杀车师后王安得而攻金蒲城④。恭以毒药傅矢，语匈奴曰："汉家箭神，其中疮者必有异⑤。"虏中矢者，视创，皆沸，大惊。会天暴风雨，随雨击之，杀伤甚众。匈奴震怖，相谓曰："汉兵神，真可畏也！"遂解去。

---

① 汶山：西汉武帝时置汶山郡，治今四川茂县北，宣帝时省为蜀郡北部都尉。
② 白狼、槃木：蜀郡境外西部的少数部族。
③ 戊己校尉：掌西域屯田事务的武官。
④ 金蒲城：在今新疆吉木萨尔县北。
⑤ 疮：创伤。

纲 夏六月,有星孛于太微①。

纲 秋八月,帝崩。

目 帝崩于东宫前殿,年四十八。帝遵奉建武制度,无所变更,后妃之家
　不得封侯与政。馆陶公主为子求郎,不许,而赐钱千万,谓群臣曰:
　"郎官上应列宿②,出宰百里,苟非其人,则民受其殃,是以难之。"公
　车以反支日不受章奏③,帝闻而怪曰:"民废农桑,远来诣阙,而复拘
　以禁忌,岂为政之意乎!"于是遂蠲(juān)其制④。是以吏得其人,民
　乐其业,远近畏服,户口滋殖焉。

纲 太子炟即位,尊皇后曰皇太后。葬显节陵⑤。

纲 冬十月,以赵憙(xǐ)为太傅,牟融为太尉,并录尚书事⑥。

纲 十一月,以第五伦为司空。

目 伦为蜀郡太守,在郡公清⑦,所举吏多得其人,故帝自远郡用之。

纲 西域攻没都护陈睦,北匈奴围己校尉关宠。车师叛,与匈奴共围耿
　恭。诏酒泉太守段彭将兵救之⑧。

―――――――――

① 太微:星官名。
② 郎官:侍郎、郎中等职,主更直宿卫,出充车骑。
③ 公车:负责接收章奏的机构。反支日:古术数星命之说,以反支日为禁忌之日。
④ 蠲:废除。
⑤ 显节陵:明帝陵,在今河南偃师市境。
⑥ 录:总领。
⑦ 公清:清廉无私。
⑧ 酒泉:郡名,治今甘肃酒泉市肃州区。

目 焉耆、龟兹攻没都护陈睦①，北匈奴围关宠于柳中城②。会中国有大丧③，救兵不至，车师复叛，与匈奴共攻耿恭。恭率士众御之，数月，食尽穷困，乃煮铠弩，食其筋革。恭与士卒推诚同死生，故皆无二心，而稍稍死亡，余数十人。单于知恭已困，欲必降之，遣使招恭。恭诱其使上城，手击杀之，委诸城上。单于大怒，更益兵围恭，不能下。关宠上书求救，帝遣征西将军耿秉屯酒泉，行太守事，遣酒泉太守段彭与谒者王蒙、皇甫援发张掖、酒泉、敦煌三郡及鄯善兵④，合七千余人以救之。

纲 是月晦，日食。

纲 以马廖为卫尉，防为中郎将，光为越骑校尉⑤。

目 太后兄弟终明帝世未尝改官。帝以廖为卫尉，防为中郎将，光为越骑校尉。廖等倾身交结，冠盖之士争赴趣之⑥。

纲 大旱。

肃宗孝章皇帝

纲 丙子，肃宗孝章皇帝建初元年（76），春正月，诏廪赡饥民。

---

① 焉耆：西域国名，治今新疆焉耆县。
② 柳中城：在今新疆鄯善县西南。
③ 大丧：指明帝之丧。
④ 张掖：郡名，治今甘肃张掖市。
⑤ 越骑校尉：掌宿卫兵。
⑥ 冠盖：官吏的官帽和车盖，用以称达官贵人。趣：趋向。

〔明、章二帝统治作风不同，前者苛切，后者宽厚〕

纲 诏二千石劝农桑①，慎选举，顺时令，理冤狱。

目 时承永平故事，吏政尚严切②。尚书陈宠以帝新即位，宜改前世苛俗，乃上疏曰："臣闻先王之政，赏不僭③，刑不滥，与其不得已，宁僭无滥。往者断狱严明，所以威惩奸慝。奸慝既平，必宜济之以宽。夫为政犹张琴瑟，大弦急者小弦绝。陛下宜隆先王之道，涤荡烦苛之法，以济群生，全广至德。"帝深纳宠言，每事务于宽厚。

第五伦亦上疏曰："光武承王莽之余，颇以严猛为政，后代因之，遂成风俗。郡国所举，类多办职俗吏，殊未有宽博之选，以应上求者也。陈留令刘豫、冠军令驷协④，并以刻薄之资，务为严苦，吏民愁怨，莫不疾之，而议者反以为能，违天心，失经义。非徒应坐豫、协⑤，亦宜遣举者，务进仁贤以任时政，不过数人，则风俗自化矣。"上善之。伦虽天性峭直⑥，然常疾俗吏苛刻，论议每依宽厚云。

纲 关宠败没。段彭击车师，匈奴走，车师复降。罢都护及戊、己校尉官。班超留屯疏勒⑦。

---

① 二千石：太守通称。
② 严切：严厉急切。
③ 僭：过分。
④ 陈留：县名，今河南开封市祥符区。冠军：县名，今河南邓州市。
⑤ 坐：判罪。
⑥ 峭直：严峻刚正。
⑦ 疏勒：西域国名，治今新疆疏勒县。

纲 八月,有星孛于天市①。

纲 丁丑,二年(77),夏四月,大旱。

目 上欲封爵诸舅,太后不听。会大旱,言事者以为不封外戚故。太后诏曰:"王氏五侯同日俱封,黄雾四塞,不闻澍雨之应。夫外戚贵盛,鲜不倾覆,故先帝防慎舅氏,不令在枢机之位,又言'我子不当与先帝子等',今有司奈何欲以马氏比阴氏乎!"帝省诏悲叹,复重请之。太后曰:"常观富贵之家,禄位重叠,犹再实之木,其根必伤。吾计之熟矣,勿有疑也!夫至孝之行,安亲为上。今数遭变异,谷价数倍,忧惶昼夜,不安坐卧,而欲先营外家之封,违慈母之拳拳乎!若阴阳调和,边境清静,然后行子之志,吾但当含饴弄孙,不能复关政矣。"

马廖上疏曰:"昔元帝罢服官②,成帝御浣衣③,哀帝去乐府,然而侈费不息,至于衰乱者,百姓从行不从言也。夫改政移风,必有其本。传曰:'吴王好剑客,百姓多创瘢。楚王好细腰,宫中多饿死。'长安语曰:'城中好高结④,四方高一尺。城中好广眉,四方且半额。城中好大袖,四方全匹帛。'斯言如戏,有切事实。前下制度未几,后稍不行,虽或吏不奉法,良由慢起京师⑤。"太后深纳之。

纲 戊寅,三年(78),春三月,立贵人窦氏为皇后。

---

① 天市:星名。
② 服官:也称三服官,因供应春夏冬三季衣服而得名。
③ 浣衣:多次洗过的衣服,指旧衣。
④ 结:在头顶或脑后盘成各种形状的发髻。
⑤ 慢:轻忽。

纲 己卯,四年(79),夏四月,立子庆为皇太子。

纲 五月,封马廖等为列侯,以特进就第。

目 有司请封诸舅,帝以天下丰稔,方垂无事①,从之。太后闻之曰:"吾少壮时,但慕竹帛②,志不顾命。今虽已老,犹戒之在得,故日夜惕厉③,思自降损。何意老志不从,万年之日长恨矣④!"廖等辞让,不许,乃受爵而辞位,许之,皆以特进就第。

纲 六月,皇太后马氏崩。秋七月,葬明德皇后⑤。

〔召开白虎观会议,意图统一经今古文两派意见〕

纲 冬十一月,诏诸儒会白虎观⑥,议五经同异。

目 杨终言:"章句之徒,破坏大体,宜如宣帝石渠故事⑦,永为后世则。"诏太常:"将、大夫、博士、郎官及诸儒会白虎观,议五经同异。"帝亲称制临决,作《白虎议奏》,丁鸿、楼望、成封、桓郁、班固、贾逵及广平王羡皆与。固,超之兄也。

纲 庚辰,五年(80),春二月朔,日食。举直言极谏⑧。

————————

① 方垂:边陲。"垂"同"陲"。
② 慕竹帛:慕古人书名竹帛,即垂名后世。
③ 惕厉:因心存恐惧而警惕,指修身自省。
④ 万年之日:死亡的日子。
⑤ 明德皇后:即马皇太后。
⑥ 白虎观:汉宫观名。
⑦ 石渠故事:宣帝甘露三年诏诸儒讲五经异同于石渠阁。
⑧ 直言极谏:汉代选拔官员的科目,指能以正直的言论谏净。

目诏:"所举以岩穴为先①,勿取浮华。"

纲夏五月,以直言士补外官②。

目诏曰:"朕思迟(zhì)直士③,侧席异闻④,其先至者,各已发愤吐懑,略闻子大夫之志矣。皆欲置于左右,顾问省纳。建武诏书又曰:'尧试臣以职,不直以言语笔札。'今外官多旷,并可以补任。"

纲辛巳,六年(81),秋七月,以廉范为蜀郡太守。

目成都民物丰盛,邑宇逼侧⑤,旧制,禁民夜作以防火灾,而更相隐蔽,烧者日属。范乃毁削先令,但严使储水而已。百姓以为便,歌之曰:"廉叔度⑥,来何暮! 不禁火,民安作。昔无襦⑦,今五袴。"

纲壬午,七年(82),夏六月,废太子庆为清河王⑧,立子肇为皇太子。

目初,帝纳扶风宋杨二女为贵人,大贵人生太子庆。梁竦二女亦为贵人,小贵人生皇子肇。窦皇后无子,养肇为子,谋陷宋氏,诬言欲为厌胜之术⑨,乃废庆为清河王,以肇为皇太子。出宋贵人,使小黄门蔡伦案之⑩,皆饮药自杀。庆时虽幼,亦知避嫌畏祸,言不敢及宋氏。

---

① 岩穴:指岩穴之士,隐士。
② 外官:地方官。
③ 迟:想望。
④ 侧席:表示尊敬,不敢正坐。
⑤ 逼侧:相迫近。
⑥ 叔度:廉范字。
⑦ 襦:短衣。
⑧ 清河:王国名,治今山东临清市。
⑨ 厌胜:巫术,谓能以诅咒制胜,压服人或物。
⑩ 案:查办。

帝更怜之,敕皇后令衣服与太子齐等。太子亦亲爱庆,入则同室,出则同舆。

纲 秋八月,东平王苍归国。

目 有司复奏遣苍归国,手诏苍曰:"骨肉天性,诚不以远近为亲疏,然数见颜色①,情重昔时。念王久劳,思得还休,欲署大鸿胪奏,不忍下笔,顾授小黄门,中心恋恋,恻然不能言。"于是车驾祖送②,流涕而诀。

纲 癸未,八年(83),春正月,下梁竦狱,杀之。

目 太子肇之立也,梁氏私相庆,皇后以是忌梁贵人,数谮之。诸窦遂作飞书,陷竦以恶逆,竦死狱中,家徙九真③,两贵人皆以忧死。

纲 马廖、马防有罪,免官就国④。

目 马廖谨笃自守,而性宽缓,不能教敕子弟,皆骄奢不谨。杨终与廖书戒之,廖不能从。防、光大起第观,食客常数百人。防又多牧马畜,赋敛羌、胡,帝数加谴敕,禁遏甚备。由是权势稍损,宾客亦衰。廖子豫投书怨诽,于是有司并奏防、光兄弟,悉免就国。光比防稍为谨密,帝特留之,后复有诏还廖京师。

诸马既得罪,窦氏益贵盛。皇后兄宪、弟笃喜交通宾客。第五伦上疏

---

① 颜色:面容、脸色。
② 祖送:饯行。
③ 九真:郡名,治今越南清化市。
④ 就国:前往自己封国久住。

曰:"窦宪椒房之亲,典司禁兵,出入省闼①,诸出入贵戚者,类多瑕衅禁锢之人,尤少守约安贫之节,更相贩卖,云集其门,盖骄佚所从生也。三辅论议者,至云'以贵戚废锢,当复以贵戚浣濯之②,犹解酲(chéng)当以酒也③。'臣愚愿陛下、中宫严敕宪等,闭门自守,无妄交通士大夫,防其未萌,令宪永保福禄,此臣之所至愿也!"宪以贱直请夺沁水公主园田④,主逼畏不敢计。后帝出过园,指以问宪,宪阴喝不得对⑤。后发觉,帝大怒,召宪切责曰:"深思前过夺主田园时,何用愈赵高指鹿为马!久念使人惊怖,贵主尚见枉夺,况小民哉!国家弃宪,如孤雏、腐鼠耳!"宪大惧,皇后为毁服深谢⑥,良久乃得解,使以田还主。

纲 下雒阳令周纡狱,寻赦出之。

目 周纡为雒阳令,下车,先问大姓主名。吏数闾里豪强以对⑦。纡厉声曰:"本问贵戚若马、窦等辈,岂能知卖菜佣乎!"于是部吏争以激切为事,贵戚跼蹐(jú jí)⑧,京师肃清。窦笃夜至止奸亭,亭长拔剑肆詈(lì)。诏遣剑戟士收纡,送廷尉诏狱⑨,数日贳(shì)出之⑩。

───────────

① 省闼:禁省之门。
② 浣濯:洗雪耻辱、过恶。
③ 酲:酒醉后神志不清。
④ 直:通"值",价格。
⑤ 阴喝:语塞不能对答。一说暗中喝止。
⑥ 毁服:降低服饰等级表示自责。
⑦ 闾里:乡里,泛指民间。
⑧ 跼蹐:局促不安。
⑨ 诏狱:奉诏囚禁犯人的监狱。
⑩ 贳:赦免。

纲 以班超为西域将兵长史①。

目 帝拜班超为将兵长史,以徐幹为军司马,别遣卫候李邑护送乌孙使
者②。邑到于寘不敢前,因上书陈西域之功不可成,又盛毁超:"拥
爱妻,抱爱子,安乐外国,无内顾心。"超闻之叹曰:"身非曾参而有
三至之谗,恐见疑于当时矣!"遂去其妻。帝知超忠,乃切责邑,令
诣超受节度,超即遣邑将乌孙侍子还京师。幹谓超曰:"邑前毁君,
欲败西域,今何不缘诏书留之,更遣他吏送侍子乎?"超曰:"是何言
之陋也!以邑毁超,故今遣之,内省不疚,何恤人言③!快意留之,
非忠臣也。"

纲 甲申,元和元年(84),夏六月,诏议贡举法。

目 陈事者多言:"郡国贡举,率非功次④,故守职益懈,而吏事寖疏。"诏
公卿朝臣议。大鸿胪韦彪曰:"夫国以简贤为务,贤以孝行为首,是以
'求忠臣必于孝子之门。'夫人才行少能相兼,是以'孟公绰优于赵、
魏老⑤,不可以为滕、薛大夫。'忠孝之人,持心近厚;锻炼之吏⑥,持心
近薄。士宜以才行为先,不可纯以阀阅⑦。然其要归,在于选二千
石。二千石贤,则贡举皆得其人矣。"帝纳之。

---

① 将兵长史:设于边郡的郡级政区最高武官。
② 卫候:武职,属卫尉。
③ 恤:忧念。
④ 功次:指功绩的大小、官阶升迁的先后顺序。
⑤ 老:家臣。
⑥ 锻炼:枉法陷人于罪。
⑦ 阀阅:功劳资历。

纲 秋八月,帝南巡。冬十月,至宛①,以朱晖为尚书仆射②。

目 晖尝为临淮太守,有善政,民歌之曰:"强直自遂③,南阳朱季,吏畏其威,民怀其惠。"时坐法免,家居,故上召而用之。后尚书张林上言:"县官经用不足④,宜自煮盐,修均输法。"晖曰:"《王制》:'天子不言有无,诸侯不言多寡,食禄之家不得与百姓争利。'均输之法,与贾贩无异,盐利归官,则下民穷愁,诚非明主所宜行。"帝怒,切责诸尚书,晖等皆自系狱。三日,诏敕出之,曰:"国家乐闻驳议,黄发无愆(qiān)⑤,诏书过耳,何故自系!"

纲 十一月,还宫。

纲 以孔僖为兰台令史⑥。

目 鲁国孔僖、涿郡崔骃(yīn)同游太学,相与论"武帝始崇圣道,号胜文、景,及后恣己,忘其前善"。邻房生上书,告骃、僖诽谤先帝,刺讥当世。事下有司,僖以书自讼曰:"凡言诽谤者,谓实无此事而虚加诬之也。至如孝武皇帝,政之美恶,显在汉史,是为直说书传实事,非虚谤也。陛下即位以来,政教未过,德泽有加,臣等独何讥刺哉!假使所非实是,则固应悛(quān)改,傥其不当,亦宜含容,又何罪焉!齐桓公亲扬其先君之恶以唱管仲,然后群臣得尽其心。今陛下乃欲为十世

---

① 宛:县名,今河南南阳市。
② 尚书仆射:尚书台副长官。
③ 强直自遂:指刚正而自行其意,不为人所动摇。
④ 县官:朝廷,天子。
⑤ 黄发:指老人。愆:罪过,过失。
⑥ 兰台令史:属御史台,掌书劾奏及印工、文书。

之武帝远讳实事①,岂不与桓公异哉! 谨诣阙伏待重诛。"书奏,诏勿问,拜僖兰台令史。

纲 赐毛义、郑均谷各千斛。

目 庐江毛义②,东平郑均,皆以行义称于乡里。南阳张奉慕义名,往候之,坐定而府檄适至,以义守安阳令③。义奉檄而入④,喜动颜色。奉心贱之,辞去。后义母死,征辟皆不至⑤,奉乃叹曰:"贤者固不可测。往日之喜,乃为亲屈也。"

均兄为县令,颇受礼遗⑥,均谏不听,乃脱身为佣,岁余得钱帛归,以与兄曰:"物尽可复得,为吏坐赃,终身捐弃。"兄感其言,遂为廉洁。均仕为尚书,免归。帝下诏褒宠义、均,赐米各千斛。

纲 乙酉,二年(85),春正月,诏戒俗吏矫饰者。

目 诏曰:"俗吏矫饰外貌,似是而非,朕甚厌之,甚苦之! 安静之吏,悃愊(kǔn bì)无华⑦,日计不足,月计有余。如襄城令刘方⑧,吏民同声谓之不烦,虽未有他异,斯亦殆近之矣! 夫以苛为察,以刻为明,以轻为德,以重为威,四者或兴,则下有怨心。吾诏书数下,冠盖接道,而吏不加治,民或失职,其咎安在? 勉思旧令,称朕意焉!"

---

① 十世:武帝至章帝共十世。
② 庐江:郡名,治今安徽庐江县。
③ 安阳:县名,今河南正阳县。
④ 奉:同"捧"。
⑤ 征辟:征召为官,朝廷召之称征,三公以下召之称辟。
⑥ 礼遗:馈赠之物。
⑦ 悃愊:至诚。
⑧ 襄城:县名,今河南襄城县。

纲二月,帝东巡。

目帝之为太子也,受《书》于汝南张酺(pú)。至是东巡,酺为东郡太守,帝幸东郡,引酺及门生、掾、吏会庭中,先备弟子之仪,使酺讲《尚书》一篇,然后修君臣之礼。行过任城①,幸郑均舍,赐尚书禄以终其身,时人号为"白衣尚书"。

纲耕于定陶。柴告岱宗②,宗祀明堂。三月,至鲁,祀孔子。

目帝祀孔子及七十二弟子于阙里③,作六代之乐④,大会孔氏男子六十二人。帝谓孔僖曰:"今日之会,宁于卿宗有光荣乎?"对曰:"臣闻明王圣主,莫不尊师贵道。今陛下亲屈万乘,辱临敝里,此乃崇礼先师,增辉圣德,非臣家之私荣也!"帝大笑曰:"非圣者子孙,焉有斯言乎!"拜僖郎中。

纲夏四月,还宫,假于祖祢(nǐ)⑤。

纲丙戌,三年(86),夏五月,司空伦罢。

目第五伦以老病乞身⑥,赐策罢,以二千石俸终其身。伦奉公尽节,言事无所依违。性质悫(què)⑦,少文采,在位以贞白称。或问伦曰:"公有私乎?"对曰:"昔人有与吾千里马者,吾虽不受,每三公有所选举,心

---

① 任城:县名,今山东济宁市。
② 柴告:祭祀之一种,燔柴祷告。
③ 阙里:孔子故里,在今山东曲阜市。
④ 六代:黄帝、尧、舜、禹、汤、武。
⑤ 假:至。祖祢:祖庙与父庙。
⑥ 乞身:辞官。
⑦ 悫:恭谨朴实。

不能忘,而亦终不用也。吾兄子病,一夜十往,退而安寝;吾子有疾,虽不省视,而竟夕不眠。若是者,岂可谓无私乎。"

纲 诏侍中曹褒定汉礼。

目 博士曹褒请著汉礼,班固以为"宜广集诸儒,共议得失"。帝曰:"谚言:'作舍道边,三年不成。'会礼之家,名为聚讼①,互生疑异,笔不得下。昔尧作《大章》,一夔足矣②。"乃拜褒侍中,授以叔孙通《汉仪》十二篇,曰:"此制散略,多不合经,今宜依礼条正,使可施行。"

纲 丁亥,章和元年(87),秋,改元。

目 是时屡有嘉瑞,言者咸以为美,遂诏改元章和。太尉掾何敞独恶之,谓宋由、袁安曰:"夫瑞应依德而至,灾异缘政而生。今异鸟翔于殿屋,怪草生于庭际,不可不察!"由、安惧,不敢答。

纲 八月晦,日食。

纲 曹褒奏所撰制度。

目 曹褒依准旧典,杂以五经、谶记之文,撰次天子至于庶人冠、婚、吉、凶终始制度,凡百五十篇,奏之。帝以众论难一,故但纳之,不复令有司平奏③。

纲 戊子,二年(88),春正月,帝崩。

目 年三十一。遗诏:"无起寝庙,一如先帝法制。"

---

① 聚讼:相争不定。
② 大章:尧乐名。夔:尧舜时乐官。
③ 平奏:辨析明白而后上奏。

纲太子肇即位,尊皇后曰皇太后。

纲三月,葬敬陵①。

〔窦氏成为东汉首个专权的外戚家族〕

纲太后临朝。

目窦宪以侍中内干机密,出宣诏命,弟笃、景、瓌皆在亲要②。崔骃以书戒宪曰:"传曰:'生而富者骄,生而贵者傲。'生富贵而能不骄傲者,未之有也。昔冯野王称为贤臣,近阴卫尉克己复礼,终受多福。外戚所以获讥于时,垂愆于后者,盖在满而不挹(yì)③,位有余而仁不足。汉兴,外家二十,保族全身,四人而已。《书》曰'鉴于有殷',可不慎哉!"

纲冬十月,侍中窦宪杀都乡侯畅④。太后以宪为车骑将军,使击北匈奴以赎罪。

目都乡侯畅来吊国忧,太后数召见之,窦宪惧畅分宫省之权,遣客刺杀畅于屯卫之中,而归罪于畅弟刚,使侍御史与青州刺史杂考之。尚书韩棱以为贼在京师,不宜舍近问远,恐为奸臣所笑。何敞请独奏案之,于是推举,具得事实。太后怒,闭宪于内宫。宪惧诛,因自求击匈奴以赎死,乃以宪为车骑将军,执金吾耿秉为副,发兵伐北

---

① 敬陵:章帝陵,在今河南偃师市境。
② 亲要:亲信显要之位。
③ 挹:通"抑",谦退。
④ 都乡:侯国名,属常山郡,今地无考。

匈奴。

孝和皇帝

纲 己丑,孝和皇帝永元元年(89),春,下尚书仆射郅寿吏,寿自杀。

目 窦宪将行,公卿诣朝堂上书谏,以为"匈奴不犯边塞,而无故劳师远涉,损费国用,徼(yāo)功万里①,非社稷之计"。书连上辄寝。袁安、任隗免冠固争,前后十上,众皆危惧,安、隗正色自若。侍御史鲁恭上疏曰:"万民者,天之所生。天爱其所生,犹父母爱其子。一物有不得其所者,则天气为之舛错,况于人乎!故爱民者必有天报。夫戎狄者,四方之异气也,是以圣王之制,羁縻不绝而已②。今匈奴远藏,去塞数千里,而欲乘其虚耗,利其微弱,是非义之所出也。今始征发,而大司农调度不足③,上下相迫,民间之急亦已甚矣。群僚百姓咸曰不可,陛下独奈何以一人之计,弃万人之命,不恤其言乎!"太后不听。

又诏使者为笃、景起邸第。侍御史何敞上疏言:"宜且罢工匠,以忧边恤民。"书奏,不省。

窦宪尝使门生赍书诣尚书仆射郅寿,有所请托,寿送诏狱。上书陈宪骄恣,引王莽以诫国家。又因朝会,厉音正色,讥宪等以伐匈奴、起第宅事。宪怒,陷寿以诽谤,下吏,当诛,减死,徙合浦,未行自杀。

---

① 徼:求取。
② 羁縻:笼络、怀柔。
③ 大司农:列卿之一,掌国家财政。

〔窦宪击破匈奴，勒石燕然〕

纲 夏六月，窦宪击北匈奴，大破之，登燕然山①，刻石勒功而还②。

目 窦宪、耿秉出朔方塞③，与北单于战于稽落山④，大破之，斩获甚众，降二十余万人。出塞三千余里，登燕然山，命中护军班固刻石勒功⑤，纪汉威德而还。

纲 秋七月，会稽山崩。

〔窦宪为大将军〕

纲 九月，以窦宪为大将军。

目 窦氏兄弟骄纵，尚书何敞上封事曰⑥："爱而不教，终至凶戾，犹饥而食之以毒，适所以害之也。伏见大将军宪兄弟专朝，虐用百姓，奢侈僭偪，诛戮无罪。臣敞区区，诚不欲上令皇太后损文母之号⑦，陛下有誓泉之讥⑧，下使宪等得长保其福祐。"宪乃白出敞为济南太傅。

纲 大水。

----

① 燕然山：今蒙古国杭爱山。
② 勒功：把记功文字刻在石上。
③ 朔方：郡名，治今内蒙古磴口县。
④ 稽落山：今蒙古国额布根山。
⑤ 中护军：大将军出征，置中护军一人。
⑥ 封事：密封的奏章。
⑦ 文母：文德之母。对后妃的称颂。
⑧ 誓泉之讥：郑庄公立誓与母亲不到黄泉不相见，用以批评不善处理与母亲的关系。

[北匈奴远徙,匈奴对中原王朝的威胁最终解除]

纲辛卯,三年(91),春二月,窦宪遣兵击北匈奴于金微山①,大破之。

目窦宪以北匈奴微弱,欲遂灭之,遣左校尉耿夔围北单于于金微山,大破之。出塞五千余里而还,自汉出师,所未尝至也。

纲窦宪杀尚书仆射乐恢。

目窦宪以耿夔、任尚为爪牙,邓叠、郭璜为心腹,班固、傅毅典文章,刺史、守、令多出其门,赋敛吏民,共为赂遗。尚书仆射乐恢上疏曰:"陛下富于春秋,纂承大业,诸舅不宜干正王室,示天下之私。若上能以义自割,下能以谦自引,则四舅可长保爵土之荣②,而皇太后永无惭负宗庙之忧矣。"书奏,不省。恢乞骸骨③,归。宪风州郡④,迫胁恢饮药死。于是朝臣震慑,无敢违者。袁安以天子幼弱,外戚擅权,每朝会进见,及与公卿言国家事,未尝不暗呜流涕,天子大臣皆恃赖之。

纲壬辰,四年(92),夏六月朔,日食。地震。旱,蝗。

纲大将军窦宪伏诛。

目窦氏父子兄弟充满朝廷,遂谋为逆。帝知其谋,而外臣莫由亲接,以钩盾令郑众谨敏有心几⑤,不事豪党,遂与众定议诛宪。诏执金吾、五

———————

① 金微山:今阿尔泰山。
② 四舅:指窦宪、窦笃、窦景、窦瑰。
③ 乞骸骨:自请退职。
④ 风:暗示。
⑤ 钩盾令:汉代少府属官,掌皇家苑囿,由宦者充任。几:通"机"。

校尉勒兵屯卫南、北宫,闭城门,收宪大将军印绶,与笃、景、瓌皆就
国。选严能相,迫令自杀。

窦氏宗族、宾客皆免归故郡。班固死狱中。固尝著《汉书》,尚未就,
诏固女弟曹寿妻昭踵成之。

〔东汉宦官专权的开始〕

纲以宦者郑众为大长秋①。

目帝策勋班赏,众每辞多受少,帝由是贤之,常与之议论政事,宦官用权
自此始矣。

评外戚宦官交替擅权:

　　东汉和帝以降,出现外戚、宦官交替掌握政权的局面。东汉皇权高
度集中,若昏君幼主在位,少数人便可挟持皇帝,专擅朝政。和帝以下诸
帝,多年幼即位,母后临朝,外戚借此掌权用事。宦官则利用皇帝逐渐成
年,亟欲摆脱外戚、亲理朝政的心理,合谋铲除外戚势力,取而代之。外
戚、宦官轮番执政,拔擢亲旧,排斥异己,导致东汉朝政日益腐败混乱。

纲乙未,七年(95),夏四月朔,日食。秋七月,易阳地裂②。九月,地震。

纲丙申,八年(96),春二月,立贵人阴氏为皇后。夏,蝗。

纲丁酉,九年(97),春三月,陇西地震。夏六月,旱、蝗。除田租及山
泽税。

①　大长秋:宦官,秩二千石,掌奉宣中宫命。
②　易阳:县名,今河北邯郸市永年区。

纲 秋闰八月,皇太后窦氏崩。

目 初,梁贵人既死,宫省事秘,莫有知帝为梁氏出者。舞阴公主子梁扈
奏记三府①,求得申议。太尉张酺言状,帝感恸良久。酺因请追上尊
号,存录诸舅,帝从之。会贵人姊上书自讼,乃知贵人枉殁之状。三
公请奏"贬窦太后尊号,不宜合葬先帝"。帝手诏曰:"窦氏虽不遵法
度,而太后常自减损。朕奉事十年,深惟大义。礼,臣子无贬尊上之
文。恩不忍离,义不忍亏,其勿复议!"

纲 葬章德皇后②。冬十月,追尊梁贵人为恭怀皇太后,葬西陵③。

纲 戊戌,十年(98),夏五月,大水。

纲 冬十二月,以刘恺为郎。

目 初,居巢侯刘般薨④,子恺当嗣,称父遗意,让其弟宪,遁逃十余岁,有
司奏请绝其国。贾逵上书曰:"孔子称:'能以礼让为国乎何有。'有
司不原乐善之心,而绳以循常之法,非所以长克让之风,成含弘之化
也⑤。"诏听宪嗣爵,征恺为郎。

纲 壬寅,十四年(102),夏六月,皇后阴氏废,死。

目 阴后妒忌恚恨。有言后挟巫蛊道者,后坐废,以忧死。

纲 征班超还京师。

---

① 三府:太尉、司徒、司空。
② 章德皇后:即窦太后。
③ 西陵:梁贵人改葬于章帝敬陵之西,称西陵。
④ 居巢:侯国名,今安徽桐城市。
⑤ 含弘:包容博厚。

目班超年老乞归,久之未报,超妹曹大家(gū)上书为超求哀①,帝感其言,乃征超还。八月,至洛阳。九月,卒。

任尚代为都护,谓超曰:"小人猥承君后,任重虑浅,宜有以诲之。"超曰:"塞外吏士,本非孝子顺孙,皆以罪过徙补边屯,而蛮夷怀鸟兽之心,难养易败。今君性严急,水清无大鱼,察政不得下和②,宜荡佚简易③,宽小过,总大纲而已。"超去后,尚私谓所亲曰:"我以班君当有奇策,今所言平平耳。"尚后竟失边和,如超言。

纲冬十月,立贵人邓氏为皇后。

目初,邓禹尝谓人曰:"吾将百万之众,未尝妄杀一人,后世必有兴者。"其子训有女曰绥,性孝友,好书传。选入宫为贵人,恭肃小心,动有法度,承事阴后,接抚同列,常克己以下之,虽宫人隶役,皆加恩恤,帝深嘉焉。及为皇后,郡国贡献,悉令禁绝,岁时但供纸墨而已。帝每欲官爵邓氏,后辄哀请谦让,故兄骘(zhì)终帝世不过中郎将。

纲封郑众为鄛(cháo)乡侯④。

目宦者封侯自此始。

纲乙巳,元兴元年(105),冬十二月,帝崩,太子隆即位。

目初,帝失皇子十数,后生者辄隐秘,养于民间,群臣无知者。及帝崩,皇后乃收皇子于民间。太子胜,有痼疾。少子隆,生始百余日,迎立

---

① 曹大家:即班昭。班昭是曹寿之妻,大家是宫中相尊之称。
② 察政:为政苛察严明。
③ 荡佚:宽大舒缓。
④ 鄛乡:属棘阳县,在今河南南阳市境。

以为太子,即位。

纲 尊皇后曰皇太后,太后临朝。

纲 雒阳令王涣卒。

目 涣居身平正,能以明察发摘奸伏,外猛内慈,人皆悦服。至是卒官,百姓莫不流涕,为立祠、作诗,弦歌以祭。太后诏曰:"夫忠良之吏,国家所以为治也,求之甚勤,得之至寡。其以涣子石为郎中。"

孝殇皇帝

纲 丙午,孝殇皇帝延平元年(106),春正月,以张禹为太傅,徐防为太尉,参录尚书事。

目 太后以帝在襁褓,欲令重臣居禁内。乃诏禹舍宫中,五日一归府,每朝见特赞①,与三公绝席。

纲 三月,葬慎陵②。

纲 夏四月,以邓骘为车骑将军、仪同三司③。

纲 秋八月,帝崩。太后迎清河王子祜入即位,太后犹临朝。

纲 九月,大水。葬康陵④。

纲 陨石于陈留。

---

① 特赞:朝见皇帝时,赞拜者先独赞其名。
② 慎陵:和帝陵,在今河南偃师市境。
③ 仪同三司:三司即三公,谓仪制同于三公。
④ 康陵:殇帝陵,在今河南偃师市境。

纲 冬十月,大水,雨雹。十二月,清河王庆卒。

孝安皇帝

纲 丁未,孝安皇帝永初元年(107),春三月,日食。夏四月,封邓骘及弟悝、弘、阊皆为列侯,骘辞不受。

〔东汉中后期,以灾异免三公成为外戚、宦官打压和控制士大夫的手段〕

纲 秋九月,以寇贼、雨水,策免太尉防、司空勤。

目 三公以灾异免自此始。

纲 戊申,二年(108),春正月,邓骘击钟羌①,大败。

纲 夏,旱。五月,太后亲录囚徒。

目 皇太后幸洛阳寺及若卢狱②,录囚徒。洛阳有囚,实不杀人,而被考自诬③,羸困舆见,畏吏不敢言,将去,举头若欲自诉。太后呼还问状,具得枉实,即收令抵罪④。行未还宫,澍雨大降。

纲 六月,大水,大风,雨雹。秋七月,太白入北斗⑤。

〔杨震拒金〕

纲 冬十一月,征邓骘为大将军。

————————

① 钟羌:西羌部落之一,时居牧于今甘肃陇西、岷县一带。
② 寺:衙署。若卢狱:属少府,主审讯亲戚妇女及将相大臣。
③ 考:刑讯。
④ 令:洛阳令。
⑤ 太白:星名,即金星。

目 邓骘在位,颇能推进贤士,荐何熙、李郃等列于朝廷,又辟弘农杨震、巴郡陈禅等置之幕府①,天下称之。震孤贫好学,通达博览,诸儒为之语曰:"关西孔子杨伯起②。"骘闻而辟之,累迁荆州刺史、东莱太守。当之郡,道经昌邑③,故所举荆州茂才王密为令④,夜怀金遗震。震曰:"故人知君,君不知故人,何也?"密曰:"暮夜无知者。"震曰:"天知,地知,我知,子知,何谓无知者!"密愧而出。子孙常疏食、步行,故旧或欲令为开产业,震曰:"使后世称为清白吏子孙,以此遗之,不亦厚乎!"

纲 己酉,三年(109),春正月,京师大饥,民相食。夏四月,令吏民入钱谷,得拜官赐爵有差。冬十二月,并、凉大饥,人相食。

纲 庚戌,四年(110),春正月,诏以凉州牧守子弟为郎。

目 庞参说邓骘"徙边郡不能自存者入居三辅",骘然之,欲弃凉州,并力北边。郎中虞诩言于太尉张禹曰:"若大将军之策,不可者三:先帝开拓土宇,劳而后定,今惮小费,举而弃之,一也。凉州既弃,即以三辅为塞,园陵单外⑤,二也。谚曰:'关西出将,关东出相。'烈士武臣,多出凉州,土风壮猛,便习兵事。今羌、胡所以不敢入据三辅为心腹之害者,以凉州在后故也。凉州士民所以推锋执锐,父死子战,无反顾之心者,为臣属于汉故也。今割而弃之,民庶安土重迁,必引领而怨

① 幕府:本指将帅在外的营帐,后亦泛指军政大吏的府署。
② 伯起:杨震字。
③ 昌邑:县名,今山东巨野县东南。
④ 茂才:即秀才,汉代选拔官员的科目,亦指被推举的士人。
⑤ 园陵:指汉诸帝陵园。单外:孤露于外。

曰:'中国弃我于夷狄!'如卒然起谋,因天下之饥敝,驱氐、羌以为前锋,席卷而东,则函谷以西,园陵旧京,非复汉有,三也。"禹以为然。诩因说禹:"网罗凉土雄杰,引其牧守子弟于朝,外以劝厉答其功勤,内以拘致防其邪计。"禹善其言,更集四府①,皆从诩议。于是辟西州豪杰为掾属,拜牧守长吏子弟为郎,以安慰之。

纲以虞诩为朝歌长②,讨县境群盗,平之。

目邓骘以前议恶虞诩,欲以法中之③。会朝歌贼数千人攻杀长吏,屯聚连年,州郡不能禁,乃以诩为朝歌长。故旧皆吊之,诩笑曰:"事不避难,臣之职也。不遇盘根错节,无以别利器,此乃吾立功之秋也。"及到官,设三科以募壮士,掾吏以下各举所知,攻劫者为上,伤人偷盗者次之,不事家业者为下,收得百余人,贳其罪,使入贼中诱令劫掠,乃伏兵以待之,杀数百人。又潜遣贫人能缝者佣作贼衣,以采线缝其裾④,有出市里者⑤,吏辄禽之。贼于是骇散,县境皆平。

纲甲寅,元初元年(114),春二月,日南地坼(chè)⑥。

目长百余里。

纲夏,旱、蝗。六月,河东地陷。

纲乙卯,二年(115),夏四月,立贵人阎氏为皇后。

---

① 四府:太傅、太尉、司徒、司空府。
② 朝歌:县名,今河南淇县。
③ 中:中伤。
④ 采:同"彩"。
⑤ 市里:街市里巷。
⑥ 日南:郡名,治今越南东河市。

目后性妒忌,后宫李氏生皇子保,后鸩杀李氏。

纲冬,以虞诩为武都太守①。击羌,破之。

目太后闻虞诩有将帅之略,以为武都太守。羌众数千遮诩于陈仓崤
　谷②,诩即停车不进,而宣言上书请兵,须到当发。羌闻之,乃分钞傍
　县③。诩因其兵散,日夜进道,兼行百余里,令吏士各作两灶,日增倍
　之,羌不敢逼。或问曰:"孙膑减灶,而君增之,兵法日行不过三十里,
　而今日且二百里,何也?"诩曰:"虏众多,吾兵少,徐行则易为所及,速
　进则彼所不测。虏见吾灶日增,必谓郡兵来迎,众多行速,必惮追我。
　孙膑见弱,吾今示强,势有不同故也。"既到郡,兵不满三千,而羌众万
　余,攻围赤亭数十日④。诩乃令军中强弩勿发,而潜发小弩。羌以为
　矢力弱,不能至,并力急攻。诩于是使二十强弩共射一人,发无不中,
　羌大震,退。诩因出城奋击,多所伤杀。明日,悉陈其兵众,令从东郭
　门出,北郭门入,贸易衣服⑤,回转数周。羌不知其数,更相恐动。诩
　计贼当退,乃潜遣五百余人于浅水设伏,候其走路,虏果大奔,因掩
　击,大破之,贼由是败散。诩乃占相地势,筑营壁百八十所,招还流
　亡,假赈贫民,开通水运。视事三年,人足家给,一郡遂安。

纲己未,六年(119),冬十二月朔,日食既。地震。

────────────

① 武都:郡名,治今甘肃成县。
② 陈仓:县名,今陕西宝鸡市。崤谷:即大散关,在今宝鸡市西南。
③ 钞:抢掠。
④ 赤亭:属下辩县,在今甘肃成县境。
⑤ 贸易:变易。

纲 豫章芝草生①。

目 豫章有芝草生,太守刘祇欲上之,以问郡人唐檀。檀曰:"方今外戚豪
　盛,君道微弱,斯岂嘉瑞乎!"祇乃止。

王　勇　评注

陈苏镇　审定

---

① 豫章:郡名,治今江西南昌市东湖区。

纲鉴易知录卷二三

卷首语:本卷起汉安帝永宁元年(120),止汉桓帝永兴元年(153),所记为东汉安、顺、冲、质、桓五朝计三十四年史事。安帝至桓帝时,邓氏、阎氏、梁氏外戚与以江京、李闰、孙程等为首的宦官交替擅权。其中梁冀先后册立冲、质、桓三帝,是东汉权力最大也最跋扈的外戚。而反对外戚宦官专权的官员,如杨震、李固、张纲、朱穆等,亦在朝廷上不断出现。

东汉纪

孝安皇帝

纲 庚申,永宁元年(120),夏四月,立子保为皇太子。以杨震为司徒。

纲 辛酉,建光元年(121),春三月,皇太后邓氏崩。封邓骘为上蔡侯①。

目 太后自临朝以来,水旱十载,四夷外侵,盗贼内起,每闻民饥,或达旦不寐,躬自减彻,以救灾厄,故天下复平,岁仍丰穰。然帝已年长,久不还政,颍川杜根尝上书言之,太后大怒,盛以缣囊扑杀之②,载出城外,得苏,逃窜为宜城山中酒家保③,积十五年。平原成翊世亦坐谏太后不归政,抵罪。至是尚书陈忠荐之,帝拜根侍御史,翊世尚书郎。或问根曰:"往者遇祸,何至自苦如此?"根曰:"周旋民间,非绝迹之处,邂逅发露,祸及亲知,故不为也。"

纲 葬和熹皇后。追尊清河孝王曰孝德皇,皇妣曰孝德后。

纲 夏,诏举有道之士④。

目 尚书陈忠以诏书既开谏争,虑言事者必多激切,致不能容,乃上疏豫

————————

① 上蔡:侯国名,今河南上蔡县。
② 缣囊:细绢制成的袋子。
③ 宜城:县名,今湖北宜城市。保:保佣。
④ 有道:汉代选拔官员的科目,指有治道。

广帝意曰："臣闻仁君广山薮之度，纳切直之谋；忠臣尽謇谔之节①，不畏逆耳之害。今明诏引咎克躬，谘访群吏，言者见杜根、成翊世等新蒙表录，显列二台②，必承风响应，争为切直。嘉谋异策，宜辄纳用。如其管穴③，妄有讥刺，虽苦口逆耳，不得事实，且优游宽容，以示圣朝无讳之美。"从之。

纲以薛包为侍中，不拜。

目初，汝南薛包，少有至行，父娶后妻而憎包，分出之。包日夜号泣，不忍去，至被殴扑，不得已，庐于外，旦入洒扫。父怒，又逐之，乃庐于里门，晨昏不废。积岁余，父母惭而还之。及父母亡，弟子求分财异居，包不能止，乃中分其财，奴婢引其老者，曰："与我共事久，若不能使也④。"田庐取其荒顿者，曰："我少时所治，意所恋也。"器物取朽败者，曰："我素所服食，身口所安也。"弟子数破其产，辄复赈给。帝闻其名，令公车征至，拜侍中。包以死自乞，诏赐告归，加礼如毛义。

纲徙封邓骘为罗侯⑤，遣就国，骘自杀。贬平原王翼为都乡侯。

纲以耿宝监羽林车骑⑥。封宋杨四子及宦者江京、李闰皆为列侯。

目帝以耿贵人兄宝监羽林车骑⑦，宋氏封侯，为卿、校、侍中者十余人。

① 謇谔：忠直敢言貌。
② 二台：尚书台、御史台。
③ 管穴：狭隘的识见。
④ 若：你，你们。
⑤ 罗：侯国名，今湖南汨罗市。
⑥ 羽林车骑：宿卫之士。
⑦ 耿贵人：安帝母耿姬。

阎后兄弟显、景、耀并典禁兵。江京、李闰皆为列侯,与中常侍樊丰、刘安、陈达及王圣、圣女伯荣扇动内外①,竞为侈虐,出入宫掖,传通奸赂。司徒杨震上疏曰:"臣闻政以得贤为本,治以去秽为务。方今九德未事②,嬖幸充庭,王圣贱微,得奉圣躬,虽有推燥居湿之勤③,前后赏惠,过报劳苦,而外交属托,损辱清朝。宜速出阿母,令居外舍,断绝伯荣,莫使往来。"帝以疏示圣等,皆忿恚。

纲 秋八月,以刘恺为太尉。

目 居延都尉范邠犯赃罪④,吏议欲增锢二世⑤,刘恺以为"《春秋》之义,善善及子孙,恶恶止其身,所以进人于善也。今以轻从重,惧及善人,非先王祥刑之意也"⑥。诏从之。

纲 壬戌,延光元年(122),秋九月,遣宦者及乳母王圣女伯荣诣甘陵⑦。

目 尚书仆射陈忠上疏曰:"窃闻使者所过,威动郡县,王、侯、二千石至为伯荣独拜车下,修道缮亭,征役无度,赂遗仆从,人数百匹。伯荣之威重于陛下,陛下之柄在于臣妾。昔韩嫣托副车之乘,受驰视之使,江都误为一拜,而嫣受欧刀之诛⑧。臣愿明主严天元之尊⑨,正乾刚之

---

① 中常侍:皇帝近臣,东汉中期以后皆由宦官充任,遂成为宦官的专职。王圣:安帝乳母。
② 九德:具有九德的人。古谓贤人具备九种优良品格。
③ 推燥居湿:把干的地方让给幼儿,自己睡在湿的地方,形容抚育孩子的辛劳。
④ 居延:县名,今内蒙古额济纳旗。
⑤ 锢:禁止参加政治活动或出任官职。
⑥ 祥刑:谓善用刑罚。
⑦ 甘陵:安帝父孝德皇陵墓。
⑧ 江都:指江都易王,汉景帝之子。欧刀:施刑的刀。
⑨ 天元:至高无上。

位,不宜复令女使干错万机①。"书奏,不省。

纲 汝南黄宪卒。

目 汝南太守王龚,政崇温和,好才爱士,以袁阆为功曹②,引进黄宪、陈蕃。宪不屈,蕃就吏③。阆不修异操,蕃性气高明。宪世贫贱,父为牛医。宪年十四,颍川荀淑遇于逆旅④,竦然异之,揖与语,移日不能去⑤,谓曰:"子,吾之师表也。"前见袁阆,未及劳问,逆曰⑥:"子国有颜子,宁识之乎?"阆曰:"见吾叔度耶⑦?"同郡戴良,才高倨傲,而见宪未尝不正容,及归,罔然若有失也。其母问曰:"汝复从牛医儿来耶?"对曰:"良不见叔度,自以为无不及,既睹其人,则瞻之在前,忽然在后,固难得而测矣。"陈蕃、周举常相谓曰:"时月之间,不见黄生,则鄙吝之萌复存乎心矣!"太原郭泰,少游汝南,过袁阆,不宿而退。从宪,累日乃还。或问之,泰曰:"奉高之器⑧,譬之氿(guǐ)滥⑨,虽清而易挹⑩,叔度汪汪⑪,若千顷波,澄之不清,淆之不浊,不可量也。"

纲 癸亥,二年(123),夏四月,封王圣为野王君。

————————

① 干错:干涉。
② 功曹:郡吏,掌吏属任命赏罚,并得以参预郡务。
③ 就吏:就任官吏。
④ 逆旅:客舍。
⑤ 移日:移动日影,表示时间很久。
⑥ 逆:预先。
⑦ 叔度:黄宪字。
⑧ 奉高:袁阆字。
⑨ 氿滥:小泉。
⑩ 挹:以瓢舀取。
⑪ 汪汪:深广貌。

纲以班勇为西域长史①，将兵屯柳中②。

纲冬，以杨震为太尉。

目耿宝荐李闰兄于震曰："李常侍国家所重，欲令公辟其兄，宝唯传上意耳。"震曰："如此则宜有尚书敕。"宝大恨而去。阎显亦荐所亲，震又不从，司空刘授闻而辟之，震益见怨。

纲十二月，地震。

纲聘处士周燮、冯良，不至。

目陈忠荐汝南周燮、南阳冯良学行深纯，隐居不仕。帝以羔币聘之③。燮宗族劝之曰："夫修德立行，所以为国，君独何为守东冈之陂乎④？"燮曰："夫修道者度时而动，动而不时，焉得亨乎！"与良皆自载至近县，称病而还。

纲甲子，三年（124），春二月，帝东巡。三月，还。未入宫，策收太尉震印绶，遣归故郡。震自杀。

目樊丰等愤怨杨震，会赵腾上书指陈得失，帝发怒，欲诛腾。震救之，帝不听，竟杀之。及帝东巡，丰等共谮震云："自赵腾死后，深怀怨怼，且邓氏故吏，有恚恨心。"帝然之。及还京师，便临太学，即其夜遣使者

---

① 西域长史：东汉后期设置的统辖西域诸国之长官，当时无西域都护，以长史代行都护事。
② 柳中：在今新疆鄯善县。
③ 羔币：小羊和帛，古代行聘问时用的礼品。
④ 东冈之陂：谓其躬耕之田。

策收震太尉印绶。震于是柴(zhài)门绝宾客①。丰等复恶之,令耿宝
奏震恚望②。有诏,遣归故郡。至城西夕阳亭,乃慷慨谓其诸子、门
人曰:"死者,士之常分。吾蒙恩居上司,疾奸臣狡猾而不能诛,恶嬖
女倾乱而不能禁,何面目复见日月!"因饮鸩而卒。太仆来历曰:"耿
宝倾侧奸臣,伤害忠良,祸将至矣!"

〔耿宝为大将军〕

纲秋八月,以耿宝为大将军。

纲九月,废太子保为济阴王。

纲是月晦,日食。地震,大水,雨雹。

纲乙丑,四年(125),春二月,帝南巡。三月朔,日食。

纲帝崩于叶(shè)③,还宫发丧。

目帝崩于乘舆④,皇后与阎显兄弟、江京、樊丰等谋,以济阴王在内,恐公
卿立之,乃伪云"帝疾甚",徙御卧车驰归,四日至洛阳。

纲尊皇后曰皇太后,太后临朝。以阎显为车骑将军、仪同三司。迎北乡
侯懿入即位⑤。

---

① 柴:闭塞,阻塞。
② 恚望:怨恨。
③ 叶:县名,今河南叶县。
④ 乘舆:天子乘坐的车子。
⑤ 北乡:在今山东淄博市东北及广饶县南一带,确址无考。

目 太后欲久专国政,贪立幼年,与显等定册①,迎章帝孙济北惠王子北乡侯懿为嗣②。济阴王以废黜,不得上殿亲临梓宫③,悲号不食,内外群僚莫不哀之。

纲 樊丰等下狱死,耿宝自杀,王圣、伯荣徙雁门④。

目 阎显忌樊丰、耿宝,风有司奏贬宝为亭侯⑤,遣就国,宝自杀。丰及谢恽、周广下狱,死。圣母子徙雁门。而以弟景等为卿校,并处权要,威福自由。

纲 葬恭陵⑥。

纲 冬十月,北乡侯薨。

目 阎显白太后,秘不发丧,而更征诸王子,闭宫门,屯兵自守。

纲 十一月,地震。

〔封宦官十九侯〕

纲 中黄门孙程等迎济阴王保入即位⑦。诛阎显等,迁太后于离宫⑧,封程等十九人为列侯。

───────────

① 定册:指大臣等谋立天子。
② 济北:王国名,今山东济南市长清区。
③ 临:哭吊死者。梓宫:皇帝棺材。
④ 雁门:郡名,治今山西朔州市。
⑤ 亭侯:爵位名,食禄于亭的列侯。
⑥ 恭陵:安帝陵,在今河南孟津县境。
⑦ 中黄门:宦官,给事禁中。
⑧ 离宫:帝王在都城之外的宫殿,也泛指皇帝出巡时的住所。

纲改葬故太尉杨震,祠以中牢。

目诏以杨震二子为郎,赠钱百万,以礼改葬。葬日,有大鸟高丈余,集震丧前。郡以状上,帝感震忠直,诏复以中牢具祠之。

孝顺皇帝

纲丙寅,孝顺皇帝永建元年(126),春正月,帝朝太后于东宫。

纲皇太后阎氏崩。二月,葬安思皇后①。

纲秋七月,以来历为车骑将军。

纲下司隶校尉虞诩狱②,寻赦出之,以为尚书仆射。左雄为尚书。

目司隶校尉虞诩到官数月,奏太傅冯石、太尉刘熹,免之,又劾中常侍程璜、陈秉、孟生、李闰等,百官侧目。三公劾诩:“盛夏拘系无辜,为吏民患。”诩上书自讼曰:“法禁者,俗之堤防;刑罚者,民之衔辔(pèi)③。今州曰任郡,郡曰任县,更相委远,百姓怨穷,以苟容为贤,尽节为愚。臣所发举,赃罪非一。三府恐为臣所奏④,遂加诬罪,臣将从史鱼死节,以尸谏耳!”又案中常侍张防,屡寝不报。诩不胜愤,乃自系廷尉,奏言曰:“昔樊丰几亡社稷,今张防复弄威柄,臣不忍与防同朝,谨自系以闻。”书奏,坐论输左校⑤。二日之中,传考四狱。浮阳侯孙程等

---

① 安思皇后:即阎太后。
② 司隶校尉:掌监察朝中百官及京师周边七郡官员,职责与刺史相同,地位则高于刺史。
③ 衔辔:马嚼子和马缰绳。
④ 三府:即三公。
⑤ 输左校:左校,官署名,属将作大匠。输左校即发往左校服劳役。

乞见①,言:"虞诩尽忠,更被拘系;张防赃罪明正,反构忠良。"于是防坐徙边,即赦出诩。程复上疏,云诩有功,语甚激切,帝感悟,征拜议郎,数日迁仆射。

诩上疏曰:"方今公卿以下,类多拱默,至相戒曰:'白璧不可为,容容多后福②。'伏见议郎左雄,有王臣蹇蹇之节③,宜擢在喉舌之官④,必有匡弼之益。"由是拜雄尚书。

纲 丁卯,二年(127),夏六月,追尊李氏为恭愍皇后⑤。

纲 秋七月,聘处士樊英,以为五官中郎将。

目 初,南阳樊英少有学行,隐于壶山之阳,州郡礼请,公卿举贤良、有道⑥,安帝赐策书征,皆不至。是岁,帝复以策书、玄纁(xūn)⑦,备礼征之。英固辞疾笃,不听,英不得已到京,称疾,强舆入殿,犹不能屈。帝乃设坛,赐几、杖,待以师傅之礼,延问得失,拜五官中郎将。数月,英称疾笃,诏以为光禄大夫,赐告归。英初被诏命,众皆以为必不降志。南郡王逸与书,劝使就聘。及后应对,无奇谋深策,谈者失望。河南张楷谓曰:"天下有二道,出与处也。吾前以子之出,能辅是君也,济斯民也,而子始以不訾之身⑧,怒万乘之主,及其享受爵禄,又

---

① 浮阳:侯国名,今河北沧州市。
② 容容:随众附和。
③ 蹇蹇:忠直貌。
④ 喉舌之官:此指尚书。
⑤ 李氏:顺帝母,为阎皇后鸩杀。
⑥ 贤良:汉代选拔官员的科目,指德才兼备。
⑦ 玄纁:黑色和浅红色的布帛,帝王用作延聘贤士的礼品。
⑧ 不訾:形容十分贵重。

不闻匡救之术,进退无所据矣。"

纲 以处士杨厚、黄琼为议郎。

目 时又征广汉杨厚、江夏黄琼①。厚至,豫陈汉有三百五十年之厄以为戒,拜议郎。琼将至,李固以书逆遗之曰:"伯夷隘②,柳下惠不恭。不夷不惠,可否之间,圣贤居身之所珍也。自生民以来,善政少而乱俗多,必待尧舜之君,此为士行其志终无时矣。语曰:'峣(yáo)峣者易缺③,皦(jiǎo)皦者易污④。'盛名之下,其实难副。近鲁阳樊君被征初至⑤,朝廷设坛席,犹待神明,虽无大异,而言行所守,亦无所缺,而毁谤布流,应时折减者,岂非观听望深,声名太盛乎! 是故俗论皆言'处士纯盗虚声',愿先生弘此远谟⑥,令众人叹服,一雪此言耳!"琼至,拜议郎,稍迁尚书仆射,数上疏言事,上颇采用之。

固,郃之子也,少好学。郃为司徒,固改姓名,杖策驱驴,负笈从师⑦,不远千里。每到太学,密入公府定省⑧,不令同业诸生知其为郃子也。

纲 己巳,四年(129),夏五月,桂阳献大珠⑨,还之。

纲 辛未,六年(131),春二月,以沈景为河间相。

---

① 江夏:郡名,治今湖北武汉市新洲区。
② 隘:气量褊狭,见识短浅。
③ 峣峣:形容性格刚直。
④ 皦皦:光明磊落。
⑤ 鲁阳:县名,今河南鲁山县。
⑥ 远谟:深远的谋略。
⑦ 笈:书箱。
⑧ 定省:指探望问候父母或亲长。
⑨ 桂阳:郡名,治今湖南郴州市北湖区。

目 河间王政傲很不奉法①，帝以侍御史沈景有强能，擢为河间相。景
　　到国谒王，王不正服，箕踞殿上②。侍郎赞拜③，景崎不为礼④，问王
　　所在。虎贲曰⑤："是非王邪！"景曰："王不正服，常人何别！今相谒
　　王，岂谒无礼者邪！"王惭而更服，景然后拜，出，请王傅责之曰："前发
　　京师，陛见受诏，以王不恭，使相简督⑥，诸君空受爵禄，曾无训导之
　　义！"因捕诸奸人，奏案其罪，出冤狱百余人。政遂改节，悔过自修。

〔起太学〕

纲 秋九月，起太学。

目 初，安帝薄于艺文⑦，博士不复讲习，朋徒怠散，学舍颓敝，鞠为蔬
　　园⑧。将作大匠翟酺上疏请更修缮，诱进后学，帝从之。

纲 壬申，阳嘉元年（132），春正月，立贵人梁氏为皇后。

目 帝欲立后，而贵人有宠者四人，莫知所建，议欲探筹以定⑨。仆射胡广
　　等谏曰："恃神任筮，不必当贤，就值其人，犹非德选。宜参良家，简求
　　有德，德同以年，年钧以貌⑩，稽之典经，断之圣虑。"帝从之。恭怀皇

① 很：同"狠"。
② 箕踞：一种轻慢、不拘礼节的坐姿。
③ 侍郎：王国侍郎负责赞相及通传教令。
④ 崎：挺立。
⑤ 虎贲：武士之号。
⑥ 简：检查。
⑦ 艺文：六艺群书之概称。
⑧ 鞠：通"鞠"，尽，皆。
⑨ 探筹：抓阄。
⑩ 钧：通"均"，等同。

后弟子乘氏侯商之女①,选为贵人,常特被引御,从容辞曰:"夫阳以博施为德,阴以不专为义。愿陛下思云雨之均泽,小妾得免于罪。"帝由是贤之,立以为后。

纲 夏四月,以梁商为执金吾。

[左雄改制,强调以文取人,最终主导了察举制的发展]

纲 冬,立孝廉限年课试法。

目 尚书令左雄上疏曰:"宁民之道,必在用贤,用贤之道,必存考黜。吏数变易,则下不安业,久于其事,则民服教化。今俗浸雕敝②,巧伪滋萌,典城百里,转动无常,各怀一切③,莫虑长久。臣愚以为守相长吏有显效者,可就增秩,勿移徙,非父母丧,不得去官。"帝诏悉从之,而宦官不便,终不能行。雄又言:"孔子曰'四十不惑',《礼》称'强仕'④。请自今孝廉,年不满四十,不可察举,皆先诣公府,诸生试家法⑤,文吏课笺奏⑥,副之端门⑦,练其虚实。若有茂才、异行,自可不拘年齿。"帝从之,令"郡国举孝廉,限年四十以上,诸生通章句,文吏能笺奏,乃得应选。其有茂才、异行,若颜渊、子奇,不拘年齿"。雄亦公直精明,能审核真伪,决志行之。顷之,胡广出为济阴太守,与诸郡

———————

① 恭怀皇后:和帝母梁贵人。乘氏:侯国名,今山东巨野县西南。
② 彫:通"凋"。
③ 一切:权宜,临时。
④ 强仕:四十岁的代称,语本《礼记·曲礼》"四十曰强而仕"。
⑤ 家法:经学传授的师法。
⑥ 笺奏:书札、奏章。
⑦ 端门:殿中正南门,尚书于此受天下章奏。

守十余人皆坐谬举免黜，唯汝南陈蕃、颍川李膺、下邳陈球等三十余人得拜郎中。自是牧守畏栗，莫敢轻举。迄于永嘉①，察选清平，多得其人。

纲 癸酉，二年(133)，春正月，征郎顗以为郎中，不就。

目 上召郎顗，问以灾异。顗上章曰："三公上应台阶②，下同元首③，政失其道，则寒阴反节。今之在位，竞托高虚，纳累钟之奉④，亡天下之忧，以此消伏灾眚(shěng)⑤，兴致升平，其可得乎!"因条便宜七事："一，园陵火灾，宜念百姓之劳，罢缮修之役；二，立春以后，阴寒失节，宜采纳良臣，以助圣化；三，今年少阳，春旱、夏水，宜务节约；四，去年八月，荧惑出入轩辕⑥，宜简出宫女；五，去冬有白气从西方天苑趋参左足⑦，入玉井⑧，恐有羌寇，宜为备御；六，近者白虹贯日，宜令中外官司，并须立秋然后考事；七，汉兴以来三百二十九岁，于时三期，宜大蠲法令，有所变更。王者之法，譬犹江、河，当使易避而难犯。"书奏，特拜郎中，辞病不就。

纲 封乳母宋娥为山阳君。

目 帝之立也，娥与其谋，故封之。又封梁商子冀为襄邑侯⑨。左雄上封

---

① 永嘉：冲帝年号。
② 台阶：指三台星，古人以为有三公之象。
③ 元首：君主。
④ 钟：古代容量单位，一钟约为六斛四斗(六百四十升)。奉：同"俸"。
⑤ 灾眚：灾异，妖祥。
⑥ 荧惑：火星。轩辕：星座名，在星宿北，共十七星。
⑦ 天苑：星座名。天苑十六星，如环状。参：星宿名，二十八宿之一。
⑧ 玉井：参下四小星名玉井。
⑨ 襄邑：侯国名，今河南睢县。

事曰:"高皇帝约,非有功不侯。不宜追录小恩,亏失大典。"帝不听。

纲 夏四月,京师地震。诏公卿直言,举敦朴之士①。

纲 京师地拆②,诏引敦朴士对策。

目 洛阳宣德亭地拆八十五丈,帝引公卿所举敦朴士对策。李固对曰:"汉兴以来三百余年,贤圣相继十有八主,岂无阿乳之恩,岂无贵爵之宠?然上畏天威,俯案经典,知义不可,故不封也。今宋阿母虽有功勤,但加赏赐,足酬其劳,裂土开国,实乖旧典。闻阿母体性谦虚,必有逊让,陛下宜许其辞国之高,使成万安之福。夫妃、后之家所以少完全者,岂天性当然,但以爵位尊显,颛总权柄,天道恶盈,不知自损,故至颠仆。今梁氏子弟群从,荣显兼加,永平、建初故事,殆不如此。宜令还居黄门之官③,使权去外戚,政归国家。陛下之有尚书,犹天之有北斗,斗为天喉舌,尚书亦为陛下喉舌。斗斟酌元气,运乎四时,尚书出纳王命,赋政四海④。今与陛下共天下者,外则公卿、尚书,内则常侍、黄门,譬犹一门之内,一家之事,安则共其福庆,危则通其祸败。刺史、二千石,外统职事,内受法则。夫表曲者影必邪,源清者流必洁,犹叩树本,百枝皆动也。夫人君之有政,犹水之有堤防。堤防完全,虽遭霖潦,不能为变;政教一立,暂遭凶年,不足为忧。今堤防虽坚,渐有孔穴。譬之一人之身:本朝者,心腹也,州郡者,四支也。心腹痛则四支不举,故臣之所忧,在心腹之疾,

---

① 敦朴:汉代选拔官员的科目,指敦厚朴素。
② 拆:同"坼"。
③ 黄门:宫廷中之禁门。
④ 赋:颁布。

非四支之患也。苟坚堤防,务政教,先安心腹,整理本朝,虽有寇贼、水旱之变,不足介意。不然,则虽无水旱之灾,天下固可忧矣。又宜罢退宦官,去其权重,裁置常侍二人,方直有德者省事左右,小黄门五人,才智闲雅者给事殿中。如此,则论者厌塞,升平可致也。"上览众对,以李固为第一,即时出阿母还舍,诸常侍悉叩头谢罪,朝廷肃然。以固为议郎。

纲 秋七月,太尉庞参免。

目 太尉庞参,在三公中最名忠直,数为左右所毁。司隶乘风按之①,参称疾。后参夫人疾前妻子,杀之,雒阳令奏参罪,竟以灾异免。

[张衡请禁绝图谶]

纲 甲戌,三年(134),夏五月,旱。

目 上露坐德阳殿东厢请雨,问尚书周举以消变之术。举对曰:"臣闻阴阳闭隔,则二气否(pǐ)塞②,风雨不时,水旱成灾。陛下废文帝、光武之法,而循亡秦奢侈之欲,内积怨女,外有旷夫。自枯旱以来,弥历年岁,未闻陛下改过之效,徒劳至尊暴露风尘,诚无益也。宜出后宫不御之女,除太官重膳之费,慎官人,去贪佞。"张衡亦言:"前年京师地震土裂,裂者威分,震者民扰也。愿陛下思惟所以稽古率旧,勿令刑德八柄不由天子③,然后神望允塞,灾消不至矣。"

---

① 乘风:即承风,迎合上官意图。
② 否塞:闭塞不通。
③ 八柄:古代帝王统驭臣下的八种手段,即爵、禄、予、置、生、夺、废、诛。

衡又以中兴之后，儒者争学图纬①，上疏言：“图谶成于哀、平之际，皆虚伪之徒以要世取资，欺罔较然②，莫之纠禁。且律历、卦候、九宫、风角③，数有征效，世莫肯学，而竞称不占之书④，譬犹画工恶图犬马而好作鬼魅，诚以实事难形，而虚伪不穷也！宜收藏图谶，一禁绝之，则朱紫无所眩⑤，典籍无瑕玷矣！”

〔宦官养子袭爵成为定制〕

纲乙亥，四年（135），春二月，初听中官得以养子袭爵⑥。

〔梁商为大将军〕

纲夏四月，以梁商为大将军。

目商少通经传，谦恭好士，辟李固为从事中郎⑦。固以商柔和自守，不能有所整裁，乃奏记曰：“数年以来，灾怪屡见。孔子曰：‘智者见变思形，愚者睹怪讳名。’天道无亲，可为祗畏！诚令王纲一整，道行忠立，明公蹑伯成之高⑧，全不朽之誉，岂与此外戚凡辈耽荣好位者同日而论哉！”商不能用。

---

① 图纬：图谶和纬书。

② 较然：明显貌。

③ 卦候：以《易》卦与节候相配。九宫：术数家所指的九个方位。风角：以五音占四方之风而定吉凶。

④ 占：验证。

⑤ 朱紫：喻是非、善恶。

⑥ 中官：宦官。

⑦ 从事中郎：将军属官，职参谋议。

⑧ 伯成：尧舜时贤人。

纲 秋闰八月朔，日食。冬十二月，地震。

纲 丙子，永和元年（136），冬十二月，以王龚为太尉，以梁冀为河南尹。

纲 丁丑，二年（137），冬十月，帝如长安。征处士法真，不至。

目 扶风法真博通内、外学①，隐居不仕，帝欲致之，四征不屈。友人郭正称之曰："真名可得闻，身难得见。逃名而名我随，避名而名我追，可谓百世之师者矣！"

纲 地震。

纲 十二月，还宫。

纲 戊寅，三年（138），秋九月，诏举武猛任将帅者。

目 初，左雄荐周举为尚书，至是雄为司隶校尉，举冯直任将帅。直尝坐赃受罪，举以此劾奏雄。雄曰："诏书使选武猛，不使选清高。"举曰："诏书使君选武猛，不使君选贪污也！"雄曰："进君，适所以自伐也。"举曰："昔赵宣子任韩厥为司马，而厥戮其仆，宣子谓诸大夫曰：'可贺我矣！'今君不以举之不才，误升诸朝，不敢阿君以为君羞，不寤君之意与宣子殊也。"雄悦，谢曰："是吾过也！"天下益以此贤之。

是时宦官竞卖恩势，唯大长秋良贺清俭退厚。及诏举武猛，贺独无所荐。帝问其故，对曰："臣生自草茅，长于宫掖，既无知人之明，又未尝交知士类。昔卫鞅因景监以见，有识知其不终。今得臣举者，匪荣伊辱②，是以不敢！"

---

① 内、外学：后汉时以谶纬为内学，六经为外学。
② 伊：却是。

〔梁冀为大将军〕

纲辛巳,六年(141),秋八月,大将军梁商卒。以梁冀为大将军,不疑为河南尹①。

纲以周举为谏议大夫。

目初,梁商疾笃,帝亲临幸,问以遗言。对曰:"臣从事中郎周举,清高忠正,可重任也。"由是用之。

纲冬十一月,徙荆州刺史李固为泰山太守②。

目荆州盗起,弥年不定③,以李固为刺史。固到,遣吏劳问境内,赦寇盗前衅,与之更始。于是贼帅自缚归首,固皆原之,遣还相招,半岁间余类悉降。奏南阳太守高赐等赃秽,赐等重赂梁冀,冀为之千里移檄,而固持之愈急,冀遂徙固为泰山太守。时泰山盗贼屯聚历年,郡兵常千人,追讨不能制,固到,悉罢遣归农,但选留任战者百余人,以恩信招诱之,未满岁,贼皆弭散。

纲壬午,汉安元年(142),秋八月,遣八使分行州郡④。

目遣杜乔、周举、周栩、冯羡、栾巴、张纲、郭遵、刘班分行州郡,表贤良,显忠勤,其贪污有罪者,刺史、二千石驿马上之,墨绶以下⑤,便辄收

---

① 不疑:梁冀之弟。
② 泰山:郡名,治今山东泰安市。
③ 弥年:经年。
④ 行:巡察。
⑤ 墨绶:指县令、长。

举。乔等受命之部,张纲独埋其车轮于雒阳都亭,曰:"豺狼当道,安问狐狸!"遂劾奏大将军冀、河南尹不疑无君之心十五事,京师震悚。帝虽知纲言直,不能用也。

纲 以李固为将作大匠。

目 杜乔奏李固政为天下第一,故有是命。

纲 以张纲为广陵太守①。

目 梁冀恨张纲,思有以中伤之。时广陵贼张婴寇乱扬、徐间,积十余年,乃以纲为广陵太守。纲单车径诣婴垒门,婴大惊,走闭垒。纲于门外罢遣吏兵,留十余人,以书喻婴,请与相见。婴乃出拜谒,纲延置上坐,譬之曰:"前后二千石多肆贪暴,故致公等怀愤相聚。二千石信有罪矣,然公所为者又非义也。主上仁圣,欲以文德服叛,故遣太守来,今诚转祸为福之时也!"婴闻,泣下曰:"荒裔愚民,不堪侵枉,相聚偷生,若鱼游釜中,知其不可久,且以喘息须臾间耳! 今闻明府之言,乃婴等更生之辰也!"乃辞还营,明日将所部万余人与妻子面缚归降。论功当封,梁冀遏之。在郡一岁卒。

时二千石长吏有能政者,有雒阳令任峻、冀州刺史苏章、胶东相吴祐。雒阳自王涣之后,皆不称职,峻能选用文武,各尽其用,发奸不旋踵②,民间不畏吏,其威禁猛于涣,而文理政教不如也。章有故人为清河太守。章行部,欲案其奸赃,乃为设酒,甚欢。太守喜曰:"人皆有一天,

---

① 广陵:郡名,治今江苏扬州市。
② 旋踵:掉转脚跟。形容时间短促。

我独有二天!"章曰:"今夕苏孺文与故人饮者①,私恩也;明日冀州刺史案事者,公法也。"遂举正其罪,州境肃然。祐政崇仁简,民不忍欺。啬夫孙性私赋民钱②,市衣以进其父,父得而怒曰:"有君如是,何忍欺之!"促归伏罪。性惭惧自首,具谈父言。祐曰:"掾以亲故,受污秽之名,所谓'观过知仁'矣。"使归谢其父,还以衣遗之。

纲 癸未,二年(143),冬十一月,地震。

目 凉州自九月以来,地百八十震,山谷坼裂,坏败城寺,民压死者甚众。

〔增孝廉为四科〕

纲 增孝廉为四科。

目 尚书令黄琼以左雄所上孝廉之选,专用儒学、文吏,于取士之义犹有所遗,乃奏增孝悌及能从政者为四科,帝从之。

纲 甲申,建康元年(144),夏四月,立皇子炳为太子。

目 太子居承光宫,帝使侍御史种暠监其家。中常侍高梵从中单驾出迎太子,时太傅杜乔等疑不欲从而未决③,暠乃手剑当车曰:"太子,国之储副,人命所系。今常侍来,无诏信,何以知非奸邪?今日有死而已!"梵辞屈,不敢对,驰还奏之。诏报,太子乃得去。乔退而叹息,愧暠临事不惑,帝亦嘉其持重,称善者良久。

---

① 孺文:苏章字。
② 啬夫:乡官,掌听讼,收赋税。
③ 太傅:此指太子太傅。

纲 秋八月,帝崩。太子炳即位。

纲 尊皇后曰皇太后。太后临朝。以李固为太尉,录尚书事。

纲 九月,葬宪陵①。

纲 地震,诏举贤良方正之士策问之②。

目 皇甫规对曰:"陛下摄政之初,拔用忠贞,远近翕然,望见太平,而灾异不息,寇贼纵横,殆以奸臣权重之所致也。其常侍尤无状者,宜亟黜遣,以答天诫。大将军冀、河南尹不疑,亦宜增修谦节,辅以儒术。夫君者,舟也;民者,水也;群臣,乘舟者也;将军兄弟,操楫者也。若能平志毕力,以度元元③,所谓福也,如其怠弛,将沦波涛,可不慎乎!夫德不称禄,犹凿墉之趾以益其高④,岂安固之道哉!"冀忿之,以规为下第,拜郎中,托疾,免归。

纲 冬十月,群盗发宪陵。

孝冲皇帝

纲 乙酉,孝冲皇帝永嘉元年(145),春正月,帝崩。

纲 征清河王蒜及渤海孝王子缵至京师⑤。大将军冀白太后,迎缵入即位,罢蒜归国。

---

① 宪陵:顺帝陵,在今河南孟津县境。
② 贤良方正:汉代选拔官员的科目,指德才兼备。
③ 元元:百姓。
④ 墉:墙。趾:基础。
⑤ 渤海:王国名,治今河北南皮县。

目蒜、缵皆章帝曾孙。蒜为人严重①，动止有法度，公卿皆归心焉。而缵
　　年八岁，李固谓梁冀曰："立帝宜择长年有德，任亲政事者，愿将军审
　　详大计，察周、霍之立文、宣②，戒邓、阎之利幼弱③!"冀不从，与太后
　　定策禁中，迎缵入南宫，即皇帝位。蒜罢归国。

纲葬怀陵④。

目太后委政李固，宦官为恶者一皆斥遣，而梁冀尤疾之。初，顺帝时除
　　官多不以次⑤，固奏免百余人。此等遂作飞章⑥，言固"离间近戚，自
　　隆支党"，冀以白太后，太后不听。

孝质皇帝

纲丙戌，孝质皇帝本初元年(146)，夏四月，诏郡国举明经诣太学⑦，受
　　业者岁满课试，拜官有差。

目自是公卿皆遣子受业，游学增盛，至三万余生。

纲海水溢。

〔梁冀是东汉历史上权力最大也最跋扈的外戚〕

纲闰六月，大将军冀进毒弑帝。白太后，策免太尉固。迎蠡吾侯志入即

---

① 严重：严谨持重。
② 周、霍：周勃、霍光。
③ 邓、阎：邓太后、阎太后。
④ 怀陵：冲帝陵，在今河南孟津县境。
⑤ 次：位次等级。
⑥ 飞章：匿名上章。
⑦ 明经：汉代选拔官员的科目，指精通儒学。

位①，太后犹临朝。

目帝少而聪慧，尝因朝会，目梁冀曰："此跋扈将军也！"冀深恶之，使左右置毒于煮饼以进。帝苦烦甚，召李固。固入前，问，帝曰："食煮饼腹闷，得水尚可活。"冀曰："恐吐，不可饮水。"语未绝而崩。固伏尸号哭，推举侍医②。

议立嗣，固与司徒胡广、司空赵戒先与冀书曰："先世废立，未尝不询访公卿，广求群议，令上应天心，下合众望。国之兴衰，在此一举。"冀乃召百官入议，固、广、戒及大鸿胪杜乔皆以为"清河王蒜明德著闻，又属最尊亲，宜立为嗣"。中常侍曹腾夜往说冀曰："将军秉摄万几，宾客纵横，多有过差。清河严明，若果立，则将军受祸矣！不如立蠡吾侯，富贵可长保也。"冀然其言。明日，重会公卿，冀意气凶凶，广、戒慑惮曰："惟大将军令！"独固、乔守本议。冀厉声曰："罢会！"说太后，策免固。迎蠡吾侯志入南宫即位，时年十五，太后犹临朝政。

纲秋七月，葬静陵③。

纲九月，追尊河间孝王为孝穆皇④，蠡吾先侯曰孝崇皇⑤。冬十月，尊母匽(yǎn)氏为博园贵人。

---

① 蠡吾：侯国名，今河北博野县。
② 推举：劾举推究。
③ 静陵：质帝陵，在今河南省偃师市境。
④ 河间孝王：桓帝祖父。
⑤ 蠡吾先侯：桓帝父。

孝桓皇帝

纲 丁亥,孝桓皇帝建和元年(147),春正月朔,日食。三月,黄龙见谯①。

纲 夏四月,地震。

纲 六月,以杜乔为太尉。

目 自李固之废,内外丧气,群臣侧足而立,唯乔正色无所回挠②,由是朝野皆倚望焉。

纲 秋,论定策功,益封梁冀万三千户,又封其子弟及宦者刘广等皆为列侯。

纲 八月,立皇后梁氏。

纲 九月,地震,策免太尉乔。

纲 冬十一月,贬清河王蒜为尉氏侯,徙桂阳,蒜自杀。下李固、杜乔狱,杀之。

目 宦者唐衡、左悺等共谮杜乔,帝亦怨之。会刘文等谋共立清河王蒜,劫其相谢暠杀之。蒜坐贬爵为尉氏侯,徙桂阳,自杀。梁冀因诬李固、杜乔,云与文交通,收固下狱,固死狱中。冀使人胁杜乔,使自引决,乔不听,收系之,亦死狱中。

纲 己丑,三年(149),夏四月晦,日食。秋八月,有星孛于天市。大水。

---

① 谯:县名,今安徽亳州市谯城区。
② 回挠:屈服。

九月,地再震,山崩。

纲 前朗陵侯相荀淑卒。

目 淑少博学,有高行,李固、李膺等皆师宗之。尝举贤良,对策讥刺贵
幸,梁冀忌之,出为朗陵相。涖事明治,称为"神君"。有子八人,俭、
绲、靖、焘、汪、爽、肃、旉(fū),并有名称,时人谓之"八龙"。颍阴令苑
康更命其里曰高阳里①。

膺性简亢②,唯以淑为师,以同郡陈寔(shí)为友。爽尝谒膺,因为其
御。既还,喜曰:"今日乃得御李君矣!"

寔出单微,同郡钟皓以笃行称,九辟公府,年辈远在寔前,引与为友。
皓为郡功曹,辟司徒府,太守高伦问:"谁可代卿者?"皓曰:"明府欲
必得其人,西门亭长陈寔可。"伦从之。中常侍侯览托伦用吏,寔怀檄
请见曰:"此人不宜用,而览不可违,寔乞从外署,不足以尘明德。"于
是乡论怪其非举③,寔终无所言。伦后被征,乃谓人曰:"吾前为侯常
侍用吏,陈君密持教还,而于外白署。陈君可谓'善则称君,过则称
己'者也。"寔固自引愆,由是天下服其德。后为太丘长④,修德清静,
百姓以安。邻县民归附者,寔辄训导令还本司官。行部⑤,吏虑民有
讼者,白欲禁之。寔曰:"讼以求直,禁之,理将何申!"亦竟无讼者。
以沛相赋敛违法⑥,解印绶去,吏民追思之。

---

① 颍阴:县名,今河南许昌市魏都区。
② 简亢:清高。
③ 乡论:乡里的评论。
④ 太丘:县名,今河南永城市。
⑤ 行部:巡行所属部域。
⑥ 沛相:沛国相。

皓素与淑齐名,膺常叹曰:"荀君清识难尚,钟君至德可师。"皓兄子瑾好学慕古,有退让风,与膺同年,俱有声名。其母,膺之姑也,膺祖太尉修常言:"瑾似我家性,邦有道,不废,邦无道,免于刑戮。"复以膺妹妻之。膺谓瑾曰:"弟何太无皂白邪①!"瑾以白皓。皓曰:"国武子好招人过②,以致怨恶,今岂其时邪!必欲保身全家,尔道为贵。"

纲 庚寅,和平元年(150),春正月,太后归政。二月,崩。三月,帝还北宫。葬顺烈皇后③。封大将军冀妻孙寿为襄城君。

纲 夏五月,尊博园匽贵人曰孝崇后。

纲 辛卯,元嘉元年(151),春正月朔,尚书张陵劾大将军冀罪,诏以俸赎。

目 群臣朝贺,大将军冀带剑入省。尚书张陵叱出,敕羽林、虎贲夺剑④。冀跪谢,陵不应,即劾奏冀,请廷尉论罪。有诏:"以一岁俸赎。"百僚肃然。河南尹不疑尝举陵孝廉,谓曰:"举君,适所以自罚也。"陵曰:"明府不以陵不才,误见擢序⑤,今申公宪以报私恩。"不疑有愧色。不疑好经书,喜待士,冀疾之,转为光禄勋,以其子胤为河南尹。

纲 夏四月,帝微行,至河南尹梁胤府舍。是日大风,拔树,昼昏。

纲 冬十一月,地震,诏举独行之士⑥。

---

① 无皂白:不区别是非。
② 国武子:春秋齐国大夫。招:举。
③ 顺烈皇后:即梁太后。
④ 虎贲:宫中宿卫武士。
⑤ 擢序:提拔叙用。
⑥ 独行:汉代选拔官员的科目,指守正而不依阿于人。

目 涿郡崔寔以独行举，诣公车，称病，不对策，退而论世事，名曰《政论》。

其辞曰："凡天下所以不治者，常由人主承平日久，俗渐敝而不悟，政浸衰而不改。凡为天下者，自非上德，严之则治，宽之则乱。何以明其然也？近孝宣皇帝明于君人之道，审于为政之理，故严刑峻法，破奸轨之胆①，海内清肃，天下密如②，算计见效，优于孝文。及元帝即位，多行宽政，卒以堕损，威权始夺，遂为汉室基祸之主。政道得失，于斯可鉴。故圣人能与世推移，而俗士苦不知变，以为结绳之约，可复治乱秦之绪，干戚之舞③，足以解平城之围。盖为国之法，有似治身，平则致养，疾则攻焉。夫刑罚者，治乱之药石也，德教者，兴平之粱肉也。夫以德教除残，是以粱肉治疾也，以刑罚治平，是以药石供养也。自数世以来，政多恩贷，驭委其辔，马骀其衔④，四牡横奔⑤，皇路险倾⑥，方将拊勒鞬辀（jiàn zhōu）以救之⑦，岂暇鸣和鸾⑧，清节奏哉！昔文帝虽除肉刑，当斩右趾者弃市⑨，笞者往往至死。是文帝以严致平，非以宽致平也。"山阳仲长统尝见其书，叹曰："凡为人主，宜写一通，置之坐侧。"

纲 癸巳，永兴元年（153），秋七月，蝗。

---

① 轨：同"宄"。
② 密如：安定貌。
③ 干戚之舞：操盾、斧的武舞，谓以文德教化服人。
④ 骀：马嚼子脱落。
⑤ 四牡：四匹马拉的车子。
⑥ 皇路：君道，国运。
⑦ 拊勒：将衔勒放入马口，喻严加约束。鞬辀：束住车辕，使车子停止前进。
⑧ 和鸾：系在车上的铃铛。
⑨ 弃市：谓处死刑。

〔太学生刘陶等的政治请愿可视为中国历史上第一次学生运动〕

纲 河溢,民饥,以朱穆为冀州刺史,寻征下狱,输作左校。

目 冀州民饥,流亡数十万户。诏以朱穆为刺史。令长闻穆济河,解印绶去者四十余人。及到,奏劾诸郡贪污者,有至自杀。宦者赵忠丧父归葬,僭为玉匣,穆下郡案验,吏发墓剖棺出之。帝闻,大怒,征穆诣廷尉,输作左校。太学生刘陶等数千人诣阙上书讼穆曰:"中官近习,窃持国柄,手握王爵,口含天宪,运赏则使饿隶富于季孙,呼噏(xī)则令伊、颜化为桀、跖(zhí)①。而穆独亢然不顾身害,非恶荣而好辱,恶生而好死也,徒感王纲之不摄②,惧天网之久失,故竭心怀忧,为上深计。臣愿黥(qíng)首系趾③,代穆校作④。"帝乃赦之。

王　勇 评注

陈苏镇 审定

---

① 伊、颜:伊尹、颜渊。桀、跖:夏桀、盗跖。

② 摄:巩固。

③ 黥首:刑罚名,于额上刺字。系趾:刑罚名,以铁锁系足。

④ 校作:在左校服劳役。

纲鉴易知录卷二四

卷首语:本卷起汉桓帝永寿元年(155),止汉灵帝光和二年(179),所记为东汉后期桓、灵两朝二十五年史事。梁冀被诛除后,宦官权势更炽。清正官员、太学生与外戚逐渐组成反宦官的联合阵线。清正官员、太学生主要采用清议、政治请愿、惩治宦官及其爪牙等措施,同宦官斗争。而在两次党锢之祸后,当时有气节的知识分子被宦官集团摧残殆尽。

东汉纪

孝桓皇帝

纲 乙未,永寿元年(155),秋,南匈奴左薁(yù)鞬台耆等反①,属国都尉张
奂击破②,降之。

目 南匈奴左薁鞬台耆等反,东羌复举种应之③。安定属国都尉张奂初到
职④,壁中唯有二百许人⑤,闻之,即勒兵出。军吏叩头争止之。不
听,遂进屯长城,收兵,遣将王卫招诱东羌,因据龟兹县⑥,使匈奴不
得交通。东羌诸豪遂相率与奂共击薁鞬等,破降之。羌豪遗奂马二
十匹,金鐻(qú)八枚⑦。奂以酒酹(lèi)地曰⑧:"使马如羊,不以入厩,
使金如粟,不以入怀。"悉以还之。前此八部尉率好财货,为羌所患
苦,及奂正身洁己,无不悦服,威化大行。

纲 丙申,二年(156),秋,以韩韶为嬴长⑨。

---

① 左薁鞬:匈奴王号。台耆:王名。
② 属国都尉:管理属国的行政长官。属国,汉代在边郡设立的安置归附部族的行政
区划。
③ 东羌:羌族内徙的一支,当时分布在安定、上郡、北地等郡。
④ 安定属国:治安定郡三水县,今宁夏同心县。
⑤ 壁:军垒。
⑥ 龟兹县:安置龟兹国人来降附者,属上郡。后上郡内徙,县当随迁,或侨置于安定郡
内。
⑦ 金鐻:金制的环状器。
⑧ 酹地:以酒洒地而表示祭奠。
⑨ 嬴:县名,今山东济南市莱芜区。

目公孙举等聚众至三万人,寇青、兖、徐州①,讨之连年,不克。尚书选能治剧者②,以韶为嬴长。贼闻其贤,相戒不入境。流民万余户入县界,韶开仓赈之,主者争不可。韶曰:"长活沟壑之人,而以此伏罪,含笑入地矣。"韶与同郡荀淑、钟皓、陈寔皆尝为县长,以德政称,时人谓之"颍川四长"。

纲戊戌,延熹元年(158),夏五月晦,日食。

目太史令陈授陈③:"日食之变,咎在梁冀。"冀收考授④,死于狱中。帝由是怒冀。

纲己亥,二年(159),秋七月,皇后梁氏崩。葬懿献皇后于懿陵⑤。

〔梁冀伏诛〕

纲八月,大将军梁冀伏诛,太尉胡广、司徒韩縯、司空孙朗皆以罪免为庶人。

目梁氏七侯、三后、六贵人、三大将军,卿、将、尹、校五十七人⑥。冀专擅威柄,凶恣日积,秉政几二十年,以私憾杀人甚众⑦。威行内外,天子拱手。邓香妻宣,生女猛,香卒,宣更适孙寿舅梁纪⑧,寿引猛入掖庭

---

① 兖州:今山东西南及河南东部一带。

② 治剧:处理繁难事务。

③ 太史令:掌编写史书及天时、星历。

④ 收考:拘捕拷问。

⑤ 懿献皇后:即梁皇后。

⑥ 尹:河南尹、京兆尹。校:诸校尉。

⑦ 私憾:私人间的怨恨。

⑧ 孙寿:梁冀妻。

为贵人，冀因认为己女。遣客杀宣，登屋欲入，宣家觉之，驰入白帝。帝大怒，因如厕，独呼小黄门史唐衡问："左右与外舍不相得者谁乎①?"衡对："单超、左悺(guàn)与梁氏有隙，徐璜、具瑗(yuàn)亦忿疾之②。"于是帝呼超、悺入室定议，帝啮超臂出血为盟。冀心疑之，使中黄门张恽入宿，以防其变。瑗收恽，请帝御前殿，使尚书令尹勋持节勒丞、郎以下皆操兵守省閤③，敛诸符节送省中④，使瑗将厩驺(zōu)、虎贲、羽林、都候剑戟士⑤，合千余人，与司隶张彪共围冀第，收大将军印绶。冀、寿皆自杀，悉收梁氏、孙氏，无长少皆弃市。胡广、韩缜、孙朗皆坐阿附，减死免为庶人。故吏宾客免黜者三百余人，朝廷为空。百姓称庆。收冀财货，县官斥卖，合三十余万万，以充王府用，减天下税租之半，散其苑囿，以业穷民⑥。

〔梁氏的覆灭使外戚集团从此失去朝廷主导权〕

纲 立贵人邓氏为皇后，追废梁后为贵人。

〔封宦官五侯〕

纲 封宦者单超等五人为列侯。

目 世谓之"五侯"。

----

① 外舍：指皇后家。
② 忿疾：忿怒憎恶。
③ 省閤：宫门。
④ 省中：宫禁之中。
⑤ 厩驺：主驾车马的骑士。都候：主行夜巡逻的卫士官。
⑥ 业：使立业。

<u>纲</u>以黄琼为太尉。

<u>目</u>时新诛梁冀，天下想望异政。琼首居公位，乃举奏州郡贪污，死徙十余人。辟汝南范滂。滂少厉清节，尝为清诏使，按察冀州，登车揽辔，慨然有澄清天下之志。守令赃污者，皆望风解印绶去，奏权豪之党二十余人。尚书责滂所劾猥多，对曰：“臣闻农夫去草，嘉谷必茂，忠臣除奸，王道以清。”尚书不能诘。

<u>纲</u>征处士徐穉(zhì)、姜肱、袁闳、韦著、李昙，皆不至。

<u>目</u>尚书令陈蕃荐五处士，以安车玄纁征之①，不至。

穉，豫章人。家贫，尝自耕稼，非其力不食，恭俭义让，所居服其德。屡辟，不起。蕃为太守，以礼请署功曹，穉既谒而退。蕃性方峻②，不接宾客，穉来，特设一榻，去则悬之。穉虽不应诸公之辟，然闻其死丧，辄负笈赴吊。常豫炙一鸡，以酒渍绵一两，暴干③，裹之，到家冢隧外④，以水渍绵，白茅藉饭⑤，以鸡置前，酹(zhuì)毕留谒⑥，不见丧主而行。

肱，彭城人⑦，与二弟仲海、季江俱以孝友著闻，常同被而寝。尝俱诣郡，夜遇盗，欲杀之，肱曰：“弟年幼，父母所怜，又未聘娶，愿杀身济弟。”季江曰：“兄年德在前，家之珍宝，国之英俊，乞自受戮，以代兄

----

① 安车：可坐乘的小车。玄纁：黑色和浅红色的布帛，用以延聘贤士的礼物。
② 方峻：方正严峻。
③ 暴：晒。
④ 冢隧：墓道。
⑤ 白茅：植物名，古代常用以包裹祭品。藉：垫，承。
⑥ 酹：祭拜时以酒酹地。谒：名刺，名片。
⑦ 彭城：郡名，治今江苏徐州市云龙区。

命。"盗两释焉,但掠夺衣资而已。既至,郡中见肱无衣服,怪问其故,肱托以他辞,终不言盗。盗闻而感悔,就肱叩头谢罪,还所掠物。肱不受,劳以酒食而遣之。既征不至,诏图其形状。肱卧于幽暗,以被韬面①,言肱疾畏风,工竟不得见。

闳,汝南人,安之玄孙也。苦身修节,以耕学为业。

著,京兆人,隐居讲授。

昙,颍川人。继母酷烈,昙奉之谨。

帝又征安阳魏桓,其乡人劝之行,桓曰:"夫干禄求进②,所以行其志也。今后宫千数,其可损乎? 厩马万匹,其可减乎? 左右权豪,其可去乎?"皆对曰:"不可。"桓乃慨然叹曰:"使桓生行死归,于诸子何有哉!"遂隐身不出。

纲 封皇后兄子邓康、宦者侯览等为列侯,杀白马令李云、弘农掾杜众③。

目 帝既诛梁冀,故旧恩私,多受封爵。封后兄子康、秉皆为列侯,宗族皆列校、郎将,赏赐巨万。侯览上缣(jiān)五千匹,封高乡侯④,又封小黄门八人为乡侯⑤,自是权势专归宦官矣。五侯尤贪纵,倾动内外。时灾异数见,白马令李云露布上书⑥,移副三府⑦,曰:"梁冀虽恃权专擅,虐流天下,今以罪行诛,犹召家臣搤(è)杀之耳,而猥封谋臣万户

---

① 韬:掩藏。
② 干禄:求禄位。
③ 白马:县名,今河南滑县。
④ 高乡:或属防东县,在今山东单县境。
⑤ 乡侯:爵位名,食禄于一县中之乡的列侯。
⑥ 露布:不缄封的文书。
⑦ 副:副本。

以上,高祖闻之,得无见非! 西北列将,得无解体! 帝者,谛也①。今官位错乱,小人谄进,财货公行,政化日损,是帝欲不谛乎!"帝怒,逮云送狱,使管霸考之。弘农掾杜众伤云以忠谏获罪,上书"愿与云同死",帝愈怒,并下之狱,皆死狱中。

纲 冬十月,以宦者单超为车骑将军。

纲 以陈蕃为光禄勋。

纲 以爰(yuán)延为五官中郎将。

目 帝问侍中爰延:"朕何如主?"对曰:"陛下为汉中主②。"帝曰:"何以言之?"对曰:"尚书令陈蕃任事则治,中常侍、黄门与政则乱,是以知陛下可与为善,可与为非。"帝曰:"敬闻阙矣。"拜五官中郎将。

纲 辛丑,四年(161),春正月,南宫嘉德殿火。大疫。二月,武库火。

纲 夏,以刘矩为太尉。

纲 五月,有星孛于心③。雨雹。六月,地震。

纲 岱山及博尤来山裂④。

纲 秋七月,减百官奉,贷王侯半租,卖关内侯以下官。

纲 九月,以刘宠为司空。

————————

① 谛:深思洞察。
② 中主:中等才德的君主。
③ 心:星名,二十八宿之一。
④ 尤来山:即徂徕山,在今山东泰安市,汉属博县。

目宠尝为会稽太守,除烦苛,禁非法,郡中大治。被征。有五六老叟自若邪山谷间出①,人赍百钱送宠曰②:"山谷鄙生,未尝识郡朝,他守时,吏发求民间③,至夜不绝,或狗吠竟夕,民不得安。自明府下车以来,狗不夜吠,民不见吏。年老遭值圣明,今闻当见弃去,故自扶奉送。"宠曰:"吾政何能及公言耶! 勤苦父老!"为人选一大钱受之。

纲癸卯,六年(163),冬十月,上较猎广成④,遂至上林苑⑤。

目陈蕃上疏谏曰:"安平之时,游畋宜有节⑥,况今有三空之厄哉! 田野空,朝廷空,仓库空。加之兵戎未戢⑦,四方离散,是陛下焦心毁颜,坐以待旦之时也,岂宜扬旗耀武,骋心舆马之观乎!"不省。

纲甲辰,七年(164),春二月,邟(kàng)乡侯黄琼卒⑧。

目琼薨,谥曰忠。四方名士会其葬者六七千人。

初,琼教授于家,徐穉从之咨访大义,及琼贵,穉绝不复交。至是,往吊,进酹,哀哭而去,人莫知者。诸名士曰:"必徐孺子也⑨。"于是选能言者陈留茅容轻骑追及,为沽酒市肉,穉为饮食。容问国家事,穉

---

① 若邪山:在今浙江绍兴市。

② 赍:持,带。

③ 发求:征发、取求。

④ 较猎:校猎。广成:苑名,在今河南汝州市。

⑤ 上林苑:东汉上林苑在今河南洛阳市东。

⑥ 游畋:出游打猎。

⑦ 戢:指停止战争。

⑧ 邟乡:由周承休侯国更名,在今河南汝州市境。

⑨ 孺子:徐穉字。

不答。更问稼穑，稺乃答之。容还，以语诸人，或曰："可与言而不与言，孺子其失人乎？"太原郭泰曰："不然。孺子之为人，清洁高廉，饥不可得食，寒不可得衣，而为季伟饮食①，此为已知季伟之贤故也！所以不答国事者，是其智可及，其愚不可及也②！"泰博学，善谈论。初游雒阳，时人莫识，陈留符融一见嗟异，因以介于河南尹李膺③，膺与为友。后归乡里，诸儒送至河上，车数千两，膺唯与泰同舟而济。

泰性明知人，好奖训士类④。茅容，年四十余，耕于野，与等辈避雨树下，众皆夷踞⑤，容独危坐⑥。泰见而异之，因请寓宿。旦日，容杀鸡，食母，余半庋（guǐ）置⑦，自以草蔬与客同饭。泰曰："卿贤哉远矣！郭林宗犹减三牲之具以供宾旅⑧，而卿如此，乃我友也。"起，对之揖，劝令从学。巨鹿孟敏荷甑（zèng）堕地⑨，不顾而去。泰见问之，对曰："甑已破矣，视之何益！"泰以为有分决⑩，亦劝令游学。陈留申屠蟠为漆工，鄢陵庾乘为门士⑪，泰奇之，后皆为名士。自余或出于屠沽、卒伍，因泰奖进成名者甚众。

或问范滂曰："郭林宗何如人？"滂曰："隐不违亲，贞不绝俗，天子不

---

① 季伟：茅容字。
② 愚不可及：指大智若愚，非常人所能及。
③ 介：介绍。
④ 奖训：劝勉诱掖。
⑤ 夷踞：两腿伸直张开坐在地上。形容随便，不拘礼节。
⑥ 危坐：正身而坐。
⑦ 庋置：收藏，搁置。
⑧ 林宗：郭泰字。三牲：牛、羊、猪。
⑨ 荷：肩负，扛。甑：蒸食炊器。
⑩ 分决：决断。
⑪ 鄢陵：县名，今河南鄢陵县。

得臣,诸侯不得友,吾不知其他。"泰举有道,不就。或劝之仕,泰曰:"吾夜观乾象①,昼察人事,天之所废,不可支也,吾将优游卒岁而已。"然犹周旋京师,诲诱不息。徐稺以书戒之曰:"夫大木将颠,非一绳所维,何为栖栖不遑宁处!"泰感悟曰:"谨拜斯言,以为师表。"

济阴黄允,以隽才知名,泰见而谓曰:"卿高才绝人,足成伟器,然当深自匡持,不然,将失之矣!"后司徒袁隗欲为从女求姻,见允,叹曰:"得婿如是,足矣。"允闻而黜遣其妻。妻请大会宗亲,数允隐慝而去②,允由是废。

陈留仇香,至行纯嘿③,乡党无知者。年四十为蒲亭长④,劝人生业,为制科令,令子弟就学,赈恤穷寡,期年大化⑤。民有陈元,独与母居,母诣香告元不孝,香亲到元家,为陈人伦,譬以祸福,元感悟,卒为孝子。考城令王奂署香主簿⑥,谓之曰:"闻在蒲亭,陈元不罚而化,得无少鹰鹯(zhān)之志邪?"香曰:"以为鹰鹯不若鸾凤,故不为也。"奂曰:"枳棘非鸾凤所集⑦,百里非大贤之路⑧。"乃以一月俸资香,使入太学。与符融比宇,融宾客盈室,香常自守。融谓之曰:"今英雄四集,志士交结之秋。"香正色曰:"天子设太学,岂但使人游谈其中

① 乾象:天象。
② 隐慝:别人不知的罪恶。
③ 嘿:同"默"。
④ 蒲亭:在今河南民权县境。
⑤ 期年:一年。
⑥ 考城:县名,今河南民权县。
⑦ 枳棘:枳木与棘木,因其多刺而称恶木。
⑧ 百里:借指县令。

邪!"高揖而去。融以告郭泰,因就房谒之。泰嗟叹,起,拜床下曰:
"君,泰之师,非泰之友也。"

〔祠老子〕

纲乙巳,八年(165),春正月,遣中常侍左悺之苦县祠老子①。

纲废皇后邓氏,幽杀之。

目帝多内宠,邓氏骄忌,废送暴室②,以忧死。

纲夏五月,太尉秉卒。以刘瑜为议郎。

目秉清白寡欲,尝称:"我有三不惑:酒、色、财也。"秉既没,所举贤良刘
　瑜乃至,拜为议郎。

纲秋七月,以陈蕃为太尉。

纲九月,地震。

纲立贵人窦氏为皇后。

目后,窦融之玄孙,武女,拜武为特进,封槐里侯③。

纲以李膺为司隶校尉。

目时小黄门张让弟朔为野王令④,贪残无道,畏膺威严,逃还京师,匿于

————————

① 苦县:今河南鹿邑县。
② 暴室:官署名,属掖庭令,主织作染练,宫中妇人有疾病及后妃之有罪者亦居此室。
③ 槐里:侯国名,今陕西兴平市。
④ 野王:县名,今河南沁阳市。

兄家合柱中①。膺率吏卒破柱取朔，付狱受辞毕②，即杀之。自此，诸宦官皆鞠躬屏气，休沐不敢出宫省③。帝问其故，并叩头泣曰："畏李校尉。"时朝廷日乱，纪纲颓弛，而膺独持风裁④，以声名自高，士有被其容接者，名为登龙门云。

纲 以刘宽为尚书令。

目 宽历典三郡，温仁多恕，虽在仓卒，未尝疾言遽色⑤。吏民有过，但用蒲鞭罚之，示辱而已，终不加苦。有功善，推之于下，有灾异，则引躬自责。每见父老，慰以农里之言；少年，勉以孝弟之训，人皆悦而化之。

纲 丙午，九年（166），春正月朔，日食。诏举至孝⑥。

目 太常赵典所举至孝荀爽对策曰："昔者圣人建天地之中而谓之礼。礼者，所以兴福祥之本，止祸乱之源也。众礼之中，婚礼为首。阳性纯而能施，阴体顺而能化，以礼济乐，节宣其气，故能丰子孙之祥，致老寿之福。臣窃闻后宫采女六千，侍使复在其外。空赋不辜之民，以供无用之女，百姓困穷于外，阴阳隔塞于内，故感动和气⑦，灾异屡臻。臣愚以为诸未幸御者，一皆遣出，使成配合，此诚国家之大福也。"诏拜郎中。

――――――――

① 合柱：由数木合成的空心之柱。
② 受辞：听取供词。
③ 休沐：休假。
④ 风裁：风纪法度。
⑤ 遽色：严厉的脸色。
⑥ 至孝：汉代选拔官员的科目，指极尽孝道。
⑦ 和气：天地间阴阳调合而成的气。

纲 以皇甫规为度辽将军。

目 规欲求退，数上病，不见听。会友人丧至，规越界迎之，因令客密告并州刺史胡芳，言规擅远军营，当急举奏。芳曰："威明欲避第仕途①，故激发我耳。吾当为朝廷爱才，何能申此子计邪！"遂无所问。

纲 夏四月，河水清。

纲 帝亲祠老子于濯龙宫②。

[清议是清正官员及在野知识分子制造舆论的重要手段]

纲 秋七月，杀南阳太守成瑨、太原太守刘瓆（zhì），捕司隶校尉李膺、太仆杜密，部党二百余人下狱，遂策免太尉蕃。

目 初，帝为蠡吾侯，受学于甘陵周福③，及即位，擢福为尚书。时同郡房植有名当朝，乡人为之谣曰："天下规矩房伯武④，因师获印周仲进⑤。"二家宾客互相讥揣⑥，遂成尤隙⑦。由是甘陵有南北部，党人之议自此始矣。

汝南太守宗资以范滂为功曹，南阳太守成瑨以岑晊（zhì）为功曹，皆委心听任，使之褒善纠违，肃清朝府。于是二郡为之谣曰："汝南太守范

---

① 威明：皇甫规字。避第：避仕宦之途而退居家中。
② 濯龙宫：东汉宫苑名，在洛阳北宫西北角。
③ 甘陵：郡名，治今山东临清市。
④ 伯武：房植字。
⑤ 仲进：周福字。
⑥ 讥揣：猜度他人并加以讥评。
⑦ 尤隙：嫌隙。

孟博①，南阳宗资主画诺②。南阳太守岑公孝③，弘农成瑨但坐啸④。"
太学诸生三万余人，郭泰、贾彪为其冠，与李膺、陈蕃、王畅更相褒重。
学中语曰："天下模楷李元礼⑤，不畏强御陈仲举⑥，天下俊秀王叔
茂⑦。"于是中外承风，竞以臧否相尚，自公卿以下，莫不畏其贬议，屣
履到门⑧。

宛有富贾张汎，恃后宫中官，用势纵横。岑晊劝瑨收捕，既而遇赦，瑨
竟诛之，后乃奏闻。小黄门晋阳赵津贪横放恣⑨，太原太守刘瓆亦于
赦后杀之。于是侯览使汎妻上书讼冤，宦官因缘潜诉瑨、瓆⑩。帝大
怒，征下狱。有司承旨，奏当弃市。

山阳太守翟超，以张俭为督邮。侯览家在防东⑪，残暴百姓，大起茔
冢。俭举奏览，破其冢宅，籍没资财。

徐璜兄子宣为下邳令，求故汝南太守李暠女不得，遂将吏卒至暠家，
载其女归，射杀之。东海相黄浮收宣家属，无少长，悉案弃市。于是
宦官诉冤，帝大怒，超、浮并坐髡钳，输作。

陈蕃与司空刘茂共谏，请四人罪。帝不悦。茂不敢复言，蕃乃独上疏

---

① 孟博：范滂字。
② 画诺：主管官员在文书上签字，表示同意照办。
③ 公孝：岑晊字。
④ 坐啸：闲坐吟啸。
⑤ 元礼：李膺字。
⑥ 强御：有权势的人。仲举：陈蕃字。
⑦ 叔茂：王畅字。
⑧ 屣履：拖着鞋子走路，形容急忙的样子。
⑨ 晋阳：县名，今山西太原市。
⑩ 潜诉：谗毁攻讦。
⑪ 防东：县名，今山东单县。

曰:"今寇贼在外,四支之疾,内政不理,心腹之患。臣寝不能寐,食不能饱,实忧左右日亲,忠言日疏,内患渐积,外难方深。小家畜产百万之资,子孙尚耻失其先业,况乃产兼天下,受之先帝,而欲懈怠以自轻忽!诚不爱己,不当念先帝得之勤苦邪!刘瓆、成瑨,诚心去恶,而令伏欧刀;翟超、黄浮,奉公不挠,并蒙刑坐①。昔申屠嘉召责邓通,董宣折辱公主,文帝从而请之,光武加以重赏,未闻二臣有专命之诛。陛下深宜割塞近习与政之源②,引纳尚书朝省之士,简练清高③,斥黜佞邪,则天和于上,地洽于下矣!"帝不纳。宦官由此疾蕃弥甚,选举奏议,辄以中诏谴却④,长史已下多至抵罪。

平原襄楷上疏曰:"臣闻皇天不言,以象设教。臣窃见太微,天庭五帝之坐,而金、火罚星扬光其中⑤,于占,天子凶,又俱入房、心⑥,法无继嗣。前冬大寒,竹柏伤枯。臣闻于师曰:'柏伤竹枯,不出三年,天子当之。'今春夏,霜雹、大雨、雷电,臣作威作福,刑罚急刻之所感也。刘瓆、成瑨,志除奸邪,而还加考逮⑦,三公乞哀,而严被谴让。汉兴以来,未有拒谏诛贤,用刑太深如今日者也!按春秋以来,及古帝王,未有河清。臣以为河者,诸侯位也。清者,属阳,浊者,属阴。河当浊而反清者,阴欲为阳,侯欲为帝也。唯京房《易传》曰:'河水清,天下平。'今天垂异,地吐妖,人疠疫,三者并时而有河清,犹春秋麟不当见

---

① 刑坐:连坐。
② 近习:君主宠爱亲信的人。
③ 简练:挑选训练。
④ 中诏:宫中直接发出的帝王诏令。
⑤ 罚星:金星、火星并为罚星。
⑥ 房、心:均是星宿名,二十八宿之一。
⑦ 考逮:拷问逮捕。

而见,孔子书之以为异也。愿赐清闲,极尽所言。"书奏,不省。尚书
奏楷违经诬上,司寇论刑①。

瑶、瓚竟死狱中。岑晊逃窜,亲友竞匿之,贾彪独闭门不纳,曰:
"《传》言②:'相时而动,无累后人。'公孝以要君致衅③,自遗其咎,吾
可容隐之乎!"晊竟获免。彪尝为新息长,小民困贫,多不养子,彪严
为其制,与杀人同罪。城南有盗劫害人者,北有妇人杀子者,彪出案
验,掾吏欲引南,彪怒曰:"贼寇害人,此则常理。母子相残,逆天违
道!"遂驱车北行,案致其罪④。贼闻之,亦面缚自首。数年间,人养
子者以千数。曰:"此贾父所生也。"皆名之为贾。

河内张成者,善风角,推占当赦,教子杀人。李膺收捕,逢宥,竟案杀
之。宦官教成弟子牢修上书,告"膺等养太学游士,共为部党,诽讪朝
廷,疑乱风俗"。于是天子震怒,班下郡国,逮捕党人,布告天下,使同
忿疾。案经三府,陈蕃却之曰:"今所案者,皆海内人誉,忧国忠公之
臣,此等犹将十世宥也,岂有罪名不章而致收掠者乎!"不肯平署⑤。
帝愈怒,遂下膺等北寺狱⑥,辞连太仆杜密及陈寔、范滂之徒二百余
人。或逃遁不获,皆悬金购募,使者四出。寔曰:"吾不就狱,众无所
恃。"乃往请囚。陈蕃复上书极谏,帝讳其言切,托以辟召非人,策
免之。

---

① 司寇:刑罚名,二岁刑。
② 传:此指《春秋左氏传》。
③ 要:胁迫。
④ 案致:审查而确立。
⑤ 平署:在公文上一起署名。
⑥ 北寺狱:监狱名,属黄门署。

时党狱所染,皆天下名贤,皇甫规自以西州豪杰,耻不得与,乃自上言:"臣前荐故大司农张奂,是附党也。太学生张凤等上书讼臣,是为党人之所附也,臣宜坐之。"朝廷不问。

密素与李膺名行相次,时人谓之"李、杜"。尝为北海相,行春①,到高密,见郑玄为乡啬夫,知其异器②,即署郡职,遣就学,卒成大儒。去官还家,每谒守令,多所陈托。同郡刘胜,亦自蜀郡告归乡里,闭门扫轨③,无所干及。太守王昱谓曰:"刘季陵清高士④,公卿多举之者。"密对曰:"刘胜位为大夫,见礼上宾,而知善不荐,闻恶无言,隐情惜己,自同寒蝉,此罪人也。今志义力行之贤而密达之,违道失节之士而密纠之,使明府赏刑得中,令问休扬⑤,不亦万分之一乎!"昱惭服,待之弥厚。

纲 以窦武为城门校尉。

目 武在位,多辟名士,清身疾恶,贿赂不通,妻子衣食裁足而已,得两宫赏赐,悉散与太学诸生及丐施贫民,由是众誉归之。

纲 丁未,永康元年(167),夏五月,地裂。是月晦,日食。

〔禁锢党人〕

纲 六月,赦党人归田里,禁锢终身。

---

① 行春:官吏春日出巡。
② 异器:特殊的才具。
③ 闭门扫轨:闭其门户,扫除辙迹,示不与人交往。
④ 季陵:刘胜字。
⑤ 令问:令闻,美好的声名。休扬:显扬。

目陈蕃既免，朝臣震栗，莫敢复为党人言者。贾彪曰："吾不西行，大祸不解。"乃入雒阳，说窦武及尚书霍谞（xū）等，使讼之。武上疏曰："膺等建忠抗节，志经王室，此诚陛下稷、卨（xiè）、伊、吕之佐①，而虚为奸臣贼子所诬枉，天下寒心，海内失望。唯陛下留神澄省，时见理出，以厌人鬼喁（yóng）喁之心②。"书奏，霍谞亦为表请。帝意稍解，使中常侍王甫就狱讯党人，甫诘曰："卿等更相拔举，迭为唇齿，其意如何？"范滂曰："滂欲使善善同其清，恶恶同其污，谓王政之所愿闻，不谓更以为党。身死之日，愿埋滂于首阳山侧③，上不负皇天，下不愧夷、齐。"甫愍然为之改容，乃得并解桎梏。膺等又多引宦官子弟，宦官惧，请帝以天时宜赦。遂赦，改元，党人二百余人皆归田里，书名三府，禁锢终身。

滂往候霍谞而不谢，或让之，滂曰："昔叔向不见祁奚，吾何谢焉④！"滂归汝南，南阳士大夫迎之者，车数千两，乡人殷陶、黄穆侍卫于旁，应对宾客。滂曰："是重吾祸也！"遂遁还。

初，诏书下举钩党⑤，郡国所奏，多至百数，唯平原相史弼独无所上。诏书迫切，州郡髡笞掾史⑥。从事坐传舍责曰⑦："青州六郡，其五有党，平原何治，而得独无？"弼曰："先王疆理天下，画界分境，水土异齐，风俗不同。他郡自有，平原自无，胡可相比！若承望上司，诬陷良

---

① 稷、卨、伊、吕：后稷、商卨、伊尹、吕尚。
② 厌：合。喁喁：仰望期待貌。
③ 首阳山：伯夷、叔齐饿死于此。
④ 指霍谞是为国，而不是为自己。
⑤ 钩党：互相牵引结为同党。
⑥ 髡笞：剃发，笞打。
⑦ 传舍：供行人休息住宿的官设处所。

善,则平原之人,户可为党。相有死而已,所不能也!"

评清议与党锢:

东汉社会崇尚名节,官僚士大夫中盛行褒贬人物、左右舆论的风气,是即"清议"。东汉后期,清议成为士大夫与宦官斗争的手段,导致把持朝政的宦官集团对士大夫的报复,排斥镇压清流士大夫,引起"党锢"之祸。党锢削弱了同宦官集团直接抗衡的力量,王朝正常的统治秩序遭到严重破坏,士大夫"品核公卿,裁量执政"的刚直之风也归于平寂。

纲 秋八月,巴郡言黄龙见。

纲 大水,海溢。

纲 冬十二月,帝崩。尊皇后曰皇太后。太后临朝。

纲 遣使迎解渎亭侯宏诣京师①。

目 窦武召侍御史河间刘儵(shū),问以国中宗室之贤者,儵称孝王曾孙宏。武白太后,定策禁中,以儵守光禄大夫,持节奉迎。

孝灵皇帝

纲 戊申,孝灵皇帝建宁元年(168),春正月,以窦武为大将军,陈蕃为太傅,与司徒胡广参录尚书事。解渎亭侯宏至,入即位。

纲 二月,葬宣陵②。

---

① 解渎亭:属中山郡安国县,安国在今河北博野县。
② 宣陵:桓帝陵,在今河南偃师市境。

[纲] 闰月,追尊皇祖为孝元皇,夫人为孝元后,考为孝仁皇,尊母董氏为慎园贵人。

[纲] 夏五月朔,日食。六月,大水。

[纲] 录定策功,封窦武为闻喜侯①。

[纲] 封陈蕃为高阳乡侯,不受。

〔陈蕃、窦武奏请诛宦者〕

[纲] 秋七月,太傅陈蕃、大将军窦武奏诛宦者曹节等。节等杀之,遂迁太后于南宫。

[目] 初,窦太后之立也,陈蕃有力焉。及临朝,政无大小,皆委于蕃。蕃与窦武同心戮力,以奖王室,征天下名贤李膺、杜密、尹勋、刘瑜等,皆列于朝廷,与共参政事。于是天下之士,莫不延颈想望太平。而帝乳母赵娆及诸女尚书,旦夕在太后侧,中常侍曹节、王甫等共相朋结,谄事太后,太后信之,数出诏命,有所封拜。蕃、武疾之,尝共会朝堂,蕃私谓武曰:"曹节、王甫操弄国柄,浊乱海内,今不诛之,后必难图。"武深然之。蕃大喜,以手推席而起。武乃引尚书令尹勋共定计策。
会有日食之变,蕃谓武曰:"昔萧望之困一石显,况今石显数十辈乎!蕃以八十之年,欲为将军除害,今可因此斥罢宦官,以塞天变。"武乃白太后曰:"故事,黄门、常侍但当给事省内门户,主近署财物耳。今乃使与政事,任重权,子弟布列,专为贪暴,天下匈匈,正以此故。宜

---

① 闻喜:侯国名,今山西闻喜县。

悉诛废以清朝廷。"太后曰："故事，世有宦官，但当诛其有罪者，岂可尽废邪！"时中常侍管霸，颇有才略，专制省内，武先白收霸及苏康等，皆坐死。武复数白诛节等，太后犹豫未忍。蕃上疏言："侯览、曹节、公乘昕、王甫、郑飒等，与赵夫人、诸尚书并乱天下，今不急诛，必生变乱。愿出臣章宣示左右，并令天下诸奸知臣疾之。"太后不纳。

八月，太白犯房之上将①，入太微。刘瑜恶之，上书皇太后曰："案占书：宫门当闭，将相不利，奸人在主傍。愿急防之。"又与武、蕃书，劝以速断大计。于是武、蕃以朱寓（yǔ）为司隶校尉，刘祐为河南尹，虞祈为雒阳令。奏免黄门令魏彪②，以所亲小黄门山冰代之，收长乐尚书郑飒③，送北寺狱。蕃曰："此曹子便当收杀，何复考为！"武令冰与尹勋杂考④，辞连曹节、王甫。勋、冰即奏收节等，使刘瑜内奏。

九月，武出宿归府。典中书者先以告长乐五官史朱瑀，瑀盗发武奏，骂曰："放纵者自可诛耳，我曹何罪，而当尽见族灭！"因大呼曰："陈蕃、窦武奏白太后废帝，为大逆！"乃夜召所亲共普等十七人，歃血共盟。曹节请帝出御前殿，拔剑踊跃，赵娆等拥卫左右，闭诸禁门，召尚书官属，挟以白刃，使作诏版⑤，拜王甫为黄门令，持节至北寺狱，收勋、冰，杀之。出飒，还兵劫太后，夺玺绶。使飒等持节收武等。武驰入步兵营，召会北军五校士数千人屯都亭，下令军士曰："黄门、常侍反，尽力者封侯重赏。"陈蕃闻难，将官属诸生八十余人，并拔刃突入

---

① 上将：房四星之第一星。

② 黄门令：宦官，主省中诸宦官。

③ 长乐：皇太后宫名。

④ 杂考：共同按问。

⑤ 诏版：天子诏书。

尚书门,攘臂呼曰:"大将军忠以卫国,黄门反逆,何云窦氏不道邪!"王甫使剑士收蕃,蕃拔剑叱甫,辞色愈厉。遂被执,送北寺狱,即日杀之。时张奂征还,节等以奂新至,不知本谋,矫制使奂率五营士讨武。甫将千余人出与奂合,使军士大呼武军曰:"窦武反,汝皆禁兵,当宿卫宫省,何故随反者乎!"营府素畏服中官,于是武兵稍稍归甫,自旦至食时,兵降略尽。武自杀,枭首都亭,收捕宗亲宾客,悉诛之,及刘瑜、冯述,皆夷其族。迁皇太后于南宫,徙武家属于日南,门生故吏皆免官禁锢。议郎巴肃始同谋,节等不知,但坐禁锢,后乃知而收之。肃自载诣县,县令解印绶欲与俱去。肃曰:"为人臣者,有谋不敢隐,有罪不逃刑。"遂被诛。

曹节迁长乐卫尉,与王甫等六人皆封列侯。

蕃友朱震收葬蕃尸,匿其子逸,事觉,系狱。震受考掠,誓死不言,逸由是得免。武掾胡腾殡敛武尸,行丧,亦坐禁锢。武孙辅年二岁,诈以为己子,与令史张敞共匿之,亦得免。张奂迁大司农,封侯。奂深病为节等所卖,固辞不受。

纲 己酉,二年(169),春正月,尊慎园贵人董氏为孝仁皇后,以其兄子重为五官中郎将。

纲 夏四月,青蛇见御座上。大风,雨,雷电,诏公卿言事。

〔第二次党锢之祸〕

纲 冬十月,复治钩党,杀前司隶校尉李膺等百余人。

目 初,李膺等虽废锢,天下士大夫皆高尚其道而污秽朝廷,更相标榜,为之称号:以窦武、陈蕃、刘淑为"三君",君者,言一世之所宗也;李膺、荀昱、杜密、王畅、刘祐、魏朗、赵典、朱寓为"八俊",俊者,言人之英也;郭泰、范滂、尹勋、巴肃、宗慈、夏馥、蔡衍、羊陟为"八顾",顾者,言能以德行引人者也;张俭、翟超、岑晊、苑康、刘表、陈翔、孔昱、檀敷为"八及",及者,言其能导人追宗者也;度尚、张邈、王孝、刘儒、胡毋班、秦周、蕃向、王章为"八厨",厨者,言能以财救人者也。及陈、窦用事,复举拔膺等,陈、窦诛,膺等复废。

宦官疾恶膺等,每下诏书,辄申党人之禁。侯览怨张俭尤甚,览乡人朱并上书告俭与同乡二十四人别相署号,共为部党,图危社稷。诏刊章捕俭等①。十月,曹节讽有司奏②:"诸钩党者虞放、李膺、杜密、朱寓、荀昱、翟超、刘儒、范滂等,请下州郡考治③。"是时上年十四,问节等曰:"党人何用为恶而欲诛之邪?"对曰:"相举群辈,欲为不轨。"上曰:"不轨欲如何?"对曰:"欲图社稷。"上乃可其奏。或谓李膺曰:"可去矣!"对曰:"事不辞难,罪不逃刑,臣之节也。吾年已六十,死生有命,去将安之!"乃诣诏狱,考死。

汝南督邮吴导受诏捕范滂,至征羌④,抱诏书闭传舍,伏床而泣,一县不知所为。滂闻之曰:"必为我也。"即自诣狱。县令郭揖大惊,出,解印绶,引与俱亡,曰:"天下大矣,子何为在此!"滂曰:"滂死则祸塞,何敢以罪累君,又令老母流离乎!"其母就与之诀曰:"汝今得与李、杜

---

① 刊章:删削其章,谓刊去告发者朱并的姓名。
② 讽:暗示。
③ 考治:拷问。
④ 征羌:县名,今河南商水县。

齐名①,死亦何恨!"滂跪受教,再拜而辞。

凡党人死者百余人,妻子皆徙边,天下豪杰及儒学有行义者,宦者一切指为党人,其死徙废禁者又六七百人。郭泰闻之,私为之恸曰:"《诗》云:'人之云亡,邦国殄瘁②。'汉室灭矣,但未知'瞻乌爰止,于谁之屋'耳!"泰虽好臧否,而不为危言激论,故能处浊世而怨祸不及焉。

张俭亡命困迫,望门投止,莫不重其名行③,破家相容。后流转东莱,止李笃家。外黄令毛钦操兵到门④,笃引钦就席曰:"张俭负罪,岂得藏之! 若审在此,此人名士,明廷宁宜执之乎⑤?"钦因起抚笃曰:"蘧伯玉耻独为君子,足下如何专取仁义!"笃曰:"今欲分之,明廷载半去矣⑥。"钦叹息而去。俭与鲁国孔褒有旧,亡抵褒,不遇,褒弟融,年十六,匿之。事泄,俭亡走,国相收褒、融送狱,未知所坐。融曰:"保纳舍藏者,融也。"褒曰:"彼来求我,非弟之过。"吏问其母,母曰:"家事任长,妾当其辜。"一门争死,郡县疑不能决,乃上谳之⑦,诏独坐褒。及党禁解,俭乃还乡里。夏馥闻俭亡命,叹曰:"孽自己作,空污良善,一人逃死,祸及万家,何以生为!"乃自剪须变形,入林虑山中,隐姓名,为冶家佣,人无知者。

————————

① 李、杜:李膺、杜密。
② 殄瘁:困穷,困苦。
③ 名行:名声品行。
④ 外黄:县名,今河南兰考县。据《后汉书·张俭传》,此处当为"黄县",黄县是东莱郡首县。
⑤ 明廷:县令。
⑥ 载半:指不执俭,得义之半。
⑦ 上谳:上奏议罪。

初,中常侍张让父死,归葬颍川,虽一郡毕至,而名士无往者,让耻之,陈寔独吊焉。及诛党人,让以寔故,多所全宥。

初,范滂等非讦朝政①,自公卿以下皆折节下之,太学生争慕其风,申屠蟠独叹曰:"昔战国之世,处士横议,列国之王至于拥彗先驱②,卒有坑儒烧书之祸,今之谓矣。"乃绝迹于梁、砀之间③,因树为屋,自同佣人。居二年,滂等果罹党锢之祸④。

纲 辛亥,四年(171),春二月,地震,海溢。三月朔,日食,大疫。

纲 秋七月,立贵人宋氏为皇后。

纲 壬子,熹平元年(172),春三月,太傅胡广卒。

目 广周流四公⑤,三十余年,历事六帝,礼任极优。所辟多天下名士,练达故事,明解朝章⑥,京师谚曰:"万事不理问伯始⑦,天下中庸有胡公。"然温柔谨悫,常逊言恭色以取媚于时,无忠直之风,天下以此薄之。

纲 夏六月,大水。皇太后窦氏崩,秋七月,葬桓思皇后⑧。

纲 冬十一月,会稽妖贼许生称帝。

---

① 非讦:指斥。
② 拥彗:执帚。帚用以扫除清道,古人迎候宾客,常拥彗以示敬意。
③ 砀:县名,今安徽砀山县。
④ 党锢:禁止反对宦官的党人出任官职,禁锢终身。
⑤ 四公:司空、司徒、太尉、太傅。
⑥ 明解:熟悉,明了。
⑦ 伯始:胡广字。
⑧ 桓思皇后:即窦太后。

纲 甲寅,三年(174),冬十一月,吴郡司马孙坚讨许生,斩之。

目 坚,富春人①,召募精勇得千余人,助州郡讨许生,大破,斩之。

[熹平石经是中国历史上最早的官定儒家经典刻石]

纲 乙卯,四年(175),春三月,立石经于太学门外。

目 诏诸儒正五经文字,命议郎蔡邕为古文、篆、隶三体书之,刻石立于太学门外,使后学取正焉。碑始立,观模写者车乘日千余两②。

纲 丙辰,五年(176),夏,杀永昌太守曹鸾③,更考党人禁锢五属④。

目 永昌太守曹鸾上书曰:"夫党人者,或耆年渊德,或衣冠英贤,皆宜股肱王室,左右大猷(yóu)者也⑤。而久被禁锢,辱在涂泥,所以灾异屡见,水旱荐臻⑥,皆由于斯。宜加沛宥⑦,以副天心。"帝大怒,监军收鸾,送狱,掠杀之。于是诏州郡更考党人门生、故吏、父子、兄弟在位者,悉免官禁锢,爰及五属。

纲 丁巳,六年(177),夏四月,大旱,蝗。

纲 以宣陵孝子为太子舍人⑧。

---

① 富春:县名,今浙江杭州市富阳区。
② 模:通"摹"。
③ 永昌:郡名,治今云南保山市。
④ 五属:五服内的亲属。
⑤ 大猷:治国大道。
⑥ 荐臻:接连来到。
⑦ 沛:充沛,丰盛。
⑧ 宣陵:桓帝陵。太子舍人:太子官属,掌更直宿卫。

目 市贾小民有相聚为宣陵孝子者数十人，诏皆除太子舍人。蔡邕上封事曰："宣陵孝子，虚伪小人，本非骨肉，群聚山陵，假名称孝，义无所依。太子官属，宜搜选令德①，岂有但取丘墓凶丑之人！其为不祥莫大焉。宜遣归田里，以明诈伪。"书奏，帝乃诏宣陵孝子为舍人者，悉改为丞尉焉。

纲 冬十月朔，日食。地震。

纲 鲜卑寇辽西②，太守赵苞破之。

目 辽西太守赵苞到官，遣吏迎母，道经柳城③，值鲜卑万余人入塞寇钞，劫质苞母，载以击郡。苞出战，对陈，贼出母示苞，苞悲号，谓母曰："为子无状，欲以微禄奉养朝夕，不图为母作祸。昔为母子，今为王臣，义不得顾私恩，毁忠节，唯当万死，无以塞罪。"母遥谓曰："人各有命，何得相顾以亏忠义，尔其勉之！"苞即时进战，贼悉摧破，其母为贼所害。苞归葬讫，谓乡人曰："食禄而避难，非忠也，杀母以全义，非孝也。如是，有何面目立于天下！"遂欧血而死④。

纲 戊午，光和元年（178），春二月朔，日食。地震。

纲 置鸿都门学⑤。

目 鸿都门学诸生，皆敕州郡、三公举用辟召，或出为刺史、太守，入为尚

---

① 令德：有高尚道德的人。
② 辽西：郡名，治今辽宁义县。
③ 柳城：县名，今辽宁朝阳市。
④ 欧：同"呕"。
⑤ 鸿都门学：专习辞赋书画的学校，校址在洛阳北宫之鸿都门内。

书、侍中,有封侯赐爵者。士君子皆耻与为列焉。

纲夏四月,地震。侍中寺雌鸡化为雄。

纲六月,有黑气堕温德殿庭中。

目气如龙,长十余丈。

纲秋七月,青虹见玉堂殿庭中①。

目上以灾异,诏问消复之术,蔡邕对曰:"臣伏思诸异,皆亡国之怪也。天于大汉殷勤不已,故屡出祅变以当谴责,欲令人君感悟,改危即安。蜺堕、鸡化②,皆妇人干政之所致也。前者乳母赵娆,谗谀骄溢,门史霍玉,依阻为奸。今道路纷纷,复云有程大人者,察其风声,将为国患。宜高为堤防,明设禁令,深惟赵、霍,以为至戒,则天道亏满,鬼神福谦矣③。"章奏,帝览而叹息。因起更衣,曹节于后窃视之,悉宣语左右。中常侍程璜使人飞章言邕私事,下雒阳狱,劾大不敬④,弃市。中常侍河南吕彊愍邕无罪,力为申请,诏:"减死一等,与家属髡钳徙朔方,不得以赦令除。"

纲冬十月,废皇后宋氏,幽杀之⑤。

纲是月晦,日食。

————————

① 青虹:彩虹。
② 蜺:副虹,又称雌虹。
③ 福谦:使谦虚者得福。
④ 大不敬:古代重罪之一,谓不敬皇帝。
⑤ 幽杀:囚禁处死。

[公然卖官]

纲 初开西邸卖官①。

目 初开西邸卖官,二千石,二千万;四百石,四百万;其以德次应选者半之,或三分之一;令长,随县丰约有贾②。富者先入,贫者到官倍输。又私令左右卖公卿,公千万,卿五百万。尝问侍中杨奇曰:"朕何如桓帝?"对曰:"陛下之于桓帝,亦犹虞舜比德唐尧。"帝不悦曰:"卿强项③,真杨震子孙,死后必复致大鸟矣。"

纲 己未,二年(179),夏四月,封中常侍吕彊为都乡侯,不受。

目 彊清忠奉公,帝以众例封为都乡侯,强固辞不受。

王　勇 评注

陈苏镇 审定

---

① 西邸:官舍名。

② 约:贫困。

③ 强项:刚正不为威武所屈。

纲鉴易知录卷二五

　　卷首语:本卷起汉灵帝光和三年(180),止汉献帝建安四年(199),所记为东汉后期灵、献两朝计二十年史事。黄巾起义爆发,汉政府改刺史为州牧,授以地方军政大权,助长了军阀势力膨胀。董卓之乱后,军阀割据混战局面形成,东汉王朝名存实亡。建安元年曹操迎献帝都许昌,"挟天子以令诸侯",又以军事编制的形式推行屯田,逐渐成为最大的割据势力。

东汉纪

孝灵皇帝

纲 庚申,三年(光和三年,180),冬十二月,立贵人何氏为皇后。

目 后本南阳屠家,以选入掖庭,生皇子辩,故立之。征其兄进为侍中。后王美人生皇子协,后鸩杀美人。帝怒,欲废后,中官固请乃止。

纲 作罼(bì)圭、灵昆苑①。

目 司徒杨赐谏曰:"先王造囿,裁足以修三驱之礼②,薪、菜、刍、牧皆悉往焉。先帝左开鸿池③,右作上林④,不奢不约。今废田园,驱居人,畜禽兽,殆非'若保赤子'之义。宜惟卑宫、露台之意⑤,以慰民劳。"帝欲止,侍中任芝、乐松曰:"昔文王之囿百里,人以为小;齐宣四十里,人以为大。今与百姓共之,无害于政也。"帝悦,遂为之。

纲 辛酉,四年(181),秋九月朔,日食。

纲 作列肆于后宫⑥。

目 是岁,帝作列肆于后宫,使诸采女贩卖,更相盗窃争斗。帝着商贾服,

---

① 罼圭、灵昆苑:均在今河南洛阳市境。
② 三驱:田猎时网开一面,以示好生之德。
③ 鸿池:苑名,在今河南洛阳市东。
④ 上林:苑名。
⑤ 惟:思考。卑宫:指夏禹卑宫室。露台:指汉文帝止作露台。
⑥ 列肆:成列的商铺。

从之饮宴为乐。

纲壬戌，五年(182)，秋七月，有星孛于太微。

纲八月，起四百尺观。

纲冬，以桓典为侍御史。

目典为御史，宦官畏之。典常乘骢(cōng)马①，京师为之语曰："行行且止，避骢马御史！"

〔张角创立太平道〕

纲甲子，中平元年(184)，春二月，黄巾贼张角等起。

目初，巨鹿张角事黄老，以妖术教授。遣弟子游四方，转相诳诱，十余年间，徒众数十万。角遂置三十六方。方，犹将军也，大方万余人，小方六七千，各立渠帅。讹言"岁在甲子，天下大吉"，以白土书京城寺门及州郡官府，皆作"甲子"字。大方马元义等先收荆、扬数万人，以中常侍封谞、徐奉等为内应，约以三月五日内外俱起。至是，角弟子唐周告之，于是收元义，车裂②。诏三公、司隶案验宫省直卫及百姓事角道者③，诛杀千余人，下冀州逐捕。角等知事已露，驰敕诸方④，一时俱起，皆着黄巾为识。角自称"天公将军"，弟宝称"地公将军"，梁称"人公将军"。所在燔劫，长吏逃亡，旬月之间，天下响应。

① 骢马：青白色相杂的马。
② 车裂：古代酷刑。将人的肢体系于数辆车上，分拉撕裂至死。
③ 直卫：皇宫的值宿警卫。
④ 驰敕：迅疾敕令。

评黄巾起义：

　　黄巾起义是中国历史上第一次以宗教为背景的大规模农民起义。起义首领张角是早期道教派别太平道的创始人，起义口号"苍天已死，黄天当立"是以道教的语言宣布推翻汉室的目标。东汉政府在黄巾起义爆发后很快解除党锢，重新起用被压制的士大夫集团，又授地方以军政大权。后一举措直接造成群雄割据的局面，揭开了东汉末年军阀混战的序幕，成为三国纷争的源头。

纲 三月，以何进为大将军，屯都亭①。

纲 赦党人，遣中郎将卢植讨张角，皇甫嵩、朱儁(jùn)讨颍川黄巾。

目 帝召群臣会议，北地太守皇甫嵩以为宜解党禁。吕彊曰："党锢久积，人情怨愤，若不赦宥，与角合谋，为变滋大。"帝惧而从之。发天下精兵，遣中郎将卢植讨张角，皇甫嵩、朱儁讨颍川黄巾。

纲 杀中常侍吕彊、侍中向栩、郎中张钧。

目 诸常侍共谮吕彊，云与党人共议朝廷，数读《霍光传》②。帝使中黄门持兵召彊，彊怒曰："丈夫欲尽忠国家，岂能对狱吏乎！"遂自杀。侍中向栩讥刺左右，张让诬栩与张角为内应，杀之。郎中张钧上书曰："张角所以能兴兵作乱，万民所以乐附之者，其源皆由十常侍宗亲、宾客典据州郡③，侵掠百姓，百姓冤无所诉，故聚为盗贼。宜斩十常侍，悬头南郊，以谢百姓，遣使者布告天下，可不须师旅而大寇自消。"帝怒

――――――――――

① 都亭：在洛阳城内。
② 读《霍光传》：霍光废昌邑王而立宣帝。此指吕彊谋废立。
③ 典据：掌管，占据。

钧曰："此真狂子也！十常侍固当有一人善者不！"御史遂诬奏钧学黄巾道，收掠，死狱中。

[治世之能臣，乱世之奸雄]

纲 夏五月，皇甫嵩、朱儁与骑都尉曹操合军，讨三郡黄巾，破平之。

目 朱儁与贼波才战，败，贼遂围皇甫嵩于长社。依草结营，会大风，嵩敕军士皆束苣乘城①，使锐士间出围外，纵火大呼，城上举燎应之，嵩从城中鼓噪而出，奔击贼陈。贼惊，乱奔走。会骑都尉沛国曹操将兵适至，合军与战，大破之，斩首数万，遂讨汝南、陈国黄巾②，皆破之，三郡悉平。

操父嵩，为中常侍曹腾养子，不能审其生出本末，或云夏侯氏子也。操少机警，有权数③，而任侠放荡，不治行业④，时人未之奇也，唯桥玄及南阳何颙异焉。谓操曰："天下将乱，非命世之才⑤，不能济也。能安之者，其在君乎！"颙见操，叹曰："汉家将亡，安天下者，必是人也。"时汝南许劭与从兄靖，有高名，好共核论乡党人物，每月辄更其题品⑥，故汝南俗有月旦评焉。尝为郡功曹，府中莫不改操饰行。操往造劭而问之曰："我何如人？"劭鄙之，不答。操劫之⑦，劭曰："子，治世之能臣，乱世之奸雄。"操大喜而去。后举孝廉为郎，至是平贼，

---

① 苣：用苇秆扎成的火炬。乘城：守城。
② 陈国：治今河南周口市。
③ 权数：权术。
④ 行业：修行道业。
⑤ 命世：著名于当世，多用以称誉有治国之才者。
⑥ 题品：品评。
⑦ 劫：再三邀请。

迁济南相。

纲 卢植围张角于广宗①。槛车征还,遣中郎将董卓代之。

〔改刺史为州牧〕

纲 秋八月,遣皇甫嵩讨张角,角死。冬十月,与角弟梁、宝战,皆破斩之。

以嵩为车骑将军,领冀州牧。

评改刺史为州牧:

汉武帝分全国为十三州部(简称州),各设刺史一人,负责监察地方。黄巾起义爆发后,东汉政府为有效整合地方力量镇压起义,改刺史为州牧,选择重臣担任,总揽一州军政大权。于是州成为郡的上一级行政区划,地方行政制度从郡县两级制转化为州郡县三级制。每州平均领有七八个郡,有了称霸一方的物质基础。其后,各州牧很快成为势大力强的地方军阀,成为瓦解东汉政权的政治力量。

纲 乙丑,二年(185),春二月,南宫云台灾。

纲 三月,以崔烈为司徒。

目 时三公往往因常侍、阿保入钱西园而得之②。烈本冀州名士,至是,因傅母入钱五百万,故得为司徒,而声誉顿衰。

纲 夏四月,大雨雹。

纲 六月,封宦者张让等十三人为列侯。

---

① 广宗:县名,今河北威县。
② 阿保:教育抚养贵族子女的妇女。

纲 丁卯,四年(187),冬十月,前太丘长陈寔卒。

目 寔在乡间,平心率物①,其有争讼,辄求判正,晓譬曲直,退无怨者,至乃叹曰:"宁为刑罚所加,不为陈君所短!"杨赐、陈耽,每拜公卿,群僚毕贺,辄叹寔未登大位,愧于先之。及卒,海内赴吊者三万余人。

纲 己巳,六年(189),夏四月,帝崩。皇子辩即位,尊皇后曰皇太后。太后临朝。封皇弟协为陈留王。

纲 葬文陵②。

〔董卓入京〕

纲 秋七月,大将军进召董卓将兵诣京师。太后诏罢诸宦官。八月,宦官张让等入宫杀进,劫太后、帝出至河上。司隶校尉袁绍捕宦者,悉诛之。帝还宫,以卓为司空。

目 袁绍说何进悉诛诸宦官。进白太后,太后不听。绍又为画策,多召四方猛将,使并引兵向京城,以胁太后,进然之。主簿陈琳谏曰:"谚称'掩目捕雀',夫微物尚不可欺以得志,况国之大事,其可以诈立乎!今将军总皇威,握兵要,龙骧虎步,高下在心③,此犹鼓洪炉燎毛发耳。但当速发雷霆,行权立断,则天人顺之。而反委释利器④,更征外助,大兵聚会,强者为雄,所谓倒持干戈,授人以柄,功必不成,只为

---

① 率物:做众人的榜样。
② 文陵:灵帝陵,在今河南孟津县境。
③ 高下在心:掌握大权,任意赏罚。
④ 委释:舍弃。

乱阶耳!"进不听。曹操闻而笑曰:"宦者之官,古今宜有,但世主不当假之权宠,使至于此。既治其罪,当诛元恶,一狱吏足矣,何至纷纷召外兵乎! 欲尽诛之,事必宣露,吾见其败也。"

〔袁绍捕杀宦官,结束东汉外戚宦官专权〕

时董卓驻兵河东,何进召之,使将兵诣京师。尚书郑泰、卢植皆谏,进不从。卓闻召,即时就道,并上书曰:"张让等窃幸承宠,浊乱海内。臣闻扬汤止沸,莫若去薪;溃痈虽痛,胜于内食。今辄鸣钟鼓如雒阳,请收让等,以清奸秽!"太后乃恐,悉罢中常侍、小黄门。进入长乐宫,白太后,请尽诛之。张让等使潜听,具闻其语。乃率其党数十人,持兵伏省户下①,斩进。进部曲将吴匡引兵烧南宫青琐门。让等将太后、少帝及陈留王,劫省内官属,从复道走北宫。袁绍引兵屯阙下,遂闭北宫门,勒兵捕诸宦者,无少长皆杀之,凡二千余人。进攻省内,让等困迫,遂将帝与陈留王数十人步出谷门②,公卿无从者,唯卢植及河南中部掾闵贡夜至河上,贡厉声责让等,因手剑斩数人。让等惶怖,遂投河而死。

贡扶帝与陈留王夜逐萤光还,至雒舍。明旦,帝乘一马,陈留王与贡共乘一马,南行,公卿稍有至者。董卓亦到,因与公卿奉迎于北芒阪下③。卓与帝语,语不可了。乃更与陈留王语,问祸乱之由,王答,自初至终,无所遗失。卓大喜,以为贤,遂有废立之意。是日,帝还宫。

---

① 省户:宫门,禁门。
② 谷门:洛阳城门名。
③ 北芒:即北邙山,在洛阳城北。

失传国玺。

卓步骑不过三千,率四五日辄夜潜出,明旦乃大陈旌鼓而还,以为西兵复至,雒中无知者。俄而进及弟苗部曲皆归之①,卓又阴使武猛都尉丁原部曲吕布杀原而并其众。于是讽朝廷以久雨,策免司空刘弘而代之。蔡邕亡命江海,积十二年,卓闻其名而辟之,称疾不就。卓怒,詈曰:"我能族人!"邕惧而应命,到,署祭酒②,甚见敬重,三日之间③,周历三台④,迁为侍中。

纲 九月,袁绍出奔冀州。卓废帝为弘农王,奉陈留王协即位,遂弑太后何氏。

目 董卓谓袁绍曰:"天下之主,宜得贤明,每念灵帝,令人愤毒⑤! 董侯似可⑥,今欲立之,能胜史侯否⑦?"绍曰:"今上富于春秋,未有不善宣于天下。公欲废嫡立庶,恐众不从公议也!"卓按剑叱绍曰:"竖子敢然! 天下之事,岂不在我!"绍勃然,径出,逃奔冀州。卓遂胁太后策废少帝为弘农王,立陈留王协为帝。迁太后于永安宫,鸩杀之。

纲 卓自为太尉,领前将军事。

纲 遣使吊祭陈蕃、窦武及诸党人,复其爵位。

---

① 部曲:军队,亦指部下。
② 祭酒:掌教导弟子。
③ 日:应是"月"之讹字。
④ 三台:尚书台、御史台、兰台。
⑤ 愤毒:愤恨。
⑥ 董侯:陈留王刘协,董太后养之,因号董侯。
⑦ 史侯:少帝刘辩,养于史氏,因号史侯。

目董卓与三公诣阙上书,追理蕃、武及诸党人,悉复爵位,遣使吊祠,擢用子孙。

纲自六月雨至于是月。

纲冬十月,葬灵思皇后①。十一月,卓自为相国,赞拜不名②,入朝不趋③,剑履上殿。

纲十二月,征处士申屠蟠,不至。以黄琬为太尉,杨彪为司徒,荀爽为司空。

目初,尚书周毖(bì)、城门校尉伍琼说董卓"矫桓、灵之政,擢用天下名士,以收众望",卓从之,于是征荀爽、申屠蟠等。就拜爽平原相,行至宛陵④,迁光禄勋,视事三日,进拜司空。自征至是,九十五日。爽等皆畏卓之暴,无敢不至。独蟠得征书,人劝之行,笑而不答,竟以寿终。

纲以袁绍为渤海太守。

目董卓购求袁绍急⑤,周毖、伍琼曰:"绍恐惧出奔,非有他志。今急购之,势必为变。袁氏树恩四世,门生故吏遍天下,若收豪杰以聚徒众,则山东非公之有也。不如赦之,拜一郡守,绍喜于免罪,必无患矣。"卓乃即拜绍渤海太守。又以绍从弟术为后将军,曹操为骁骑校尉。

① 灵思皇后:即何太后。
② 赞拜:臣下朝拜君主,赞礼者在旁唱礼。
③ 趋:碎步疾行,表示敬意。
④ 宛陵:县名,今河南新郑市。
⑤ 购求:悬赏捕人。

术奔南阳。操变易姓名,间行东归,至陈留,散家财,合兵得五千人。

孝献皇帝

〔关东起兵讨伐董卓〕

纲 庚午,孝献皇帝初平元年(190),春正月,关东州郡起兵讨卓,推袁绍
　　为盟主。

目 绍自号车骑将军,与河内太守王匡屯河内,韩馥留邺,给军粮。孔伷
　　(zhòu)屯颍川,刘岱、张邈、邈弟广陵太守超、山阳太守袁遗、济北相鲍
　　信与桥瑁、曹操俱屯酸枣①,袁术屯鲁阳,众各数万。豪杰多归心袁
　　绍者,鲍信独谓操曰:"君略不世出,殆天之所启乎!"

纲 卓弑弘农王②。

纲 卓奏免太尉瑰、司徒彪,以王允为司徒。杀城门校尉伍琼、尚书周毖。

目 卓以山东兵盛,欲迁都以避之,杨彪曰:"关中残破,都雒已久,今无
　　故捐宗庙,弃园陵,恐百姓惊动,必有糜沸之乱③。天下动之至易,
　　安之甚难,惟明公虑焉!"卓作色曰:"公欲沮国计邪!"黄琬曰:"此
　　国之大事,杨公之言,得无可思!"卓不答。以灾异奏免琬、彪等,以
　　王允为司徒。伍琼、周毖固谏迁都,卓大怒,收斩之。彪、琬惶恐
　　谢罪。

---

① 酸枣:县名,今河南延津县。
② 弘农王:少帝刘辩。
③ 糜沸:沸腾纷乱貌。

〔董卓迁都长安〕

纲 三月,卓迁都长安,烧洛阳宫庙,发诸帝陵,车驾西迁①。

目 董卓徙民数百万口于长安,自留屯罩圭苑中,悉烧宫庙、官府、居家,又使吕布发诸帝陵及公卿冢墓,收其珍宝。三月,帝至长安,董卓未至,朝政大小皆委之王允。允外相弥缝,内谋王室,甚有大臣之度,自天子及朝中皆倚允。允屈意承卓,卓亦雅信焉。

〔孙坚举兵讨董卓〕

纲 长沙太守孙坚举兵讨卓。将军袁术据南阳,表坚领豫州刺史②。

目 孙坚起兵杀荆州刺史王叡,前至南阳,已数万人。杀太守张咨,至鲁阳,与袁术合兵。术由是得据南阳,表坚行破虏将军,领豫州刺史。

纲 以刘表为荆州刺史。

纲 曹操与卓兵战于荥阳③,不克,还屯河内。

纲 袁绍以臧洪领青州。

纲 夏四月,以刘虞为太傅。

目 幽州牧刘虞务存宽政,劝督农桑,民悦年登,谷石三十,青、徐士庶避

① 车驾:指献帝。
② 表:表举,上表推荐。豫州:今河南东部、安徽北部一带。
③ 荥阳:县名,今河南荥阳市。

难归虞者百余万口,虞皆收视温恤①,为安立生业,流民皆忘其迁徙焉。至是拜太傅,而道路壅塞,命不得通。

纲司空荀爽卒。

纲卓坏五铢钱,更铸小钱。

纲以公孙度为辽东太守②。

纲辛未,二年(191),春正月,关东诸将奉大司马刘虞为帝,虞不受。

目关东诸将议,以朝廷幼冲③,逼于董卓,远隔关塞,不知存否。幽州牧刘虞,宗室贤俊,欲共立为主。韩馥、袁绍遣张岐等赍议上虞尊号。虞厉色叱之曰:"今天下崩乱,主上蒙尘④,吾被重恩,未能清雪国耻,诸君各据州郡,宜共戮力王室,而反造逆谋以相垢污邪!"欲奔匈奴以自绝,绍等乃止。

纲二月,卓自为太师⑤。

纲孙坚进兵击卓,卓败,西走。坚入洛阳,修塞诸陵而还。

目孙坚进屯阳人⑥,卓遣步骑迎战,坚击破之,复进军大谷⑦,距洛九十

---

① 温恤:体贴抚慰。
② 辽东:郡名,治今辽宁辽阳市。
③ 朝廷:指献帝。
④ 蒙尘:蒙受灰尘。比喻天子失去政权,流亡在外。
⑤ 太师:与太傅、太保并称,位在太傅上。
⑥ 阳人:即阳人聚,属河南郡。
⑦ 大谷:关名,在洛阳东南。

里。卓自出与战,败走,却屯渑池。坚进至洛阳,扫除宗庙,祠以太牢①,得传国玺于城南甄官井中,分兵邀卓②,卓自引兵还长安。坚修塞诸陵,引军还鲁阳。

纲 夏四月,卓至长安。

纲 六月,地震。

〔袁绍领冀州〕

纲 袁绍逐冀州牧韩馥,自领州事。

纲 袁绍表曹操为东郡太守。

〔刘备为平原相〕

纲 冬十月,公孙瓒攻袁绍。以刘备为平原相。

目 是时关东州、郡务相兼并,以自强大,袁绍、袁术亦自相离二。术遣孙坚击董卓未返,绍遣周昂袭夺坚阳城③。坚叹曰:“同举义兵,将救社稷,逆贼垂破而各若此,吾当谁与戮力乎!”引兵击昂,走之。袁术遣公孙越助坚攻昂,越为流矢所中死。公孙瓒怒曰:“余弟死,祸起于绍。”遂出军屯磐河,数绍罪恶,进兵攻之。冀州诸城多畔从瓒。

　　初,涿郡刘备,中山靖王之后也④,少孤贫,与母以贩履为业,有大志,

---

① 太牢:古代祭祀,牛羊猪三牲具备谓之太牢。

② 邀:截击。

③ 阳城:县名,今河南登封市。

④ 中山靖王:名胜,景帝第九子。

少言语,喜怒不形于色。尝与瓒同师卢植,因往依瓒。至是,瓒使与其将田楷徇青州,有功,因以为平原相。备少与河东关羽、涿郡张飞友善。以羽、飞为别部司马,分统部曲。备与二人寝则同床,恩若兄弟,而稠人广坐,侍立终日,随备周旋,不避艰险。常山赵云为郡将兵诣瓒,刘备见而奇之,深加接纳,云遂从备至平原,为备主骑兵。

纲 袁术使孙坚击刘表,表军射杀之。

纲 管宁、邴(bǐng)原、王烈适辽东。

目 公孙度威行海外,中国人士避乱者多归之①,北海管宁、邴原、王烈皆往依焉。宁少时与华歆为友,尝共锄菜,见地有金,宁挥锄不顾,歆捉而掷之,人以是知其优劣。邴原游学,八九年而归,师友以原不饮酒,会米肉送之。原曰:"本能饮酒,但以荒思废业,故断之耳。今当远别,可一饮。"于是共饮,终日不醉。宁、原俱以操尚称②,度虚馆以候之。宁既见度,乃庐于山谷,避难者渐来从之,旬月而成邑。宁每见度,语唯经典,不及世事。原性刚直,清议以格物③。宁谓原曰:"潜龙以不见成德④,言非其时,皆招祸之道也。"密遣原逃归,度亦不复追也。烈器业过人⑤,善教诱。有盗牛者,主得之,盗请罪曰:"刑戮是甘,乞不使王彦方知也⑥!"烈闻,使人谢之,遗布一端⑦。或问其

①　中国:指中原地区。
②　操尚:德操志尚。
③　清议:正议,谠论,以正直的言论臧否人事。格物:犹正人,指纠正人的行为。
④　成德:成就品德。
⑤　器业:才能学识。
⑥　彦方:王烈字。
⑦　端:布帛类的长度单位。

故,烈曰:"盗惧吾闻其过,是有耻恶之心,既知耻恶,则善心将生,故与布以劝为善也。"后有老父遗剑于路,行道一人见而守之。至暮,老父还,寻得剑,怪之,以事告烈,烈使推求,乃先盗牛者也。诸有争讼曲直将质之于烈,或至途而反,或望庐而还,皆相推以直,不敢使烈闻。度欲以为长史,烈辞之,为商贾以自秽,乃免。

纲 壬申,三年(192),春正月,卓遣校尉李傕(jué)、郭汜、张济击朱儁于中牟①,破之,遂掠颍川。

目 初,荀淑有孙曰彧,少有才名,何颙见而异之,曰:"王佐才也!"及天下乱,彧谓父老曰:"颍川,四战之地,宜亟避之。"乡人多怀土不能去,彧独率宗族去依韩馥。会袁绍已夺馥位,待以上宾之礼。彧度绍终不能定大业,闻曹操有雄略,乃去从操。操与语,大悦,曰:"吾子房也②!"以为奋武司马。至傕、汜既破中牟,遂掠颍川,其乡人留者多为所杀。

〔诛董卓〕

纲 夏四月,王允使中郎将吕布诛董卓。诏允录尚书事,以布为奋威将军,共秉朝政。

目 董卓忍于诛杀,诸将言语有蹉跌,便戮于前,人不聊生。司徒王允与司隶校尉黄琬、仆射士孙瑞密谋诛卓。中郎将吕布,便弓马,膂力过人,卓爱信之,誓为父子。尝小失卓意,卓拔手戟掷布,布拳捷③,避

---

① 中牟:县名,今河南中牟县。
② 子房:张良字。
③ 拳捷:勇壮敏捷。

之,卓意亦解。允素善待布,布见允,言状,允因以诛卓之谋告之,使为内应。布曰:"如父子何?"曰:"君自姓吕,本非骨肉。掷戟之时,岂有父子情邪!"布遂许之。四月,帝有疾新愈,大会未央殿。卓朝服乘车而入,王允使士孙瑞自书诏以授布,布令勇士十余人伪着卫士服,守北掖门①。卓入,以戟刺之。卓伤臂,堕车,顾大呼曰:"吕布何在!"布曰:"有诏讨贼臣!"应声持矛刺卓,趣(cù)兵斩之②。即出怀中诏版以令吏士曰:"诏讨卓耳,余皆不问。"吏士皆称万岁,百姓歌舞于道。暴卓尸于市。卓素充肥,守吏为大炷③,置脐中然之④,光明达曙,如是积日。以王允录尚书事,吕布为奋威将军,封温侯⑤,共秉朝政。

卓之死也,蔡邕在王允坐,闻之惊叹。允勃然,叱之曰:"董卓,国之大贼,几亡汉室,君为王臣,所宜同疾,而怀其私遇,反相伤痛,岂不共为逆哉!"即收付廷尉。邕谢曰:"身虽不忠,愿黥首刖(yuè)足⑥,继成汉史。"太尉马日磾(mì dī)谓允曰:"伯喈旷世逸才⑦,多识汉事,当续成后史,为一代大典。"允曰:"昔武帝不杀司马迁,使作谤书流于后世。方今国祚中衰,戎马在郊,不可令佞臣执笔在幼主左右,既无益圣德,复使吾党蒙其讪议。"日磾退而告人曰:"王公其无后乎! 善人,国之

---

① 北掖门:未央宫门。
② 趣:通"促"。
③ 炷:灯炷,灯心。
④ 然:同"燃"。
⑤ 温:侯国名,今河南温县。
⑥ 刖足:刑罚,断足。
⑦ 伯喈:蔡邕字。

纪也;制作①,国之典也;灭纪废典,其能久乎!"邕遂死狱中。

〔曹操据兖州〕

纲 黄巾寇兖州,杀刺史刘岱。曹操入据之,自称刺史。

目 青州黄巾寇兖州,刘岱与战,为贼所杀。曹操部将陈宫谓操曰:"州今无主,而王命断绝,宫请说州中纲纪②,明府寻往牧之,资之以收天下,此霸王之业也。"宫因往说别驾、治中③,迎操领兖州刺史。操击黄巾,悉降之,得卒三十余万,收其精锐,号青州兵。诏以金尚为兖州刺史,将之部,操逆击之,尚奔袁术。

〔李傕、郭汜之乱〕

纲 李傕、郭汜等举兵犯阙④,杀司徒王允。吕布走,出关。

目 李傕、郭汜等还至陕⑤,遣使诣长安求赦,不得。傕等乃相与结盟,率军数千,晨夜西行,随道收兵,比至长安,已十余万,与卓故部曲樊稠、李蒙等合围长安城。吕布军有叟兵内反⑥,引傕众入城,吕布与战不胜。傕、汜屯南宫掖门。王允扶帝上宣平门避兵⑦,傕等于城门下伏

---

① 制作:著述。
② 纲纪:指州中别驾、治中等高级佐官。
③ 别驾:州刺史佐官,随刺史巡行视察时另乘车驾,故称为别驾。治中:州刺史佐官,主众曹文书,位仅次于别驾。
④ 犯阙:入犯朝廷。
⑤ 陕:县名,今河南三门峡市西。
⑥ 叟兵:即蜀兵。汉代谓蜀为叟。
⑦ 宣平门:长安东面北头门。

地叩头,曰:"董卓忠于陛下,而无故为吕布所杀,臣等为卓报仇,非敢为逆也。"共表请王允出,问"太师何罪?"允穷蹙(cù),乃下见之。催等收司隶黄琬并允,杀之。

吕布自武关奔南阳①,袁术待之甚厚。布恣兵抄掠,术患之,布不自安,去从张杨于河内。催等购求布急,又逃归袁绍,既而复归张杨。始允自专讨卓之劳,士孙瑞归功不侯,故得免于难。

纲 秋九月,李催、郭汜、樊稠、张济自为将军。

纲 冬十月,以刘表为荆州牧。

纲 癸酉,四年(193),春正月朔,日食。

纲 袁术进兵封丘②,曹操击破之。术走寿春,自领扬州事③。

纲 袁绍以其子谭为青州刺史。

纲 三月,以陶谦为徐州牧。

纲 夏六月,大雨雹。

纲 华山崩裂。

纲 秋,曹操击徐州,陶谦走保郯(tán)④。

---

① 武关:在今陕西商洛市商州区境。
② 封丘:县名,今河南封丘县。
③ 扬州:辖境约今安徽淮河和江苏长江以南及江西、浙江、福建三省,湖北东部、河南东南部。
④ 郯:县名,今山东郯城县。

綱 冬十月，大司马刘虞讨公孙瓒，不克，见杀。

綱 甲戌，兴平元年(194)，春二月，刘备救陶谦，谦表备为豫州刺史。

綱 夏四月，曹操复攻陶谦，还击刘备，破之。陈留太守张邈迎吕布以拒操，操还攻之。

綱 六月，京师地再震。是月晦，日食。秋七月，自四月不雨至于是月。

綱 九月，曹操攻吕布，不克，还走鄄(juàn)城①。

綱 刘焉卒，以其子璋为益州牧。

綱 陶谦卒，刘备兼领徐州。

目 谦疾笃，谓别驾麋竺曰：“非刘备不能安此州。”谦卒，竺率州人迎备。备未敢当，曰：“公路四世五公②，海内所归，今近在寿春，君可以州与之。”北海相孔融谓备曰：“袁公路岂忧国忘家者邪！冢中枯骨，何足介意！今日之事，百姓与能③，天与不取，悔不可追。”备遂领徐州。

綱 袁术表孙策为怀义校尉。

目 初，孙坚娶钱塘吴氏④，生四男，策、权、翊、匡及一女。坚从军于外，留家寿春。策年十余岁，已交结知名。舒人周瑜与策同年⑤，亦英达夙

① 鄄城：县名，今山东鄄城县。
② 公路：袁术字。四世五公：家族中四代有五人任三公。
③ 与能：推举拥戴有才能的人。
④ 钱塘：县名，今浙江杭州市西南。
⑤ 舒：县名，今安徽庐江县。

成,自舒来造,推结分好①,劝策徙居舒。及坚死,策年十七,还葬曲阿②。已而渡江,居江都③,结纳豪俊,有复仇之志。策往见袁术,术甚奇之。术以坚余兵千余人还策,拜怀义校尉。

纲 以刘繇为扬州刺史。

纲 乙亥,二年(195),春正月,曹操败吕布于定陶④。

纲 即拜袁绍为右将军。

纲 二月,李傕杀樊稠,攻郭汜,劫帝入其营。

纲 夏四月,立贵人伏氏为皇后。

纲 曹操攻拔定陶,吕布走归刘备,留广陵太守张超守雍丘⑤。

目 吕布将薛兰、李封屯巨野⑥,曹操攻之,斩兰等。操以陶谦已死,欲遂取徐州,还乃定布。荀彧曰:"昔高祖保关中,光武据河内,皆深根固本以制天下,进足以胜敌,退足以坚守,故虽有困败而终济大业。将军本以兖州首事,且河济天下之要地⑦,是亦将军之关中、河内也,不可以不先定。"操乃止。布复与陈宫将万余人来战,操兵大破之,攻拔定陶。布东奔刘备,张邈从之,留弟超守雍丘。布见备,甚尊敬之。

---

① 推结:推诚结交。
② 曲阿:县名,今江苏丹阳市。
③ 江都:县名,今江苏扬州市邗江区。
④ 定陶:县名,今山东菏泽市定陶区。
⑤ 雍丘:县名,今河南杞县。
⑥ 巨野:县名,今山东巨野县东北。
⑦ 河济:黄河与济水的并称。兖州西北距河,东南据济。

备见布语言无常,外然之而内不悦。

纲 六月,将军张济迎帝东归。秋七月,发长安,以济为骠骑将军,开府①。

纲 八月,曹操围雍丘,张邈为其下所杀。冬十月,以曹操为兖州牧。

纲 十二月,帝至弘农。张济与催、汜合,追帝至陕,帝渡河,入李乐营。

〔孙策威震江东〕

纲 孙策击刘繇于曲阿,破走之。

目 孙坚旧将丹阳朱治见袁术政德不立,劝孙策归取江东。策说术曰:
"家有旧恩在江东,愿助舅讨横江②。横江拔,因投本土召募,可得三
万兵,以佐明使君定天下。"术知其恨,而以刘繇据曲阿,王朗在会稽,
谓策未必能定,乃许之。
策进攻横江,拔之,渡江转斗,所向皆破,莫敢当其锋者。百姓闻孙郎
至,皆失魂魄。及策至,军士奉令,不敢虏略,鸡犬菜茹③,一无所犯,
民乃大悦。策为人,美姿颜,能笑语,性阔达听受④,善用人,是以士民
见者莫不尽心,乐为致死。策攻刘繇于曲阿,繇兵败走。策入曲阿,
劳赐将士,发恩布令,告谕诸县,威震江东。策以张纮(hóng)为正义校
尉,彭城张昭为长史,常令一人居守,一人从征讨。待昭以师友之礼,
文武之事,一以委之。每得北方士大夫书,专归美于昭,策欢笑曰:

―――――――――

① 开府:成立府署,选置僚属。
② 舅:孙策舅吴景。横江:即横江浦,位于长江西北岸,与东南岸的采石矶相对,形势险
　要。
③ 茹:蔬菜的总名。
④ 听受:听从接受。

"昔管子相齐,一则仲父①,二则仲父,而桓公为霸者宗。今子布贤②,我能用之,其功名独不在我乎!"

纲 雍丘溃,张超自杀。袁绍围东郡,执太守臧洪,杀之。

目 张超在雍丘,曹操围之急,超曰:"惟臧洪当来救吾。"众曰:"袁、曹方睦,洪为袁所表用,必不败好以招祸。"超曰:"子源③,天下义士,终不背本,但恐见制强力,不相及耳。"洪时为东郡太守,徒跣号泣④,从绍请兵,将赴其难。绍不许,雍丘遂溃,超自杀。

洪由是怨绍,绝不与通。绍兴兵围之,历年不下。令陈琳以书喻之,洪复书曰:"仆蒙主人倾盖⑤,遂窃大州,自谓究竟大事,共尊王室。岂期本州被侵,郡将遘(gòu)厄⑥,请师见拒,辞行被拘,使洪故君遂至沦没。区区微节,无所获申,斯所以忍悲挥戈,收泪告绝者也。行矣孔璋⑦,足下徼利于境外,臧洪投命于君亲⑧。子谓余身死而名灭,仆亦笑子生而无闻焉!"绍遂增兵急攻。城陷,生执洪。谓曰:"今日服未?"洪据地瞋目曰:"诸袁事汉,四世五公,可谓受恩。今王室衰弱,无扶翼之意,欲因际会,希冀非望,多杀忠良以立奸威。惜洪力劣,不能推刃为天下报仇,何谓服乎!"绍杀之。

----

① 仲父:齐桓公称管仲为仲父。
② 子布:张昭字。
③ 子源:臧洪字。
④ 徒跣:赤足。
⑤ 倾盖:喻一见如故。
⑥ 郡将:指张超。
⑦ 孔璋:陈琳字。
⑧ 投命:舍命。

洪邑人陈容,少亲慕洪,时在绍坐,起谓绍曰:"将军举大事,欲为天下除暴,而先诛忠义,岂合天意!"绍惭,使人牵出,谓曰:"汝非臧洪俦,空复尔为!"容顾曰:"仁义岂有常,蹈之则君子,背之则小人。今日宁与臧洪同日而死,不与将军同日而生也!"遂复见杀,在坐无不叹息,窃相谓曰:"如何一日杀二烈士!"

纲刘虞故吏鲜于辅迎虞子和,攻公孙瓒,破之。

纲丙子,建安元年(196),夏六月,刘备与袁术战于盱眙(xū yí)①,吕布袭取下邳。备降于布,遂与并兵击术。

纲秋七月,帝还雒阳。

目杨奉、韩暹(xiān)奉帝东还,张杨以粮迎道路。七月,至雒阳。时宫室烧尽,百官披荆棘,依墙壁间。

纲曹操入朝,自为司隶校尉,录尚书事。

目曹操在许②,谋迎天子。众以为"山东未定,韩暹、杨奉负功恣睢(suī),未可卒制。"荀彧曰:"昔晋文公纳周襄王而诸侯景(yǐng)从③,汉高祖为义帝缟素而天下归心。自天子蒙尘,将军首倡义兵,徒以山东扰乱,未遑远赴。今銮驾旋轸④,东京榛芜⑤,诚因此时,奉主上以从人望,大顺也;秉至公以服天下,大略也;扶弘义以致英俊,大德也。

----

① 盱眙:县名,今江苏盱眙县。
② 许:县名,今河南许昌市西南。
③ 景:同"影"。
④ 旋轸:回辕。
⑤ 东京:指洛阳。榛芜:草木丛杂,形容荒凉。

四方虽有逆节①,其何能为! 若不时定,使豪杰生心,后虽为虑,亦无及矣。"操乃遣曹洪将兵西迎天子,董承等拒之,洪不得进。

议郎董昭以杨奉兵马最强而少党援,作操书结奉。奉得书喜,语诸将,共表操为镇东将军。韩暹矜功专恣,董承患之,因潜召操。操乃将兵诣雒阳。既至,奏韩暹、张杨之罪。帝以暹、杨有功,诏勿问。以操领司隶校尉、录尚书事。操于是诛有罪,赏有功,矜死节,封董承等十三人为列侯。

〔曹操迎汉献帝建都于许,挟天子以令诸侯〕

纲 曹操迁帝于许。自为大将军,封武平侯②。

目 操引董昭问计,昭曰:"此中诸将人殊意异,今留匡弼,事势不便,惟有移驾幸许耳。然朝廷播越③,新还旧京,跂望获安,今复徙驾,不厌众心。夫行非常之事,乃有非常之功,愿将军算其多者。"操曰:"此孤本志也。"乃奉车驾东迁,自为大将军,封武平侯。始立宗庙社稷于许。自是,政归曹氏,天子守位而已。

纲 孙策取会稽,太守王朗降。

目 孙策引兵渡浙江④。会稽功曹虞翻说太守王朗避之,朗不从。发兵拒策,策破之。朗遁走,策追击,大破之,朗乃降。策自领会稽太守,复命翻为功曹,待以交友之礼。策好游猎,翻谏曰:"明府喜轻出微行,

① 逆节:指叛逆者。
② 武平:侯国名,今河南鹿邑县西北。
③ 播越:流离失所。
④ 浙江:即今钱塘江。

从官不暇严,吏卒常苦之。夫白龙鱼服,困于豫且①,愿少留意!"策曰:"君言是也。"然不能改。

纲 冬十月,以袁绍为太尉,曹操自为司空。

纲 曹操以荀彧为侍中、尚书令,荀攸为军师,郭嘉为祭酒。

目 操以荀彧为侍中,守尚书令。问以策谋之士,彧荐其从子攸及颍川郭嘉。操征攸,与语,大悦,曰:"公达②,非常人也。吾得与之计事,天下当何忧哉!"以为军师。初,郭嘉往见袁绍,以其好谋无决,去之。操召见,与论天下事,喜曰:"使孤成大业者,必此人也!"嘉出,亦喜曰:"真吾主也!"操表嘉为司空祭酒。

纲 以孔融为将作大匠。

〔曹操募民屯田〕

纲 募民屯田许下,州郡并置田官。

目 中平以来,民弃农业,诸军并起,率乏粮谷,饥则寇略,饱则弃余,瓦解流离,无敌自破者,不可胜数。袁绍军仰桑椹,袁术取给蒲嬴③。枣祇请建置屯田,曹操从之,以祇为屯田都尉,任峻为典农中郎将。募民屯田许下,得谷百万斛。于是州郡例置田官,所在仓廪皆满。故操征伐四方,无运粮之劳。

---

① 白龙鱼服,困于豫且:白龙化为鱼,渔人豫且射中其目。喻贵人微服出行,恐有不测之虞。
② 公达:荀攸字。
③ 蒲嬴:蚌蛤之类。

纲吕布复攻刘备,备走归许。诏以为豫州牧,遣东屯沛①。

目袁术遣将纪灵等攻刘备,备求救于吕布。布驰往救之,灵等乃罢。备合兵得万余人,布恶之,攻备,备败走,归曹操,操厚遇之,以为豫州牧。或谓操曰:"备有英雄之志,今不早图,后必为患。"操以问郭嘉,嘉曰:"有是。然公起义兵,为百姓除暴,推诚杖信以招俊杰,犹惧其未也。今备有英雄名,以穷归己而害之,是以害贤为名也。如此,则智士将自疑,回心择主,公谁与定天下乎! 夫除一人之患以沮四海之望,安危之机也,不可不察。"操笑曰:"君得之矣!"遂益其兵,给粮食,使东至沛,收散兵以图吕布。

〔曹操十胜,袁绍十败〕

纲丁丑,二年(197),春正月,以钟繇为司隶校尉,督关中诸军。

目袁绍与操书,辞语骄慢。操语荀彧、郭嘉曰:"今将讨不义而力不敌,何如?"对曰:"刘、项之不敌,公所知也。今绍有十败,公有十胜,绍虽强,无能为也。绍繁礼多仪,公体任自然,此道胜也;绍以逆动,公奉顺以率天下,此义胜也;桓、灵以来,政失于宽,绍以宽济宽,故不摄②,公纠之以猛,而上下知制,此治胜也;绍外宽内忌,用人而疑之,所任唯亲戚子弟,公外易简而内机明③,用人无疑,唯才所宜,不间远近,此度胜也;绍多谋少决,失在后事,公得策辄行,应变无穷,此谋胜也;绍高议揖逊以收名誉,士之好言饰外者多归之,公以至心待人,不

---

① 沛:县名,今江苏沛县。
② 摄:巩固,持久。
③ 机明:英明,精明。

为虚美,士之忠正远见而有实者皆愿为用,此德胜也;绍见人饥寒,恤念之,形于颜色,其所不见,虑或不及,公于目前小事,时有所忽,至于大事,与四海接,恩之所加,皆过其望,虽所不见,虑无不周,此仁胜也;绍大臣争权,谗言惑乱,公御下以道,浸润不行,此明胜也;绍是非不可知,公所是进之以礼,所不是正之以法,此文胜也;绍好为虚势,不知兵要,公以少克众,用兵如神,军人恃之,敌人畏之,此武胜也。"操笑曰:"如卿所言,孤何德以堪之!"操恐绍侵扰关中。或曰:"侍中钟繇有智谋,若属以西事,公无忧矣。"操乃表繇以侍中守司隶校尉,持节督关中诸军。

评曹操唯才是举:

选人任官的理想境界是德才兼备。曹操在建安年间三次颁发求贤令,明确提出"唯才是举"的用人原则,强调重用能治国安邦的干才。他认为不同时期不同情况下对人才的要求应该有所不同,欲在乱世中脱颖而出,必须以才能、功绩作为选拔官员的主要标准。唯才是举体现人无完人,慎勿苛求,才重一技,用其所长的用人思想,使曹操在当时军阀的竞争中获得优势。

〔袁术称帝〕

纲 袁术称帝,杀故兖州刺史金尚。

目 术僭号于寿春,欲以金尚为太尉,尚不许而逃去,术杀之。

纲 三月,以袁绍为大将军,兼督冀、青、幽、并四州。

纲 夏五月,蝗。

纲以吕布为左将军。布击袁术兵，破之。

目袁术遣使以称帝告吕布，因求迎妇①，布遣女随之。陈珪恐徐、扬合从②，为难未已，往说布曰："曹公奉迎天子，辅赞国政，将军宜与协同策议，共存大计。今与术结昏，必受不义之名，将有累卵之危矣！"布女已在途，乃追还绝昏，会诏以布为左将军，曹操复遗布手书，深加慰纳。布大喜，即遣珪子登奉章谢恩，并答操书。登见操，因陈布勇而无谋，轻于去就，宜早图之。操即增珪秩中二千石，拜登广陵太守。令阴合部众为内应。始布因登求徐州牧不得，登还，布怒，拔戟斫几曰③："卿父劝吾协同曹操，绝昏公路。今吾所求无获，而卿父子显重，但为卿所卖耳！"登不为动，徐对之曰："登见曹公言：'养将军譬如养虎，当饱其肉，不饱则将噬人。'公曰：'不如卿言。譬如养鹰，饥即为用，饱则飏（yáng）去④。'其言如此。"布意乃解。袁术遣其大将张勋等与韩暹、杨奉步骑数万七道攻布。布用珪策，与暹、奉书。暹、奉大喜，从布进军。暹、奉兵同时叫呼，并到勋营，勋等散走，杀伤堕水死者殆尽。

纲以孙策为会稽太守，讨袁术。

纲秋九月，曹操击袁术，走破之。

目曹操东征袁术。术走渡淮，时天旱岁荒，士民冻馁，术由是遂衰。沛

---

① 迎妇：前一年吕布同意袁术为子求婚。
② 徐：谓吕布，时自称徐州牧。扬：谓袁术，时割据扬州。
③ 几：古人坐时凭依或搁置物件的小桌。
④ 飏：飞。

国许褚,勇力绝人,聚众归操,操曰:"此吾樊哙也!"即日拜都尉。

纲 戊寅,三年(198),秋九月,吕布复攻刘备。冬,曹操击布,杀之。

目 吕布复与袁术通,遣高顺、张辽攻刘备。九月,破沛城①,虏备妻子,备单身走。荀攸劝曹操自击布。操围下邳久,疲敝,欲还。荀攸、郭嘉曰:"吕布勇而无谋,陈宫有智而迟。今及布气之未复,宫谋之未定,急攻之,布可拔也。"乃引沂、泗灌城,月余,布益困迫,乃降。布见操曰:"明公之所患不过于布,今已服矣。若令布将骑,明公将步,天下不足定也。"操命缓布缚,刘备曰:"不可。明公不见吕布事丁建阳、董太师乎②!"操领之。

操谓宫曰:"奈卿老母妻子何?"宫曰:"宫闻以孝治天下者不害人之亲,施仁政于天下者不绝人之祀。老母妻子存否,在明公,不在宫也。"操为之泣涕,并布、顺皆缢杀之。召宫母养之终其身,嫁宫女,抚视其家,皆厚于初。张辽、臧霸等皆降。

纲 以刘备为左将军。

目 备从操还许,操表以为左将军,礼之愈重。

纲 以孙策为讨逆将军,封吴侯③。

目 孙策遣张纮献方物④,曹操欲抚纳之,表策为讨逆将军,封吴侯,以纮

---

① 沛城:沛县城。
② 建阳:丁原字。
③ 吴:侯国名,今江苏苏州市。
④ 方物:土产。

为侍御史。袁术以周瑜为居巢长,临淮鲁肃为东城长①。瑜、肃知术无成,弃官渡江从策。

纲 袁绍攻公孙瓒,围之。

纲 己卯,四年(199),春三月,瓒自焚死。

〔袁术败死〕

纲 夏,袁术北走,诏刘备将兵邀之,术还走,死。

目 术既称帝,淫侈滋甚,既而资实空尽,不能自立,乃遣使归帝号于绍。袁谭迎术,欲从下邳北过。曹操遣刘备邀之,复走寿春。六月,至江亭,坐簀(zé)床而叹曰②:"袁术乃至此乎!"因愤慨欧血死。

纲 秋八月,曹操进军黎阳③。九月,还许,分兵守官渡④。

目 袁绍益骄,简精兵欲攻许。沮授谏曰:"夫救乱诛暴,谓之义兵;恃众凭强,谓之骄兵;义者无敌,骄者先灭。曹操奉天子以令天下,今举师南向,于义则违。且庙算之策⑤,不在强弱。今弃万安之术而兴无名之师,窃为公惧之!"郭图、审配曰:"武王伐纣,不为不义。况兵加曹操而云无名?且以公今日之强,将士思奋,不及时以定大业,所谓'天与不取,反受其咎'。"绍纳图言。令图等攻许。八月,曹操进军黎阳。

① 临淮:郡名,治今江苏邳州市。东城:县名,今安徽定远县。
② 簀床:无茵席之床。
③ 黎阳:县名,今河南浚县。
④ 官渡:在今河南中牟县境。
⑤ 庙算:对战事进行的谋划。

九月,操还许,分兵守官渡。

纲 冬十一月,刘表遣从事中郎韩嵩诣许。

目 袁绍使人求助于刘表,表许之,而竟不至,亦不援曹操。从事中郎韩
嵩曰:"曹操善用兵,贤俊多归之,其势必举袁绍①,然后移兵以向江、
汉,恐将军不能御也。今莫若举荆州以附曹操,操必重德将军,长享
福祚,此万全之策也。"表狐疑不断,乃遣嵩诣许曰:"君为我观其
衅。"嵩曰:"'圣达节,次守节。'嵩,守节者也。夫君臣名定,以死守
之。将军能上顺天子,下归曹公,使嵩可也。如其犹豫,嵩至京师,天
子假嵩一职,不获辞命,则成天子之臣,将军之故吏耳。在君为君,则
嵩守天子之命,义不得复为将军死也。惟加重思,无为负嵩!"表强
之。至许,诏拜嵩侍中、零陵太守。及还,盛称朝廷之德,劝表遣子入
侍。表大怒,以为怀贰,大会,陈兵,将斩之。嵩不为动,徐曰:"将军
负嵩,嵩不负将军!"具陈前言,表乃囚之。

纲 孙策袭庐江,取之。徇豫章,太守华歆降。

目 孙策袭庐江太守刘勋,取之。将徇豫章,谓虞翻曰:"华子鱼自有名
字②,然非吾敌也。若不开门让城,金鼓一震,不得无所伤害。卿便
在前,具宣孤意。"翻乃往见华歆,说之,歆乃夜作檄,明旦遣吏赍迎。
策便进军,歆葛巾迎策③。策曰:"府君年德名望,远近所归,策年幼
稚,宜修子弟之礼。"便向歆拜,礼为上宾。

---

① 举:攻克。
② 子鱼:华歆字。
③ 葛巾:用葛布制成的头巾。

纲 刘备起兵徐州,讨曹操。操遣兵击之。

目 初,董承称受帝衣带中密诏,与刘备谋诛曹操。操从容谓备曰:"今天下英雄,惟使君与操耳。本初之徒,不足数也①!"备方食,失匕箸②,值雷震,备因曰:"圣人云'迅雷风烈必变',良有以也。"遂与承及种辑等同谋。会操遣备邀袁术,备遂杀徐州刺史,留关羽守下邳,身还小沛③。郡县多叛操为备。备众数万人,遣使与袁绍连和。操遣长史刘岱击之,不克。备谓曰:"使汝百人来,无如我何。曹公自来,未可知耳!"

王　勇　评注

陈苏镇　审定

① 本初:袁绍字。

② 匕箸:食具,羹匙和筷子。

③ 小沛:即沛县。

纲鉴易知录卷二六

卷首语：本卷起汉献帝建安五年（200），止建安十九年（214），所记为东汉末年军阀混战史事。建安五年的官渡之战奠定了曹操统一北方的基础，建安十三年赤壁之战后曹、刘、孙三家瓜分荆州，此后曹操平定关陇，刘备取益州，孙权继续巩固江东政权。魏、蜀、吴统治者在此期间相继打下自己基业，三国鼎立局面确立。

东汉纪

孝献皇帝

纲 庚辰,五年(建安五年,200),春正月,操杀车骑将军董承,遂击备,破之。备奔冀州。

目 董承谋泄,操杀承等,皆夷三族。操欲自讨刘备,诸将皆曰:"与公争天下者,袁绍也。今绍方来而弃之东,绍乘公后,若何?"操曰:"刘备,人杰也,今不击,必为后患。"郭嘉曰:"绍性迟而多疑①,来必不速。备新起,众心未附,急击之,必败。"操师遂东。田丰说袁绍曰:"曹、刘连兵,未可卒解。公举军而袭其后,可一往而定。"绍辞以子疾,丰举杖击地曰:"嗟乎! 遭难遇之时,而以婴儿病失其会,惜哉,事去矣!"

操击刘备,破之,获其妻子。进拔下邳,禽关羽②。备奔冀州,归袁绍,绍去邺二百里迎之③。驻月余,亡卒稍归之。

纲 二月,曹操还官渡。袁绍进军黎阳。夏四月,绍遣兵攻白马,操击破之,斩其将颜良、文丑。

目 操还官渡,绍乃议攻许。二月,进军黎阳。绍遣颜良攻白马。操引军

---

① 迟:迟钝。

② 禽:同"擒"。

③ 邺:时为冀州治,今河北临漳县。

兼行趣白马①,良来迎战。关羽望见良麾盖②,策马刺良于万众之中,斩其首而还,绍军莫能当者。遂解白马之围,徙其民而西。绍渡河追之,沮授临济叹曰③:"上盈其志④,下务其功⑤,悠悠黄河,吾其济乎!"遂以疾辞。绍不许而意恨之。绍军至延津南⑥,操陈辎重饵敌⑦,率将纵击,大破之,斩绍骑将文丑。丑、良皆绍名将,再战禽之,绍军夺气。

初,操壮关羽之为人,而察其无留意,使张辽以其情问之。羽叹曰:"吾极知曹公待我厚,然吾受刘将军恩,誓以共死,不可背之。要当立效以报曹公乃去耳。"辽以报操,操义之。及杀良,操知其必去,重加赏赐。羽尽封其所赐,拜书告辞⑧,而奔刘备于袁军。左右欲追之,操曰:"彼各为其主,勿追也。"

[孙权继承父兄基业,拥有江东六郡]

纲 孙策卒,弟权代领其众。

目 策欲乘虚袭许,部署未发,会先所杀吴郡太守许贡奴客,因其出猎,伏篁(huáng)竹中射之⑨,中颊。创甚,召张昭等谓曰:"中国方乱,以吴

────────────

① 兼行:以加倍速度赶路。
② 麾盖:将帅用的旌旗伞盖。
③ 济:渡河。
④ 盈其志:指心高气傲。
⑤ 务其功:指贪功夺利。
⑥ 延津:时属陈留郡酸枣县,在今河南延津县北。
⑦ 辎重:行军时载粮草、衣物等的车辆。
⑧ 拜书:写信给别人的敬词。
⑨ 篁竹:竹丛。

越之众,三江之固①,足以观成败,公等善相吾弟!"呼权,佩以印绶,谓曰:"决机于两陈之间,与天下争衡,卿不如我;举贤任能,各尽其心以保江东,我不如卿。"遂卒,时年二十六。权悲号,未视事,昭曰:"孝廉②!此宁哭时邪!"乃易权服,使出巡军。张昭、周瑜一见权可与共成大业,遂委心而服事焉。

〔官渡之战奠定曹操统一北方的基础〕

纲 秋九月,袁绍攻曹操于官渡。冬十月,操袭破其辎重,绍军大溃。

目 袁绍军阳武③,曹操坚壁持之。绍运谷车数千乘至官渡,操击烧之。

十月,绍复遣军运谷,使淳于琼等将兵送之,操击破之,斩琼等,尽燔其粮谷。于是绍军惊扰,大溃。绍与八百骑渡河。操追之不及,尽收其辎重、图书、珍宝。绍走,至黎阳北岸,入其将蒋义渠营。众闻绍在,稍复归之。

或谓田丰曰:"君必见重矣。"丰曰:"公貌宽而内忌,不亮吾忠,若胜而喜,犹能赦之;今战败而恚,吾不望生。"绍谓逄(páng)纪曰:"田别驾前谏止吾,吾亦惭之。"纪曰:"丰闻将军之退,拊手大笑,喜其言之中也。"绍于是谓僚属曰:"吾不用田丰言,果为所笑。"遂杀之。

绍为人宽雅,有局度④,喜怒不形于色,而性矜愎自高⑤,短于从善,故至于败。

———————————

① 三江:太湖下游入海水道淞江、东江和娄江。
② 孝廉:孙权为阳羡长时,郡举孝廉。
③ 阳武:县名,今河南原阳县东南,在官渡北。
④ 局度:才干气度。
⑤ 矜愎:骄傲执拗。

纲 以孙权为讨虏将军。

目 曹操闻孙策死,欲因丧伐之。张纮谏曰:"乘人之丧,既非古义,若其不克,成仇弃好,不如因而厚之。"操即表权为讨虏将军,领会稽太守。操欲令纮辅权内附,乃以纮为会稽都尉。鲁肃将北还,周瑜止之,因荐于权。权即见肃,与语,悦之。宾退,独引肃合榻对饮,问计。肃曰:"汉室不可复兴,曹操不可卒除,为将军计,唯有保守江东,以观天下之衅耳。若因北方多务,剿除黄祖①,进伐刘表,竟长江所极,据而有之,此王业也。"

纲 辛巳,六年(201),秋九月,操击刘备于汝南,备奔荆州。

目 操击备于汝南,备奔刘表。表闻备至,自出郊迎②,以上宾礼待之,益其兵,使屯新野③。备在荆州数年,尝于表坐起至厕,慨然流涕。表怪,问备,备曰:"平常身不离鞍,髀(bì)肉皆消④。今不复骑,髀里肉生。日月如流,老将至矣,而功业不建,是以悲耳。"

纲 壬午,七年(202),春正月,曹操复进军官渡。夏五月,袁绍卒。幼子尚袭行州事,长子谭出屯黎阳。操攻败之。

目 袁绍惭愤,发病呕血,薨。初,绍有三子,谭、熙、尚。绍后妻刘氏爱尚,绍欲以为后,乃以谭继兄后,出为青州刺史。逢纪、审配素为谭所疾,辛评、郭图皆附于谭,而与配、纪有隙。及绍薨,众以谭长,欲立

---

① 剿除:消灭。黄祖:荆州江夏郡太守。
② 郊迎:古代出郊迎宾,以示隆重、尊敬。
③ 新野:县名,今河南新野县。
④ 髀肉:大腿上的肉。

之。配等恐谭立而评等为害,遂矫绍遗命,奉尚为嗣。谭至,不得立,自称车骑将军,屯黎阳。尚少与之兵,而使纪随之。谭求益兵,配等不与。谭怒,杀纪。曹操攻谭,尚自将助之,与操相拒,谭、尚数败。

纲 曹操责孙权任子①,权不受命。

目 曹操下书责孙权任子,权引周瑜诣吴夫人前定议,瑜曰:"将军承父、兄余资,兼六郡之众,兵精粮多,将士用命,铸山煮海,境内富饶,有何逼迫而欲送质? 质一入,不得不与曹氏相首尾②。与相首尾,则命召不得不往。如此见制于人,极不过一侯印,仆从十余人,车数乘,马数匹,岂与南面称孤同哉!"吴夫人曰:"公瑾议是也③。公瑾与伯符同年④,小一月耳,我视之如子,汝其兄事之。"遂不送质。

纲 癸未,八年(203),春二月,曹操攻黎阳,谭、尚败走。夏四月,操追至邺而还。谭攻尚,不克。

目 曹操攻黎阳,谭、尚败,走还邺。操追至邺,留贾信守黎阳而还。谭谓尚曰:"今曹军退,人怀归志,及其未济,出兵掩之,可令大溃,此策不可失也。"尚疑之。谭大怒,攻尚。谭败,引兵还南皮⑤。谭别驾王脩自青州来救,谭欲更还攻尚,脩曰:"兄弟者,左右手也。今与人斗而断其右手,曰'我必胜',其可乎?"谭不从。

① 任子:质子。
② 首尾:比喻关系密切,互有牵连。
③ 公瑾:周瑜字。
④ 伯符:孙策字。
⑤ 南皮:县名,今河北南皮县。

纲 秋八月，操击刘表。尚围谭于平原①，冬十月，操还救，却之。

目 操击刘表军于西平②。袁尚攻袁谭，大破之，谭奔平原。尚围之急，谭遣辛评弟毗（pí）诣曹操请救。毗至西平，操群下多以为刘表方强，宜先平之，荀攸曰："天下方有事，而刘表坐保江、汉之间，其无四方之志可知矣。袁氏据四州之地，带甲数十万，使二子和睦，则天下之难未息也。今及其乱而取之，天下定矣。"操从之。十月，至黎阳，尚闻操渡河，乃释平原还邺。操引军退。

纲 甲申，九年（204），春二月，袁尚复攻谭。夏四月，曹操攻邺。秋七月，尚还战，败走幽州。操遂入邺，自领冀州牧。

纲 冬十二月，曹操攻平原，拔之。袁谭走保南皮。

纲 乙酉，十年（205），春正月，曹操攻南皮，克之，斩袁谭。

目 王脩诣操，乞收葬谭尸，许之，辟为司空掾。

官渡之战，袁绍使陈琳为檄书，数操罪恶，连及家世，极其丑诋③。及是，琳归操，操曰："卿昔为本初移书，但可罪状孤身，何乃上及父祖邪！"琳谢罪，操释之，使与阮瑀（yǔ）俱管记室④。

纲 幽州将吏逐刺史袁熙，遣使降操。熙、尚俱奔乌桓⑤。

目 袁熙为其将焦触、张南所攻，与尚俱奔辽西乌桓。触自号幽州刺史，

① 平原：县名，今山东平原县。
② 西平：县名，今河南西平县。
③ 丑诋：毁谤。
④ 记室：职官名，掌章表书记文檄。
⑤ 乌桓：属东胡，时乌桓蹋顿据辽西郡柳城等地，在今辽宁锦州市、朝阳市一带。

驱率守令,背袁向曹,令曰:"敢违者斩!"别驾韩珩(héng)曰:"吾受袁公父子厚恩,今其破亡,智不能救,勇不能死,于义阙矣。若乃北面曹氏①,所不能为也。"一座失色。触曰:"夫举大事,当立大义,事之济否,不待一人,可卒珩志,以厉事君②。"乃舍之。

綱 冬十月,以荀悦为侍中。

目 时政在曹氏,悦志在献替③,而谋无所用,故作《申鉴》五篇,奏之。其大略曰:"为政之术,先屏四患,乃崇五政。伪乱俗,私坏法,放越轨④,奢败制,是谓四患。兴农桑以养其生,审好恶以正其俗,宣文教以章其化,立武备以秉其威,明赏罚以统其法,是谓五政。四患既蠲⑤,五政又立,行之以诚,守之以固,而海内平矣。"悦,爽之兄子也。

綱 丁亥,十二年(207),夏,操击乌桓。秋八月,破之,斩蹋顿。袁熙、袁尚奔辽东,公孙康斩之。

〔隆中对〕

綱 冬十月,刘备见诸葛亮于隆中⑥。

目 初,琅邪诸葛亮寓居襄阳隆中⑦,每自比管仲、乐毅,时人莫之许也,惟颖川徐庶、崔州平然之。刘备访士于襄阳司马徽。徽曰:"儒生俗士,

① 北面:谓臣服于人。
② 厉:劝勉。
③ 献替:进献可行者,废去不可行者。谓对君主进谏,劝善规过。亦泛指议论国事兴革。
④ 放:放荡。
⑤ 蠲:除去。
⑥ 隆中:在今湖北襄阳市境。
⑦ 琅邪:郡名,治今山东临沂市。

岂识时务。识时务者在乎俊杰,此间自有伏龙、凤雏。"备问为谁。曰:"诸葛孔明、庞士元也①。"徐庶亦谓备曰:"诸葛孔明,卧龙也,将军岂愿见之乎?"备曰:"君与俱来。"庶曰:"此人可就见,不可屈致也②,将军宜枉驾顾之③。"

备由是诣亮,凡三往,乃见。因屏人曰:"汉室倾颓,奸臣窃命,孤不度德量力,欲信大义于天下,而智术浅短,遂用猖獗④,至于今日。然志犹未已,君谓计将安出?"亮曰:"今曹操已拥百万之众,挟天子以令诸侯,此诚不可与争锋。孙权据有江东,已历三世,国险而民附,贤能为之用,此可与为援而不可图也。荆州北据汉、沔,利尽南海,东连吴、会⑤,西通巴、蜀,此用武之国,而其主不能守,此殆天所以资将军也。益州险塞,沃野千里,天府之土。刘璋暗弱,张鲁在北,民殷国富而不知存恤,智能之士思得明君。将军既帝室之胄,信义著于四海,若跨有荆、益,保其岩阻,西和诸戎,南抚夷越,外结孙权,内修政理,天下有变,则命一上将将荆州之军以向宛、洛,将军身率益州之众出于秦川⑥,百姓孰敢不箪(dān)食壶浆以迎将军者乎⑦! 诚如是,则霸业可成,汉室可兴矣。"备曰:"善!"于是与亮情好日密。关羽、张飞不悦,备解之曰:"孤之有孔明,犹鱼之有水也。愿诸君勿复言。"羽、飞乃止。

---

① 士元:庞统字。
② 屈致:委屈招致。
③ 枉驾:敬辞,屈尊相访。
④ 猖獗:颠覆,失败。
⑤ 吴会:指吴、会稽两郡。
⑥ 秦川:地区名。泛指今陕西、甘肃的秦岭以北平原地带。
⑦ 箪食壶浆:百姓用箪盛着饭,用壶盛着汤来欢迎他们爱戴的军队。

评隆中对：

　　"隆中对"中诸葛亮向刘备彻谈天下大势,提出逐步立足,进取开拓的近期方略与远期方略。"隆中对"的分析大体符合当时形势,提供了基本正确的政治选择,体现出诸葛亮的政治远见。但失去荆州后,蜀汉实力减弱,以成都为中心的蜀国,为地理、财力、人力、军力等条件所限,丧失了争夺天下的力量和机会。

　　徽清雅有知人之鉴。同县庞德公素有重名,徽兄事之。亮每至其家,独拜床下,德公初不令止。士元名统,德公从子也,少朴钝,未有识者,唯德公与徽重之。德公尝谓孔明为卧龙,士元为凤雏,德操为冰鉴①。故徽与备语而称之。

纲 戊子,十三年(208),春正月,孙权击江夏太守黄祖,破斩之。

〔曹操自为丞相〕

纲 夏六月,罢三公官,曹操自为丞相。

目 操以崔琰为西曹掾②,毛玠为东曹掾③,司马朗为主簿,弟懿为文学掾。

　　琰、玠并典选举,其所举用皆清正之士④,由是士以廉节自励。操闻之,叹曰:"用人如此,使天下人人自治,吾复何为哉!"

　　懿少聪达⑤,多大略。琰谓朗曰:"君弟聪亮明允,刚断英特⑥,非子所

---

① 德操:司马徽字。
② 西曹掾:丞相属官,主管府史署用。
③ 东曹掾:丞相属官,主管二千石及长吏迁除。
④ 清正:清白正直。
⑤ 聪达:聪明而通达事理。
⑥ 英特:才智超群。

及也!"操闻而辟之,懿辞以风痹①。操怒,欲收之②,懿惧,就职。

纲秋七月,曹操击刘表。

纲八月,操杀大中大夫孔融,夷其族。

目融恃其才望,数戏侮曹操,御史大夫郗(xì)虑承操旨③,奏融"昔在北海④,招合徒众,欲为不轨。又与祢衡更相赞扬。衡谓'仲尼不死',融答'颜回复生',大逆不道"。操遂收融,并其妻子皆杀之。

初,京兆脂习与融善,每戒融刚直太过,必罹世患。及融死,许下莫敢收者。习往抚尸曰:"文举舍我死⑤,吾何用生为!"操收习,欲杀之,既而赦之。

[刘琮以荆州降曹操]

纲刘表卒。九月,操至新野,表子琮举州降。

目初,刘表二子,琦、琮。表为琮娶其后妻蔡氏之侄,蔡氏遂爱琮而恶琦。琦不自宁,与诸葛亮谋自安之术,亮不对。后乃与亮升楼,去梯,谓曰:"今日上不至天,下不至地,言出子口,而入吾耳,可以言未?"曰:"君不见申生在内而危⑥,重耳居外而安乎⑦?"琦意感悟,会黄祖

---

① 风痹:中医学指因风寒湿侵袭而引起的肢节疼痛或麻木的病症。
② 收:拘捕。
③ 御史大夫:掌监察并帮助丞相处理政务,曹操罢三公官后复置。
④ 北海:建安初,孔融为北海相。
⑤ 文举:孔融字。
⑥ 申生:晋献公太子,为骊姬潜死。
⑦ 重耳:晋献公子,惧骊姬谗出奔,后入为文公。

死,琦求代其任,表乃以琦为江夏太守。表卒,琮嗣。未几,曹操军至,蒯(kuǎi)越等曰:"逆顺有大体,强弱有定势。以人臣而拒人主,逆道也,以新造之楚而御中国①,必危也。"琮从之。操至新野,琮举州降,操遂进兵。

〔刘备以人为本,不弃荆州众人〕

纲 刘备奔江陵②,操追至当阳③,及之。备走夏口④。

目 刘备屯樊⑤,琮降而不以告备。久乃觉,则操已在宛矣。备乃大惊,或劝备攻琮,荆州可得。备曰:"刘荆州临亡托我以孤遗,背信自济,死何面目以见刘荆州乎!"将其众去,过襄阳,呼琮。琮惧,不能起。琮左右及荆州人多归备。比到当阳,众十余万人,辎重数千两,日行十余里,别遣关羽乘船会江陵。或谓备宜速行保江陵,备曰:"夫济大事必以人为本,今人归吾,吾何忍弃去!"

目 曹操以江陵有军实⑥,恐刘备据之,乃释辎重,将精兵急追之,及于当阳之长阪。备弃妻子,与诸葛亮、张飞、赵云等数十骑走。徐庶母为操所获,庶辞备,指其心曰:"本欲与将军共图王霸之业者,以此方寸地也。今已失老母,方寸乱矣,无益于事,请从此别。"遂诣操。张飞拒后,据水断桥,瞋目横矛曰:"身是张翼德也,可来共决死!"操兵无

① 楚:指荆州。
② 江陵:县名,今湖北荆州市。
③ 当阳:县名,今湖北荆门市。
④ 夏口:为汉水入长江处,在今湖北武汉市境。
⑤ 樊:城名,在汉水北岸,今湖北襄阳市樊城区境。
⑥ 军实:军用物资。

敢近者。云抱备子禅，与关羽船会，得济沔，遇刘琦众万余人，与俱到夏口。

纲 操进军江陵。

目 曹操进军江陵，释韩嵩之囚，以和洽、刘廙(yì)为掾属，从人望也。刘璋遣别驾张松致敬于操。松为人短小放荡，操已定荆州，走刘备，不存录松①。松怨之，归劝璋绝操，与刘备相结，璋从之。

〔赤壁之战使曹操统一全国的希望破灭，形成天下三分的初步格局〕

纲 冬十月，曹操东下，孙权遣周瑜、鲁肃等与刘备迎击于赤壁，大破之。操引还。

目 初，鲁肃言于孙权曰："荆州与国邻接，江山险固，沃野万里，士民殷富，若据而有之，此帝王之资也。肃请得奉命说刘备，使抚刘表众，同心一意，共治曹操，如其克谐②，天下可定也。今不速往，恐为操所先。"权即遣肃行。到夏口，闻操已向荆州，晨夜兼道，比至南郡，而刘琮已降，肃遂迎备于当阳长阪。宣权旨，致殷勤之意。且曰："孙讨虏聪明仁惠③，敬贤礼士，兵精粮多，足以立事。今为君计，莫若遣腹心自结于东，以共济世业。"备甚悦。进住樊口④。

操将顺江东下。诸葛亮谓备曰："事急矣，请奉命求救于孙将军。"遂

① 存录：存恤并录用。
② 克谐：能和谐、调和。
③ 孙讨虏：孙权为讨虏将军。
④ 樊口：为樊溪入江处，在今湖北鄂州市境。

与肃俱诣孙权。见于柴桑①，说曰："海内大乱，将军起兵江东，刘豫州收众汉南②，与曹操并争天下。今操芟（shān）夷大难③，略已平矣，遂破荆州，威震四海。英雄无用武之地，故豫州遁逃至此，愿将军量力而处之！若能以吴越之众，与中国抗衡，不如早与之绝；若不能，何不按兵束甲，北面而事之！今将军外托服从之名，而内怀犹豫之计，事急而不断，祸至无日矣。"权曰："苟如君言，刘豫州何不遂事之乎？"亮曰："田横，齐之壮士耳，犹守义不辱。况刘豫州王室之胄，英才盖世，安能为之下乎！"权勃然曰："吾不能举全吴之地，受制于人。吾计决矣！非刘豫州莫可与当曹操者，然豫州新败，安能抗此难乎？"亮曰："豫州军虽败于长阪，今战士还者及关羽水军精甲万人，刘琦合江夏战士亦不下万人。曹操之众，远来疲敝，闻追豫州，轻骑一日一夜行三百余里，此所谓'强弩之末势不能穿鲁缟'者也④。故《兵法》忌之，曰'必蹶上将军'⑤。且北方之人，不习水战，又荆州之民附操者，逼兵势耳，非心服也。今将军诚能与豫州协规同力⑥，破操军必矣。操军破，必北还。如此，则荆、吴之势强，鼎足之形成矣。成败之机，在于今日！"权大悦。

时操遗权书曰："近者奉辞伐罪，刘琮束手。今治水军八十万众，方与将军会猎于吴⑦。"权以示群下，莫不失色。张昭等曰："将军大势可

① 柴桑：县名，今江西九江市。
② 刘豫州：建安元年曹操以刘备为豫州牧。
③ 芟夷：铲除。
④ 鲁缟：鲁地出产的白色生绢，以薄细著称。
⑤ 蹶：毙命。
⑥ 协规：共同谋划。
⑦ 会猎：喻发生战争。

以拒操者,长江也,今操得荆州水军,长江之险已与我共之矣,愚谓大计不如迎之。"鲁肃密言于权曰:"向察众人之议,专欲误将军,不足与图大事。愿早定大计。"

时周瑜受使至番(pó)阳①,肃劝权召瑜还。瑜至,谓权曰:"操虽托名汉相,实汉贼也。将军割据江东,兵精足用,当横行天下,为国家除残去秽,况操自送死,而可迎之邪! 请为将军筹之:今北土未平,马超、韩遂为操后患;而操舍鞍马,杖舟楫,与吴越争衡;又今盛寒,马无藁草,驱中国士众远涉江、湖之间,不习水土,必生疾病。此数者用兵之患也,而操皆冒行之,将军禽操,宜在今日。瑜请得精兵数万人,进住夏口,保为将军破之!"权曰:"老贼欲废汉自立久矣,徒忌二袁、吕布、刘表与孤耳。今数雄已灭,惟孤尚存。孤与老贼,势不两立! 君言当击,甚与孤合,此天以君授孤也。"因拔剑斫前奏案曰:"诸将吏敢有复言当迎操者,与此案同!"因抚瑜背曰:"公瑾,卿言至此,甚合孤心。子布、元表②,各顾妻子,深失所望。独卿与子敬与孤同耳③,此天以卿二人赞孤也④。已选三万人,船粮战具俱办。卿与子敬、程公便在前发,孤当续发人众,多载资粮,为卿后援。"遂以周瑜、程普为左右督,与备并力逆操,以鲁肃为赞军校尉,助画方略。

刘备望见瑜船,乘单舸往见瑜,问"战卒有几?"瑜曰:"三万人。"备曰:"恨少。"瑜曰:"此自足用,豫州但观瑜破之。"进与操遇于赤壁。

————————————

① 番阳:县名,今江西鄱阳县。
② 子布:张昭字。元表:秦松字。二人俱请迎操。
③ 子敬:鲁肃字。
④ 赞:辅佐。

时操军已有疾疫。初一交战,操军不利,引次江北。瑜等在南岸,瑜部将黄盖曰:"今寇众我寡,难与持久。操军方连船舰,首尾相接,可烧而走也。"乃取蒙冲斗舰十艘①,载燥荻、枯柴,灌油其中,裹以帷幕,上建旌旗,豫备走舸,系于幕尾。先以书遗操,诈云欲降。时东南风急,盖以十舰最著前,中江举帆,余船以次俱进。操军吏士皆出营立观,指言盖降。去北军二里余,同时发火,火烈风猛,船往如箭,烧尽北船,延及岸上营落。顷之,烟焰张天,人马烧溺死者甚众。瑜等率轻锐继其后,雷鼓大进,北军大溃。操引军走,刘备、周瑜水陆并进,追至南郡。操军死者大半。操乃留曹仁守江陵,乐进守襄阳,引军北还。于是将士形势自倍,瑜乃渡江,屯北岸,与仁相拒。

〔刘备攻取大半个荆州〕

纲 十二月,刘备徇荆州江南诸郡,降之。

目 刘备表刘琦为荆州刺史,引兵南徇武陵、长沙、桂阳、零陵,皆降。庐江营帅雷绪率部曲数万口归备。备以诸葛亮为军师中郎将②,督诸郡赋税以充军实。

纲 己丑,十四年(209),孙权表刘备领荆州牧。

目 周瑜攻曹仁岁余,所杀伤甚众,仁委城走③。权以瑜领南郡太守,屯江陵。会刘琦卒,权以备领荆州牧,周瑜分南岸地以给备。备立营于油

---

① 蒙冲:战船名。以生牛皮蒙船覆背,两厢开掣棹孔,左右有弩窗、矛穴。斗舰:战船。
② 军师中郎将:刘备创置官名,有兵权。
③ 委:舍弃。

口,改名公安①。权以妹妻备。妹才捷刚猛,有诸兄风,侍婢百余人,皆执刀侍立,备每入,心常凛凛②。

曹操密遣辩士蒋干,布衣葛巾私行说周瑜。瑜出迎,立谓之曰:"子翼良苦③,远涉江、湖,为曹氏作说客邪!"因延干,与周观营中,行视仓库、军资、器仗讫,还饮宴,因谓干曰:"丈夫处世,遇知己之主,外托君臣之义,内结骨肉之恩,言行计从,祸福共之,假使苏、张复生④,能移其意乎!"干但笑,终无所言。还白操,称瑜雅量高致,非言辞所能间也。

纲 庚寅,十五年(210),冬,曹操作铜爵台于邺⑤。

[曹操"让县自明本志令"]

纲 十二月,操让还三县。

目 操下令曰:"孤始于谯东五十里筑精舍⑥,欲秋夏读书,冬春射猎,为二十年规,待天下清乃出仕耳。然不能如意,征为典军校尉,意遂更欲为国家讨贼立功,使题墓道言'汉故征西将军曹侯之墓',此其志也。遭值董卓之难,兴举义兵。破降黄巾,又讨击袁术,摧破袁绍,枭其二子,复定刘表,遂平天下。身为宰相,人臣之贵已极,意望已过矣。设使国家无有孤,不知当几人称帝,几人称王。或者见孤强盛,

---

① 公安:县名,今湖北公安县西北。油水入长江处。
② 凛凛:惊恐畏惧貌。
③ 子翼:蒋干字。
④ 苏、张:苏秦、张仪。
⑤ 爵:通"雀"。
⑥ 精舍:学舍,书斋。

妄相忖度，言有不逊之志，每用耿耿，然欲孤便尔委兵归国，实不可也。何者？诚恐离兵为人所祸，既为子孙计，又己败则国家倾危，是以不得慕虚名而处实祸也！然封兼四县，食户三万，何德堪之！今上还阳夏、柘、苦三县①，户二万，但食武平万户，且以分损谤议，少减孤之责也！”

纲 孙权南郡守将周瑜卒，权以鲁肃代领其兵。

目 刘表故吏士多归刘备，备以周瑜所给地少，不足以容其众，乃自诣孙权，求都督荆州。瑜上疏曰：“刘备以枭雄之姿，而有关羽、张飞熊虎之将，必非久屈为人用者。恐蛟龙得云雨，终非池中物也！”权不从。备还，乃闻之，叹曰：“天下智谋之士，所见略同。前时孔明谏孤莫行，其意亦虑此也。”瑜诣京见权②，曰：“今曹操新败，忧在腹心，未能与将军连兵相事也③。乞与奋威俱进④，取蜀而并张鲁，因留奋威固守其地，与马超结援，瑜还与将军据襄阳以蹙(cù)操⑤，北方可图也。”权许之。周瑜还治行装，道病困，与权笺曰⑥：“今曹操在北，疆埸(yì)未静；刘备寄寓，有似养虎，此朝士旰(gàn)食之秋⑦，至尊垂虑之日也。鲁肃忠烈，临事不苟，可以代瑜。倘所言可采，瑜死不朽矣！”卒于巴丘⑧。权闻之，哀恸曰：“公瑾有王佐之才，今忽短命，孤何赖哉！”为

① 柘：县名，今河南柘城县。
② 京：即京口，在今江苏镇江市。时孙权将首府迁至此，称为京城。
③ 相事：相与从事战争。
④ 奋威：孙权从兄奋威将军孙瑜。
⑤ 蹙：使窘迫。
⑥ 笺：文体名，为上书奏记文章。
⑦ 旰食：晚食，泛指勤于政事。
⑧ 巴丘：山名，又称巴陵山，在今湖南岳阳市。

子登娶其女,而以女妻其子循、胤。

初,程普以年长,数陵侮瑜,瑜折节下之,终不与校。普后自敬服,乃告人曰:"与公瑾交,若饮醇醪,不觉自醉。"

〔孙权以荆州借刘备,共拒曹操,专心加强东方防务〕

权以肃代瑜。肃劝权以荆州借刘备,与共拒曹操,权从之。

初,权谓吕蒙曰:"卿今当涂掌事①,不可不学!"蒙辞以军中多务。权曰:"孤岂欲卿治经为博士邪! 但当涉猎,见往事耳。卿言多务,孰若孤? 孤常读书,自以为大有所益。"蒙乃始就学。及肃过浔阳②,与蒙议论,大惊曰:"卿今者才略,非复吴下阿蒙!"蒙曰:"士别三日,即更刮目相待,大兄何见事之晚乎!"肃遂拜蒙母,结友而去。

纲刘备以庞统为治中从事。

目刘备以庞统守耒阳令③,不治,免。鲁肃遗备书曰:"士元非百里才也,使处治中、别驾之任,始当展其骥足耳④!"诸葛亮亦言之。备与统谭⑤,大器之,遂用统为治中,亲待亚亮。

纲辛卯,十六年(211),春正月,曹操以其子丕为五官中郎将,为丞相副。

纲三月,遣钟繇击张鲁。

① 当涂:当道,身居要津。涂,同"途"。
② 浔阳:县名,今湖北黄梅县。
③ 耒阳:县名,今湖南耒阳市。
④ 骥足:骏马的脚,比喻高才。
⑤ 谭:通"谈"。

纲 马超、韩遂等反。秋,曹操击破之。

目 初,操遣钟繇讨张鲁,而使夏侯渊等出河东,与繇会。关中诸将疑之,马超、韩遂等十部皆反,其众十万,屯据潼关。秋,操自将击破之,遂、超奔凉州。操追至安定而还。诸将问曰:"初,贼守潼关,渭北道缺,不从河东击冯翊而反守潼关①,引日而后北渡②,何也?"操曰:"若吾入河东,贼必引守诸津,则西河未可渡③,吾故盛兵向潼关,使贼悉众南守,而西河之备虚,故吾得取西河,然后引军北渡,贼不能与吾争。连车树栅,为甬道而南④,既为不可胜,且以示弱。渡渭为坚垒,虏至不出,所以骄之也。故贼不为营垒而求割地。吾顺言许之,使不为备,因畜士卒之力,一旦击之,所谓疾雷不及掩耳。兵之变化,固非一道也。"乃留夏侯渊屯长安。以张既为京兆尹⑤。招怀流民,兴复县邑。

纲 冬,刘璋遣使迎刘备。备留兵守荆州而西。璋使备击张鲁。

目 扶风法正为刘璋军议校尉,璋不能用,正邑邑不得志⑥。别驾张松与正善,亦自负其才,忖璋不足与有为,因劝璋结刘备,璋曰:"谁可使者?"松乃举正。正辞谢,佯为不得已而行。还,为松说备有雄略,密议奉戴以为州主。会钟繇欲向汉中,璋惧。松因说曰:"曹公兵无敌于天下,若因张鲁之资以取蜀土,谁能御之! 刘豫州,使君之宗室而

---

① 冯翊:郡名,治今陕西西安市高陵区。
② 引日:拖延时日。
③ 西河:指今山西、陕西间南北流向的黄河。
④ 甬道:两旁有墙或其他障蔽物的通道。
⑤ 京兆尹:管辖京兆地区的行政长官,相当于郡太守。
⑥ 邑邑:忧郁不乐貌。

曹公之深仇也,善用兵。若使之讨鲁,鲁必破。鲁破,则益州强,曹公
虽来,无能为也!"璋然之,遣正迎备。主簿黄权、从事王累俱谏,璋一
无所纳。

正至荆州,阴说备取益州,备疑未决。庞统曰:"荆州荒残,人物殚尽,
难以得志。今益州户口百万,土沃财富,诚得以为资,大业可成也!"
备曰:"今指与吾水火者,曹操也。操以急,吾以宽;操以暴,吾以仁;
操以谲(jué),吾以忠,每与操反,事乃可成耳。今以小利而失信义于
天下,奈何?"统曰:"逆取顺守,古人所贵。若事定之后,封以大国,何
负于信! 今日不取,终为人利耳。"备以为然。乃留诸葛亮、关羽等守
荆州,自将步卒数万而西。巴郡太守严颜拊心叹曰:"此所谓'独坐穷
山,放虎自卫'者也。"备至涪①,璋率兵三万往会之。增备兵,厚加资
给,使击张鲁。备比到葭萌②,厚树恩德,以收众心。

纲 壬辰,十七年(212),春正月,曹操还邺,赞拜不名,入朝不趋,剑履
上殿。

纲 秋七月,孙权徙治建业③。

目 初,张纮以秣陵山川形胜,劝孙权以为治所,刘备亦劝权居之。权于
是作石头城,徙治秣陵,改号建业。

纲 权作濡须坞。

————————————

① 涪:县名,今四川绵阳市。
② 葭萌:县名,今四川广元市。
③ 建业:即秣陵县,今江苏南京市。

目 吕蒙闻曹操欲东兵,说孙权夹濡须水口立坞①。权从之。

纲 冬十月,曹操击孙权,至濡须,侍中光禄大夫参军事荀彧自杀。

目 董昭言于操曰:"自古以来,人臣匡世,未有今日之功;有今日之功,未有久处人臣之势者也。今明公耻有惭德,乐保名节,然使人以大事疑己,诚不可不重虑也。"乃与诸将议,以丞相宜进爵国公,九锡备物②,以彰殊勋。荀彧以为:"曹公本兴义兵以匡朝宁国,秉忠贞之诚,守退让之实。君子爱人以德,不宜如此。"操由是不悦。及击孙权,表请彧劳军于谯,因辄留彧,以侍中光禄大夫持节参丞相军事。操向濡须,彧以病留寿春,饮药而卒。彧行义修整而有智谋,好推贤进士,故时人皆惜之。

纲 十二月,刘备据涪城。

目 备在葭萌,庞统言于备曰:"今阴选精兵,昼夜兼道,径袭成都,一举便定,此上计也。杨怀、高沛,璋之名将,各仗强兵,据守关头③,闻数谏璋,使遣将军还荆州。将军遣与相闻,说荆州有急,欲还救之,二子喜,必来见,因此执之,进取其兵,乃向成都,此中计也。还退白帝④,连引荆州,徐还图之,此下计也。若沉吟不去,将至大困,不可久矣。"备然其中计。召怀、沛斩之,勒兵径至关头,并其兵,进据涪城。

---

① 濡须:水名,源出安徽巢湖,至无为市入江。当江、淮间交通要道。
② 九锡:天子赐给有殊勋的诸侯、大臣的九种天子规格礼器,以示最高礼遇。赐九锡多为权臣篡位步骤。"锡",同"赐"。
③ 关头:指白水关,在今四川青川县境。
④ 白帝:即白帝城,在今重庆奉节县东。

〔生子当如孙仲谋〕

纲 癸巳,十八年(213),春正月,曹操引兵还。

目 操进军濡须口,号四十万,孙权率众七万御之,相守月余。操见其舟船、器仗、军伍整肃,叹曰:"生子当如孙仲谋①。如刘景升儿子②,豚犬耳!"操撤军还。

〔曹操自立为魏公〕

纲 夏五月,曹操自立为魏公,加九锡。

纲 刘璋遣将吴懿等拒刘备,败绩,皆降。备进围雒城③。

纲 秋七月,魏始建宗庙、社稷。

纲 魏公操纳三女为贵人。

纲 甲午,十九年(214),春三月,魏公操进位诸侯王上。

纲 夏五月,雨水。

〔刘备自领益州牧〕

纲 闰月,马超奔刘备。备入成都,自领益州牧,以诸葛亮为军师将军。

---

① 仲谋:孙权字。
② 景升:刘表字。
③ 雒:县名,今四川广汉市。

〔刘备取得益州，大体实现了《隆中对》所说跨有荆、益的形势〕

目 诸葛亮留关羽守荆州，与张飞、赵云将兵溯流克巴东①。破巴郡，获太守严颜，飞呵颜曰："何以不降?"颜曰："卿等无状，侵夺我州。我州但有断头将军，无降将军也!"飞壮而释之，引为宾客。分遣云从外水定江阳、犍为②，飞定巴西、德阳③。

庞统中流矢，卒。雒城溃，备进围成都。亮、飞、云引兵来会。

马超知张鲁不足与计事，亦来请降，备令引军屯城北。时刘璋城中尚有精兵三万人，谷帛支一年，吏民咸欲死战。璋言："父子在州二十余年，无恩德以加百姓。何心能安!"遂开城出降，备迁璋于公安，尽归其财物。备入成都，自领益州牧，以诸葛亮为军师将军。

初，璋迎备，刘巴谏曰："备，雄人也，入必为害。"既入，巴复谏曰："若使备讨张鲁，是放虎于山林也。"璋不听，巴闭门称疾。备攻成都，令军中曰："有害巴者，诛及三族。"及得巴，甚喜，以为西曹掾。

时益州郡县皆望风景附，独黄权闭城坚守，须璋稽服④，乃降。备以为将军。李严，本璋所授用；吴懿、费观等，璋之婚亲；彭羕(yàng)，璋所摈弃：备皆处之显任，尽其器能，有志之士，无不竞劝，益州之民，是以大和。军用不足，备以为忧，刘巴请铸直百钱，平诸物价，令吏为官市。备从之。数月之间，府库充实。

---

① 巴东：刘璋分巴郡置巴东郡，治今重庆奉节县。
② 外水：即外江，指沱江、湔江。江阳：刘璋分犍为郡置江阳郡，治今四川泸州市江阳区。犍为：郡名，治今四川眉山市彭山区。
③ 巴西：刘璋分巴郡置巴西郡，治今四川阆中市。德阳：县名，今四川梓潼县。
④ 稽服：拜服，投降。

法正一飧(sūn)之德①,睚眦之怨,无不报复。或谓诸葛亮曰:"法正太横,宜稍抑之。"亮曰:"主公之在公安也,北畏曹操,东惮孙权,近则惧孙夫人生变于肘腋。法孝直为之辅翼②,令翻然翱翔,不可复制。今奈何禁止孝直,使不得少行其意邪!"

〔诸葛亮以严治蜀〕

亮治颇尚严峻,人多怨者。法正谓曰:"昔高祖入关,约法三章,秦民知德。愿君缓刑弛禁,以慰此州之望。"亮曰:"君知其一,未知其二。秦以无道,政苛民怨,匹夫大呼,天下土崩。高祖因之,可以弘济③。刘璋暗弱,德政不举,威刑不肃,君臣之道,渐以陵替。宠之以位,位极则贱;顺之以恩,恩竭则慢。所以致敝,实由于此。吾今威之以法,法行则知恩;限之以爵,爵加则知荣。荣恩并济,上下有节,为治之要,于斯著矣。"

备以蒋琬为广都长,不治,大怒。亮请曰:"蒋琬社稷之器,非百里之才也。其为政以安民为本,不以修饰为先,愿主公重加察之。"备雅敬亮,乃不加罪。

纲 秋七月,魏公操击孙权。

目 操留少子植守邺。以邢颙为植家丞④。颙防闲以礼,无所屈挠,由是

---

① 飧:晚饭,亦泛指熟食,饭食。
② 孝直:法正字。
③ 弘济:宽政救弊。
④ 家丞:侯国属官。时曹植封临菑侯。

不合。庶子刘桢美文辞①，植亲爱之。桢曰："君侯采庶子之春华，忘家丞之秋实，为上招谤，其罪不小，愚实惧焉。"

纲 魏荀攸卒。

目 攸深密有智防，谋谟帷幄，时人及子弟莫知其所言。操尝称："荀文若之进善②，不进不休；荀公达之去恶③，不去不止。"又称："二荀论人，久而益信，吾没世不忘。"

纲 冬十一月，魏公操弑皇后伏氏及皇子二人。

目 初，董承女为贵人，操诛承，求贵人杀之。帝以贵人有妊为请，不得。伏后惧，与父完书，令密图之。至是，事泄，操使郗虑持节策收皇后玺绶，以尚书令华歆为之副，勒兵入宫，收后。后闭户，藏壁中。歆坏户发壁，就牵后出。时帝在外殿，后被发、徒跣、行泣，过诀曰："不能复相活邪？"帝曰："我亦不知命在何时！"顾谓虑曰："郗公，天下宁有是邪！"遂将后下暴室，以幽死④。所生二皇子，皆鸩杀之。

王　勇　评注

陈苏镇　审定

---

① 庶子：侯国属官。
② 文若：荀彧字。
③ 公达：荀攸字。
④ 幽死：囚禁而死。

纲鉴易知录卷二七

卷首语：本卷起汉献帝建安二十年（215），止蜀汉后主建兴六年（228），所记为东汉末及三国初十四年之史事。这一时期是赤壁之战后三国鼎立局面的形成及巩固阶段，主要政治事件包括刘备入蜀、夷陵之战、三国先后建立等。本卷展现了曹、刘、孙三方通过加强对所控制地区统治及各项制度变革等手段，纷纷加快称王称帝的进程，在这一过程中孙刘矛盾的爆发与同盟重建尤其值得注意。

东汉纪

孝献皇帝

纲 乙未,二十年(建安二十年,215),春正月,立贵人曹氏为皇后①。

〔刘备、孙权平分荆州,孙刘矛盾逐渐表面化〕

纲 夏五月,刘备、孙权分荆州②,备使关羽守江陵③,权使鲁肃屯陆口④。

目 初,刘备在荆州,周瑜、甘宁等数劝孙权取蜀。权遣使谓备,备报曰:“备与刘璋托为宗室,冀凭英灵以匡汉朝。今得罪于左右,愿加宽贷。”权不听,遣瑜率水军住夏口⑤。备遏之不得过,谓曰:“汝欲取蜀,吾当被发入山,不失信于天下也。”权不得已,召瑜还。及备攻蜀,留关羽守江陵,权曰:“猾虏,乃敢挟诈如此!”备已得益州,权令诸葛瑾从备求荆州诸郡。备不许,权遂置长沙、零陵、桂阳三郡长吏⑥。羽逐之。权遣吕蒙取三郡,备闻之,自至公安,遣羽争三郡。孙权进住陆口,使鲁肃将万人屯益阳以拒羽。肃邀羽相见,因责数羽⑦,羽曰:“乌林之役⑧,左

---

① 曹氏:曹操中女,名节。
② 荆州:辖境约今两湖及河南南阳市等地。
③ 江陵:县名,今湖北荆州市。
④ 陆口:陆水入江处,在今湖北嘉鱼县西南。
⑤ 瑜:孙权宗室孙瑜。夏口:汉水入江处,在今湖北武汉市。
⑥ 零陵:郡名,治今湖南永州市零陵区。桂阳:郡名,治今湖南郴州市。
⑦ 责数:责备。
⑧ 乌林之役:赤壁之战。乌林在今湖北洪湖市,与陆口隔江相望。

将军身在行间①，戮力破敌，岂得徒劳，无一块土，而足下来欲收地邪！"肃曰："不然。始与豫州觐于长阪②，豫州之众，不当一校③，计穷虑极，图欲远窜，主上矜愍豫州身无处所，不爱土地人民之力④，以济其患，而豫州私独饰情，愆德堕好。今已借手西州，又欲剪并荆土，斯盖凡夫所不忍行，而况整领人物之主乎！"羽无以答。会闻曹操将攻汉中，备乃求和于权。权令诸葛瑾报命⑤，遂分荆州，以湘水为界：长沙、江夏、桂阳以东属权，南郡、零陵、武陵以西属备⑥。瑾每奉使至蜀，与其弟亮但公会相见，退无私面。

纲 秋七月，魏公操取汉中，走张鲁，留将军夏侯渊、张郃守之而还。

纲 八月，孙权攻合肥，大败而还。

目 曹操之征张鲁也，为教与合肥护军薛悌⑦，署函边曰："贼至，乃发。"及是，孙权率众十万围合肥。悌发函，教曰："若孙权至者，张、李将军出战，乐将军守，护军勿得与战。"乐进等以众寡不敌，疑之。张辽将独出。李典素与辽不睦，慨然曰："此国家大事，顾君计何如耳，吾岂可以私憾而忘公义乎！请从君而出。"于是夜募敢从之士。明旦，陷阵冲垒，入至麾下。权大惊，走至逍遥津北⑧，贺齐率三千人在津南

① 左将军：即刘备。建安三年曹操上表献帝以刘备为左将军。
② 豫州：指刘备。长阪：在今湖北当阳市。
③ 校：古代军伍编制。
④ 爱：吝惜。
⑤ 报命：受任办事后复命。这里指诸葛瑾奉命前往答复刘备，谈判定约。
⑥ 武陵：郡名，治今湖南常德市。
⑦ 教：长官训导告诫治下的一种命令文式。
⑧ 逍遥津：肥水渡口，在今安徽合肥市。

迎。权入船,齐涕泣曰:"至尊人主,常当持重,愿以此为终身之戒!"
权自前收其泪曰:"大惭,谨已刻心,非但书绅也①。"

纲冬十一月,张鲁出降,以为镇南将军,封其属阎圃为列侯。

〔曹操称魏王〕

纲丙申,二十一年(216),夏四月,魏公操进爵为王。操杀尚书崔琰。

纲秋八月,魏以钟繇为相国。

纲丁酉,二十二年(217),春正月,魏王操击孙权军,三月,权降。

纲夏四月,魏王操用天子车服,出入警跸(bì)②。

纲六月,魏以华歆为御史大夫③。

纲冬十月,魏以世子丕为王太子。

目初,操娶丁夫人,无子,妾刘氏生子昂,卞氏生四子:丕、彰、植、熊。于
是出丁夫人而立卞氏为继室。植性机警、多艺能,才藻敏赡,操爱之。
欲以为嗣,以函密访于外,尚书崔琰露版答曰④:"《春秋》之义,立子
以长。五官将仁孝聪明⑤,宜承正统,琰以死守之。"丕使人问大中大
夫贾诩以自固之术。诩曰:"愿将军恢崇德度,躬素士之业⑥,朝夕孜

① 书绅:书写在束腰的宽布带上。
② 警跸:帝王出入时,于所经路途侍卫警戒,清道止行。
③ 御史大夫:曹操的魏国仿照汉初之制,设相国、御史大夫。
④ 露版:不封的木牍文书。
⑤ 五官将:指五官中郎将曹丕。
⑥ 素士:犹言寒士,布衣之士。

孜,不违子道,如此而已。"他日,操屏人问诩,诩默然不对。操问其故,诩曰:"属有所思,故不即对耳。"操曰:"何思?"诩曰:"思袁本初、刘景升父子也①。"操大笑。

丕立为太子,抱议郎辛毗颈而言曰:"辛君知我喜不?"毗以告其女宪英,宪英曰:"太子,代君主宗庙、社稷者也。代君,不可以不戚;主国,不可以不惧。宜戚宜惧,而反以为喜,何以能久!魏其不昌乎!"

纲 刘备进兵汉中,魏王操遣将军曹洪拒之。

目 法正说刘备曰:"曹操一举而降张鲁,定汉中,不因此时以图巴、蜀,而留夏侯渊、张郃屯守,身遽北还,此非其智不逮,而力不足也,必将内有忧逼故耳。今策渊、郃才略②,不胜国之将帅,举众往讨,必可克之。此盖天以与我,时不可失也。"备乃进兵,遣张飞、马超、吴兰等屯下辨③。操遣曹洪拒之。

纲 孙权陆口守将鲁肃卒,权以吕蒙代之。

纲 戊戌,二十三年(218),春正月,少府耿纪、司直韦晃起兵讨魏王操④,不克,死之。

目 时有金祎者,自以世为汉臣,乃发愤与纪、晃起兵,欲挟天子以伐魏,南援刘备,不克而死。

————————

① 袁绍、刘表废长立幼,后皆败与曹操。

② 策:料。

③ 下辨:县名,今甘肃成县。

④ 少府:九卿之一,掌山海池泽之税、皇帝私财及内廷庶务。司直:即丞相司直,掌检举不法。

纲 夏四月,刘备击张郃,不克。

纲 秋七月,魏王操击刘备。九月,至长安。

纲 己亥,二十四年(219),春正月,刘备击夏侯渊,破斩之。

纲 三月,魏王操出斜谷①,刘备将赵云击其军,败之。夏五月,操引还,备遂取汉中。

目 操自长安出斜谷,军遮要以临汉中。刘备曰:"曹公虽来,无能为也,我必有汉川矣②。"乃敛众拒险,终不交锋。操运米北山下,黄忠引兵欲取之,过期不还。赵云将数十骑出营视之,值操扬兵大出,云遂前突其阵,且斗且却。魏兵散而复合,追至营下。云入营,开门偃旗息鼓。魏兵疑云有伏,引去。云以劲弩射魏兵,魏兵惊骇,自相蹂践,堕水死者甚多。相守积月,魏军士多亡。五月,操引兵还长安,备遂有汉中。

〔刘备称汉中王〕

纲 秋七月,刘备自立为汉中王。

〔水淹七军〕

纲 八月,汉中将关羽取襄阳③。

————————

① 斜谷:褒斜道,是穿越秦岭、连接汉中盆地与关中平原的重要通道。
② 汉川:即汉中。
③ 汉中:指刘备之汉中国。

目关羽使糜芳守江陵,傅士仁守公安①,羽自率众攻曹仁于樊②。仁使
于禁、庞德等屯樊北。八月,大霖雨,汉水溢,平地数丈,禁与诸将
登高避水,羽乘大船,遂攻之,禁等穷迫,遂降。庞德力战,矢尽,乘
小船欲还仁营,船覆,为羽所得,立而不跪。羽谓曰:"何不早降!"
德骂羽,羽杀之。急攻樊城,羽又遣别将围襄阳,刺史胡脩、太守傅
方皆降。操闻庞德死,流涕曰:"吾知于禁三十年,何意临危反不及
庞德邪!"

〔关羽失荆州〕

纲冬十月,孙权使吕蒙袭取江陵。魏王操师师救樊。关羽走还,权邀斩
之。十二月,蒙卒。

目自许以南,往往遥应关羽,羽威震华夏。曹操议徙许都以避其锐,司
马懿、蒋济曰:"刘备、孙权,外亲内疏,关羽得志,权必不愿也。可遣
人劝权蹑其后,许割江南以封权,则樊围自解。"操从之。

初,鲁肃尝劝孙权以曹操尚存,宜且抚辑关羽,与之同仇,不可失也。
及吕蒙代肃,以为羽素骁雄,有兼并之心,且居国上流,其势难久,密
言于权曰:"关羽君臣,矜其诈力,所在反覆,不可以腹心待也。不如
取羽,全据长江,形势益张,易为守也。"权善之。

权尝为其子求婚于羽,羽骂其使,不许。至是,蒙上疏曰:"羽讨樊而
多留备兵,必恐蒙图其后故也。蒙常有病,乞分士众还建业③,以治疾

① 傅士仁:"傅"字讹衍,姓士名仁。
② 樊:即樊城,今湖北襄阳市樊城区,在汉水北岸。
③ 建业:孙权所都,今江苏南京市。

为名,羽闻之必撤备兵,尽赴襄阳。大军浮江,昼夜驰上,袭其空虚,则南郡可下而羽可禽也。"遂称病笃。权乃露檄召蒙还①。蒙至都,权问:"谁可代卿者?"蒙对曰:"陆逊意思深长,才堪负重,而未有远名,非羽所忌,无复是过也。若用之,当令外自韬隐,内察形便,然后可克。"权乃召逊代蒙。逊至陆口,为书与羽,称其功美,深自谦抑。羽意大安,稍撤兵以赴樊。逊具启形状,权遂发兵袭羽。以蒙为大督。

曹操使徐晃屯宛②,以助曹仁。孙权为笺与操,请以讨羽自效,及乞不漏,令羽有备。群臣咸言宜密之,董昭曰:"军事尚权,宜内露之。使羽闻权上,而还自护,则围速解。"羽闻之,犹豫不能去。徐晃攻羽,破之。羽撤围退,然舟船犹据沔水③。

吕蒙至浔阳,尽伏其精兵艛舻(gōu lù)中,使白衣摇橹,作商贾服,昼夜兼行,羽所置江边屯候④,尽收缚之。糜芳、傅士仁素皆嫌羽轻己,于是即降。蒙入江陵,释于禁,得关羽及将士家属,皆抚慰之,令军中:"不得干历人家,有所求取。"蒙麾下同郡人,取民家一笠以覆官铠,蒙犹以为犯军令,垂涕斩之。于是军人震栗,道不拾遗。关羽走还。

权至江陵,荆州将吏悉归附,独治中从事潘濬称疾不见⑤,权遣人舆致,濬伏而不起,涕泣交横。权慰谕恳恻。濬起拜谢,即以为治中,荆州军事一以谘之。从事樊伷诱导诸夷,西附汉中。外白遣万人讨之,

---

① 露檄:公开发布文告。
② 宛:县名,今河南南阳市。
③ 沔水:此处指汉水之襄阳段。
④ 候:哨所。
⑤ 治中从事:州刺史佐官,地位仅次于别驾从事,执掌州中机要。

濬曰：“以五千兵往，足矣。”权曰：“卿何以轻之？”濬曰：“仙能弄唇吻，而实无才略。尝为州人设馔，比至日中，食不可得，而十余自起，此亦侏儒观一节之验也。”权大笑，即遣濬将五千人往，果斩平之。

权使逊屯夷陵①，守峡口。关羽遁走，兵皆解散，才十余骑。权先使潘璋断其径路。十二月，获羽，斩之，遂定荆州。吕蒙未及受封，疾发卒。

权后谓陆逊曰：“公瑾雄烈，胆略兼人，遂破孟德，开拓荆州，邈焉寡俦。子敬因公瑾致达于孤，一见便及帝王大略，此一快也。后孟德东下，诸人皆欲迎之，子敬驳言不可，劝孤急呼公瑾，付任以众，逆而击之，此二快也。后虽劝吾借玄德地，是其一短，不足以损其二长，故孤常以方邓禹也。子明少时②，孤谓不辞剧易，果敢有胆而已。及身长大，学问开益，筹略奇至，可次公瑾，但言议英发不及之耳。图取关羽，胜于子敬。子敬云：‘羽不足忌。’此内不能办，外为大言耳，孤亦恕之，不苟责也。然其作军屯营，不失令行禁止，路不拾遗，法亦美矣。”

纲 以孙权为票骑将军，领荆州牧。

目 曹操表孙权为票骑将军，假节，领荆州牧，封南昌侯。权上书称臣于操，称说天命。操以示外曰：“是儿欲踞吾着炉火上邪！”陈群等皆曰：“汉祚已终，非适今日。殿下功德巍巍，群生注望，故孙权在远称臣。此天人之应，异气齐声，殿下宜正大位，复何疑哉！”操曰：“若天命在吾，吾为周文王矣。”

———————

① 夷陵：今湖北宜昌市。
② 子明：吕蒙字。

〔曹操之死〕

纲 庚子,二十五年(220)①,春正月,丞相、冀州牧、魏王曹操还至洛阳,卒。太子丕立,自为丞相、冀州牧②。

目 操知人善察,难眩以伪。识拔奇才,不拘微贱,随能任使,皆获其用。与敌对阵,意思安闲,如不欲战。及决机乘胜,气势盈溢。勋劳宜赏,不吝千金;无功妄施,分毫不与。用法峻急,有犯必戮,或对之涕泣,然终无所赦。雅性节俭,不好华丽。故能芟刈群雄,几平海内。至是,薨。太子丕以王后令,即王位,帝遣御史大夫华歆奉策诏,授丞相印绶、魏王玺绶,领冀州牧。尊王后曰王太后。葬武王于高陵③。

纲 二月,魏以贾诩为太尉,华歆为相国,王朗为御史大夫。

纲 魏王丕遣其弟鄢陵侯彰等皆就国。

目 丕遣其弟皆就国。临菑监国谒者希指奏临菑侯植醉酒悖慢④,劫胁使者,丕贬植为安乡侯。

〔九品中正制创立〕

纲 魏立九品法,置州、郡中正⑤。

---

① 魏黄初元年,是年魏代汉。
② 冀州:此时冀州已夺数州之地,辖境含今河北、山西、辽宁、北京、天津等地。
③ 武王:指曹操,其谥号为"武"。
④ 希指:迎合在上者的意旨。
⑤ 九品法:九品中正制,亦称九品官人法。

目尚书陈群以天朝选用不尽人才,乃立九品官人之法。州郡皆置中正,择有识鉴者为之,区别人物,第其高下。

纲夏六月,以贾逵为豫州刺史①。

目时天下初定,刺史多不能摄郡。逵察二千石以下阿纵不如法者,皆奏免之。外修军旅,内治民事,兴陂田,通运渠,吏民称之。曹丕曰:"真刺史矣。"

〔曹丕称帝〕

纲冬十月,魏王曹丕称皇帝,废帝为山阳公。

目帝遣使持节奉玺绶诏策,禅位于魏。魏王丕即皇帝位,改元黄初。奉汉帝为山阳公。追尊武王曰武皇帝,庙号太祖,尊王太后曰皇太后。右东汉十二帝,共一百九十六年。

评东汉:

东汉王朝是继西汉、新莽之后建立的统一王朝。其制度大多沿用西汉之旧,但也有新的发展,如削弱三公权力,增加尚书台职权,使皇权进一步加强等。鉴于王莽失败的教训,东汉在涉及国计民生等重大事务上多奉行务实政策,对外则基本放弃了武力开边。明帝以后恢复对匈奴、西域的控制,主要基于"以夷攻夷"的策略。朝廷的政策重心始终在内而不在外。许多士大夫将教化视为官员的主要职责,儒家思想逐渐深入人心。通过移风易俗和推广先进生产技术,南方地区的开发进入新阶

① 豫州:辖境约为今河南中东部及安徽西北部。

段。东汉也是我国传统文化发展的重要时期。今文经学和古文经学的竞争,大大推进了儒学的发展。道教的形成和佛教的传入,对后世的思想、文化、艺术产生了深远影响。造纸技术的突破,是对人类文化发展和文明进步的重大贡献。

后汉纪附魏吴二僭国

蜀汉世系表

（1）昭烈帝刘备 ＿＿＿ （2）后主禅
（221–223）　　　　（223–263）

曹魏世系表

曹操 ——— （1）文帝丕 ——— （2）明帝叡 ——— （3）齐王芳
　　　　　（220–226）　　（226–239）　　（239–254）

　　　　　　　　　　　 └ 曹霖 ——— （4）高贵乡公髦
　　　　　　　　　　　　　　　　　（254–260）

　　　 └ 曹宇 ——— （5）陈留王奂
　　　　　　　　　（260–265）

孙吴世系表

（1）大帝孙权 ——— （2）会稽王亮
（229–252）　　　 （252–258）

　　　　　　　　 └ （3）景帝休
　　　　　　　　　（258–264）

　　　　　　　　 └ 孙和 ——— （5）末帝皓
　　　　　　　　　　　　　　（264–280）

昭烈皇帝

纲 辛丑，昭烈皇帝章武元年（221）①。

_____

① 魏黄初二年。

〔刘备称帝〕

纲 夏四月,汉中王即皇帝位。

目 蜀中传言帝已遇害①,于是汉中王发丧制服,谥曰孝愍皇帝。群下竞
劝王称尊号。司马费诗上疏曰:"殿下以曹操父子篡位,故羁旅万里,
合众讨贼。今大敌未克而先自立,恐人心疑也。"王不悦,左迁之。遂
即位于武担之南②,大赦,改元。以诸葛亮为丞相,许靖为司徒③。

评三国正统之争:

　　曹丕通过汉帝禅让取得帝位,宣称曹魏承续汉朝正统。刘备则宣称
汉朝为曹氏非法篡夺,蜀汉才是汉统的真正继承者。对正统的争夺成为
蜀魏竞争的重要组成部分。孙吴在正统之争中最处劣势,频繁制造祥瑞
以求弥补。后世史家多以曹魏为汉的正统继承者。东晋史家习凿齿著
《汉晋春秋》,以曹魏为篡逆而刘蜀承汉统,终归于晋。至南宋,朱熹为
维护本朝正统而尊崇蜀汉,其说影响深远,尊刘贬曹遂为主流。《纲鉴
易知录》亦是如此。

纲 孙权徙治武昌④。

目 权自公安徙都于鄂,更名鄂曰武昌。

纲 立宗庙,祫祭高皇帝以下⑤。

————————

① 帝:指汉献帝,其时并未被害,至魏明帝青龙二年(234)寿终。
② 武担:山名,在今四川成都市。
③ 司徒:三公之一,主民事。
④ 武昌:今湖北鄂州市。
⑤ 祫祭:合远近祖先神主于始祖庙的大合祭。高皇帝:汉高祖刘邦。

纲五月,立夫人吴氏为皇后①,子禅为皇太子。

纲秋七月,帝自将伐孙权。

目帝耻关羽之没,将击孙权。将军赵云曰:"国贼,曹操,非孙权也。若先灭魏,则权自服。今操虽毙,子丕篡位,当因众心,早图关中,居河、渭上流以讨凶逆,关东义士必裹粮策马以迎王师。不应置魏,先与吴战。兵势一交,不得卒(cù)解②,非良策也。"群臣谏者甚众,帝皆不听。乃留诸葛亮辅太子,守成都,而自率诸军东下。

纲车骑将军张飞为其下所杀。

目飞雄猛亚于关羽,羽善待卒伍而骄于士大夫,飞爱礼君子而不恤军人。帝常戒之,飞不悛(quān)③。至是,当率万人会江州④。临发,为帐下所杀,以其首奔孙权。帝闻飞营都督有表,曰:"噫,飞死矣⑤!"

纲孙权请和,不许,遂遣陆逊督诸军拒守。

目孙权遣使求和。诸葛瑾因致笺曰:"关羽之亲,何如先帝?荆州大小,孰与海内?俱应仇疾,谁当先后?若审此数,易于反掌矣。"帝不听。时吴人或言瑾别遣亲人与汉相闻者,权曰:"孤与子瑜⑥,有死生不易之誓,子瑜之不负孤,犹孤之不负子瑜也。"陆逊亦表,明瑾必无此,权

① 吴氏:将军吴懿之妹,原为刘璋兄刘瑁之妻。
② 卒:仓猝。
③ 悛:改。
④ 江州:县名,今重庆市。
⑤ 表当由张飞自上,而都督越次上之,故知其已死。
⑥ 子瑜:诸葛瑾字。

报曰:"玄德昔遣孔明至吴,孤尝语子瑜曰:'卿与孔明同产①,何不留之?'子瑜言:'亮已委质于人,义无二心。弟之不留,犹瑾之不往也。'其言足贯神明,今岂当有此乎!孤与子瑜,可谓神交,非外言可间。知卿意至,辄封来表示之矣。"帝遣吴班、冯习攻破权将李异等于巫②,进军秭归。权以陆逊为大都督,督朱然等五万人拒守。

纲 八月,孙权遣使降魏,魏封权为吴王。

目 权遣使称臣,送于禁等还魏。朝臣皆贺,刘晔独曰:"权无故求降,必内有急。恐中国往乘其衅,故委地求降,一以却中国之兵,二假中国之援,以强其众而疑敌人耳。夫吴、蜀各保一州,有急相救,此小国之利也。今自相攻,天亡之也,宜大兴师,径渡江袭之。蜀攻其外,我攻其内,吴之亡不出旬月。吴亡,则蜀亦不能久存矣。"魏主不听,遂受吴降。遣太常邢贞奉策拜权为吴王③,加九锡④。刘晔谏曰:"夫王位去天子一阶耳,今信其伪降,崇其位号,以封殖之,是为虎傅翼也。"魏主不听。贞至吴,权出都亭候贞⑤,贞入门,不下车。张昭曰:"君敢自尊大,岂以江南寡弱,无方寸之刃乎!"贞即下车。中郎将徐盛愤怒,谓同列曰:"盛等不能奋身出命,为国家并许、洛,吞巴、蜀,而令吾君与贞盟,不亦辱乎!"因涕泣横流。贞闻之,谓其徒曰:"江东将、相如此,非久下人者也。"

---

① 同产:兄弟姐妹。
② 巫:县名,今重庆巫山县。
③ 太常:掌宗庙礼仪,位列九卿之首。
④ 九锡:天子赐给有殊勋的诸侯、大臣的九种天子规格礼器,以示最高礼遇。赐九锡多为权臣篡位步骤。"锡"同"赐"。
⑤ 都亭:都邑中的传舍。

魏主令于禁诣邺谒高陵①。豫于陵屋画关羽战克、庞德愤怒、禁降服之状②。禁见,惭恚,病死。

纲 冬十月,孙权遣使如魏。

目 吴遣中大夫赵咨入谢于魏③。魏主丕问曰:"吴王何等主也?"咨对曰:"聪明、仁智、雄略之主也。"魏主问其状,对曰:"纳鲁肃于凡品,聪也;拔吕蒙于行阵,明也;获于禁而不害,仁也;取荆州而兵不血刃,智也;据有三州虎视四方,雄也;屈身于陛下,略也。"丕曰:"颇知学乎?"对曰:"吴王任贤使能,志存经略,虽有余闲,博览经史,然不效书生寻章摘句而已。"曰:"吴可征不?"对曰:"大国有征伐之兵,小国有备御之固。"曰:"吴难魏乎④?"对曰:"带甲百万,江、汉为池,何难之有!"曰:"吴如大夫者几人?"对曰:"聪明特达者,八九十人。如臣之比,车载斗量,不可胜数。"

纲 孙权立子登为太子。

目 吴王权为登妙选师友,以诸葛瑾子恪、张昭子休、顾雍子谭、陈武子表为中庶子⑤,入讲《诗》《书》,出从骑射,待以布衣之礼,谓之"四友"。

纲 壬寅,二年(222)⑥,春正月朔⑦,日食。

———————

① 邺:县名,今河北临漳县。
② 豫:预先。
③ 中大夫:帝王近臣,掌议论。
④ 难:恐惧。
⑤ 中庶子:太子属官。
⑥ 魏黄初三年,吴黄武元年。
⑦ 朔:初一日。

〔夷陵之战〕

纲 二月,帝进军猇(xiāo)亭①。

纲 夏六月,吴陆逊进攻猇亭,诸军败绩,帝还永安②。

目 帝自巫峡建平连营至夷陵界③,立数十屯,自正月与吴相拒,至六月不决。遣吴班将数千人于平地立营,吴将帅欲击之,陆逊曰:"此必有谲,且观之。"帝知计不得行,乃引伏兵八千从谷中出,逊曰:"所以不听诸军击之者,以此故也。"逊将进攻汉军,诸将曰:"攻当在初,今诸要害皆已固守,击之必无利。"逊曰:"彼更事多,其军始集,思虑精专,未可干也。今住既久,不得我便,兵疲意沮,计不复生。掎角此寇,正在今日。"乃先攻一营,不利,逊曰:"吾已晓破之之术。"乃敕各持一把茅,以火攻,拔之。遂率诸军同时俱攻,破四十余营。帝升马鞍山④,陈兵自绕,逊促兵四面蹙之,土崩瓦解,死者万数。帝夜遁,仅得入白帝城,舟械军资略尽。帝大惭恚曰:"吾乃为陆逊所折辱,岂非天邪!"

初,诸葛亮与法正好尚不同,而以公义相取,亮每奇正智术。及是,正已卒,亮叹曰:"孝直若在⑤,必能制主上东行,就行⑥,必不危矣。"

初,魏主丕闻汉兵树栅连营七百余里,谓群臣曰:"彼不晓兵,岂有七

————————

① 猇亭:在今湖北宜昌市。
② 永安:即白帝城,在今重庆奉节县。
③ 建平:郡名,治今重庆巫山县。
④ 马鞍山:在今湖北宜昌市西北。
⑤ 孝直:法正字。
⑥ 就:即使。

百里营可拒敌乎！'苟原隰(xí)险阻而为军者,为敌所禽',此兵忌也。孙权上事今至矣①。"七日,吴破汉书到。

纲 秋八月,将军黄权叛降魏。

目 帝既败退,黄权在江北,道绝,不得还,率其众降魏。有司请收权妻子,帝曰:"孤负权,权不负孤也。"待之如初。魏主丕谓权曰:"君欲追踪陈、韩邪②?"对曰:"臣受刘主厚遇,降吴不可,还蜀无路,是以归命。且败军之将,免死为幸,何古人之可慕也!"丕善之,拜为镇南将军。

纲 九月,魏遣将军曹休等击孙权。

[孙吴拒魏自立,三国鼎立局面最终形成]

纲 冬十月,吴王权改元,拒魏。十一月,魏主丕自将击之。

纲 吴人来聘③,遣大中大夫宗玮报之。

纲 癸卯,后主建兴元年(223)④,

纲 春,魏师攻濡须⑤,别将围江陵,皆不克,引还。

[白帝托孤]

纲 夏四月,帝崩于永安,丞相亮受遗诏辅政。五月,太子禅即位,尊皇后

―――――――――――

① 上事:上破蜀汉之事。
② 陈、韩:陈平、韩信。
③ 聘:遣使访问。
④ 魏黄初四年,吴黄武二年。
⑤ 濡须:在今安徽无为市。

曰皇太后。封亮为武乡侯,领益州牧①。

目 诸葛亮至永安。帝病笃,命亮辅太子禅,以尚书令李严为副②。帝谓亮曰:"君才十倍曹丕,必能安国,终定大事。嗣子可辅,辅之;如其不可,君可自取。"亮涕泣曰:"臣敢不竭股肱之力,效忠贞之节,继之以死!"帝又诏敕禅曰:"勿以恶小而为之,勿以善小而不为!惟贤惟德,可以服人。汝父德薄,不足效也。汝与丞相从事,事之如父。"帝崩。亮奉丧还成都,以严为中都护③,留镇永安。禅即位,时年十七。大赦,改元。封亮为武乡侯,领益州牧,政事咸取决焉。亮乃约官职,修法制,发教与群下曰:"夫参署者④,集众思,广忠益也。若远小嫌,难相违覆,旷阙损矣。违覆而得中,犹弃敝屩(juē)而获珠玉⑤。然人心苦不能尽,惟徐元直处兹不惑⑥。又董幼宰参署七年⑦,事有不至,至于十反,来相启告。苟能慕元直之十一,幼宰之勤渠,有忠于国,则亮可少过矣。"又曰:"昔初交州平⑧,屡闻得失;后交元直,勤见启诲;幼宰每言则尽;伟度数有谏正⑨。虽资性鄙暗,不能悉纳,然与此四子终始好合,亦足以明其不疑于直言也。"

亮尝自校簿书,主簿杨颙(yóng)谏曰⑩:"为治有体,上下不可相侵。

---

① 益州:郡名,治今云南昆明市晋宁区。
② 尚书令:尚书台主官。
③ 中都护:蜀汉要职,李严任此职统永安军事,位高权重,因刘备在永安,故称"中"。
④ 参署:在府中任参军之类的重要僚属。
⑤ 屩:草鞋。
⑥ 元直:徐庶字。
⑦ 幼宰:董和字。刘备入蜀后董和与诸葛亮并署左将军府事。
⑧ 州平:崔州平。
⑨ 伟度:胡济字。
⑩ 主簿:掌文书簿籍,得参与机要。

是故古人称：'坐而论道,谓之三公；作而行之,谓之士大夫。'丙吉不问死人,陈平不知钱谷,彼诚达于位分之体也。今公躬校簿书,流汗终日,不亦劳乎!"亮谢之。

纲 六月,益州郡耆帅雍闿(kǎi)等以四郡叛①。

目 初,益州郡耆帅雍闿杀太守②,求附于吴。又使郡人孟获诱扇诸夷,牂(zāng)柯、越巂(xī)皆叛应闿③。丞相亮以新遭大丧,抚而不讨,务农植谷,闭门息民,民安食足而后用之。

〔诸葛亮重建孙刘联盟〕

纲 秋八月,遣尚书邓芝使吴④。

目 帝遣芝修好于吴。时吴王犹未与魏绝,不时见芝⑤。芝请见曰："臣今来,亦欲为吴,非但为蜀也。"吴王权见之,曰："孤诚愿与蜀和亲,然恐蜀主幼国小,为魏所乘,不自全耳。"芝曰："大王命世之英,诸葛亮一时之杰。蜀有重险,吴有三江,共为唇齿,进可兼并天下,退可鼎足而立。今若委质于魏,魏必望大王入朝,求太子内侍,若不从命,则奉辞伐叛,蜀亦顺流见可而进。如此,则江南之地非复大王有也。"权默然良久曰："君言是也。"遂绝魏,专与汉连和。

---

① 四郡:益州、永昌、牂柯、越巂。
② 耆帅:地方豪强领袖。
③ 牂柯:治今贵州黄平县。越巂:治今四川西昌市。
④ 尚书:尚书台各部曹主官,位次尚书令、仆射。
⑤ 时:立即。

纲 立皇后张氏①。

评曹操、刘备：

　　在汉末军阀中，曹操唯才是举，统一北方，推行屯田制，奠定了曹魏国家基础，史称"超世之杰"，但对民众多有剥削压迫。刘备注重提升治政效率，尽可能安抚各方，励精图治，史称有"英雄之器"。后世对曹操的评价毁誉参半，刘备则有"仁厚"之名。南宋以来曹操形象转恶，现代有史家为之翻案，其功绩与才略无法抹杀，暴行与苛政亦不能无视。

后皇帝

纲 甲辰，二年（224）②，夏四月，吴人来聘，复遣邓芝报之。

目 吴使张温来聘，复遣邓芝报之。芝至吴，权谓曰："若天下太平，二主分治，不亦乐乎？"芝对曰："天无二日，土无二王。如并魏之后，大王未识天命，君各茂其德，臣各茂其忠，则战争方始耳。"权大笑曰："君之诚款，乃当尔邪！"

纲 秋八月，魏主丕以舟师击吴，临江而还。

目 魏主丕大兴军伐吴，留尚书仆射司马懿镇许昌。亲御龙舟，至广陵③。吴将军徐盛，列舟舰于江，而植木衣苇，为疑城假楼。时江水盛长，丕临望，叹曰："魏虽有武骑千群，无所用之，未可图也。"会暴风至，龙舟几覆，于是旋师。

———————————

① 张氏：张飞之女。
② 魏黄初五年，吴黄武三年。
③ 广陵：今江苏扬州市。

〔诸葛亮南征〕

纲 乙巳,三年(225)①,春三月,丞相亮南征。

目 亮率众讨雍闿等,问计于参军马谡②。谡曰:"南中恃其险远③,不服久矣。今日破之,明日复反。夫用兵之道,攻心为上,攻城为下,心战为上,兵战为下,愿公服其心而已。"亮纳之。

纲 夏五月,魏主丕以舟师伐吴。

纲 六月,吴以顾雍为丞相。

目 雍为人寡言,举动时当,权尝叹曰:"顾公不言,言必有中。"至宴乐之际,左右恐有酒失,而雍必见之,是以不敢肆情。权亦曰:"顾公在坐,使人不乐。"其见惮如此。初领尚书令,封侯还,而家人不知。及为相,所用文武吏,各随其能,心无适(dí)莫④。时访逮民间及政职所宜,辄密以闻,用则归之于上,不用终不宣泄。权以此重之。

〔七擒孟获〕

纲 秋七月,丞相亮讨雍闿,斩之,遂平四郡。

目 亮至南中,所在战捷。由越巂入,斩雍闿等。孟获素为夷、汉所服,收余众拒亮。亮募生致之,既得,使观于营陈间。获曰:"向者不知虚

---

① 魏黄初六年,吴黄武四年。
② 参军:军府高级属官,位次长史、司马。
③ 南中:益州南部地区,大致为今云贵地区及四川南部。
④ 适莫:亲疏厚薄。

实,故败。今只如此,即易胜耳。"乃纵使更战。七纵七禽而亮犹遣获,获止不去,曰:"公,天威也,南人不复反矣!"遂入滇池,益州、永昌、牂牁、越巂四郡皆平。

纲 冬十月,魏师临江而还。

目 八月,魏主丕以舟师自谯循涡(guō)入淮①。十月,于广陵故城,临江观兵,戎卒十余万,旌旗数百里,有渡江之志。吴人严兵固守。时大寒,冰,舟不得入江。丕见波涛汹涌,叹曰:"嗟乎,固天所以限南北也!"遂归。

纲 丙午,四年(226)②,夏五月,魏主丕卒。

目 初,郭后无子,魏主丕使母养平原王叡(ruì),叡母被诛,故未建为嗣。叡事后甚谨,后亦爱之。丕与叡猎,见子母鹿,既射其母,命叡射其子。叡泣曰:"陛下已杀其母,臣不忍复杀其子。"丕释弓矢,为之恻然。及是,疾笃,立为太子。召中军大将军曹真、镇军陈群、抚军司马懿③,并受遗诏辅政而卒。太子叡即位。

初,太子在东宫,不交朝臣,不问政事,惟潜思书籍,即位后,群下想闻风采。居数日,独见侍中刘晔④,语尽日。晔出,或问:"何如?"曰:"秦皇、汉武之俦,才具微不及耳。"莅政之始,陈群首上疏曰:"臣下雷同,是非相蔽,固国之大患;然若不和睦,则有仇党,而毁誉失实。

① 涡:淮河支流,经今安徽怀远县入淮。
② 魏黄初七年,吴黄武五年。
③ 镇军、抚军:镇军大将军、抚军大将军。
④ 侍中:时为侍中寺长官,侍从皇帝左右,顾问应对,参与机密。西晋以降为门下省长官。

二者,不可不深察也。"

纲 冬,魏征处士管宁,不至。

目 宁在辽东三十七年①,魏主丕征之,乃浮海西归,以为大中大夫,不受。至是,华歆为太尉,让位于宁,不许。征为光禄大夫②,敕青州给安车吏从,以礼发遣,宁复不至。

〔诸葛亮北伐,上《出师表》〕

纲 丁未,五年(227)③,春三月,丞相亮率诸军出屯汉中,以图中原。

目 亮率诸军北驻汉中,使长史张裔、参军蒋琬统留府事。临发,上疏曰:"先帝创业未半而中道崩殂,今天下三分,益州疲敝,此诚危急存亡之秋也。然侍卫之臣不懈于内,忠志之士忘身于外者,盖追先帝之殊遇,欲报之于陛下也。诚宜开张圣听,以光先帝遗德,恢弘志士之气,不宜妄自菲薄,引喻失义,以塞忠谏之路也。

宫中府中④,俱为一体,陟罚臧否,不宜异同。若有作奸犯科及为忠善者,宜付有司论其刑赏,以昭陛下平明之理,不宜偏私,使内、外异法也⑤。侍中、侍郎郭攸之、费祎、董允等⑥,此皆良实,志虑忠纯,是以先帝简拔以遗陛下。愚以为宫中之事,事无大小,悉以咨之,然后施行,必能裨补阙漏,有所广益。将军向宠,性行淑均,晓畅军事,试用于昔日,

① 辽东:郡名,治今辽宁辽阳市。
② 光禄大夫:掌顾问及奉命出使,秩级高于太中大夫,亦属光禄勋。
③ 魏太和元年,吴黄武六年。
④ 府:指丞相府。
⑤ 内、外:宫、府。
⑥ 郭攸之、费祎俱为侍中,董允为黄门侍郎。

先帝称之曰能,是以众议举宠为督。愚以为营中之事,悉以咨之,必能使行陈和睦,优劣得所。

亲贤臣,远小人,此先汉所以兴隆也;亲小人,远贤臣,此后汉所以倾颓也。先帝在时,每与臣论此事,未尝不叹息痛恨于桓、灵也。侍中、尚书、长史、参军,此悉端良死节之臣,愿陛下亲之信之,则汉室之隆,可计日而待也。

臣本布衣,躬耕南阳,苟全性命于乱世,不求闻达于诸侯。先帝不以臣卑鄙,猥自枉屈,三顾臣于草庐之中,谘臣以当世之事。由是感激,遂许先帝以驱驰。后值倾覆①,受任于败军之际,奉命于危难之间,尔来二十有一年矣。

先帝知臣谨慎,故临崩寄臣以大事也。受命以来,夙夜忧惧,恐托付不效,以伤先帝之明。故五月渡泸②,深入不毛。今南方已定,兵甲已足,当奖率三军,北定中原,庶竭驽钝,攘除奸凶,兴复汉室,还于旧都,此臣所以报先帝而忠陛下之职分也。至于斟酌损益,进尽忠言,则攸之、祎、允之任也。愿陛下托臣以讨贼兴复之效,不效则治臣之罪,以告先帝之灵。若无兴德之言,则责攸之、祎、允等之慢,以彰其咎。陛下亦宜自谋,以谘诹善道,察纳雅言。深追先帝遗诏,臣不胜受恩感激。今当远离,临表涕零,不知所言。”

纲 戊申,六年(228)③,春正月,丞相亮伐魏,战于街亭④,败绩。诏贬亮

---

① 指建安十三年当阳长阪之败。
② 泸:泸水,金沙江。
③ 魏太和二年,吴黄武七年。
④ 街亭:在今甘肃天水市境内。

右将军,行丞相事。

〔马谡失街亭〕

目初,魏以夏侯渊子楙(mào)都督关中①。至是,丞相亮将伐魏,与群下谋之。司马魏延曰②:"楙,怯而无谋。今假延精兵五千,直从褒中出③,循秦岭而东,当子午而北④,不过十日,可到长安。楙闻延奄至⑤,必弃城走。比东方合聚,尚二十许日,而公从斜谷来,亦足以达。如此,则一举而咸阳以西可定矣。"亮以此为危计,不如安从坦道,可以平取陇右⑥,十全必克而无虞,故不用延计。乃率大军攻祁山⑦,戎陈整齐,号令明肃。

始,魏以昭烈既崩,数岁寂然无闻,是以略无备豫,而卒闻亮出,朝野恐惧,魏主叡如长安⑧,右将军张郃率步骑五万拒之。亮使参军马谡督诸军与郃战于街亭。谡违亮节度,举措烦扰,舍水上山,不下据城。郃绝其汲道,击,大破之。亮乃拔西县千余家还汉中⑨。初,亮以谡才术过人,深加器异。昭烈临终谓曰:"谡言过其实,不可大用,君其察之!"亮未以为然,引谡参军事,每与谈论,自昼达夜。至是,乃收杀之

---

① 夏侯楙之父非夏侯渊,乃夏侯惇。
② 司马:相府上佐,位次长史。
③ 褒中:县名,今陕西勉县。
④ 子午:子午谷,跨越秦岭连通关中与汉中盆地的谷道之一。
⑤ 奄:忽。
⑥ 陇右:指陇山以西天水、陇西、南安等郡。
⑦ 祁山:在今甘肃礼县。
⑧ 如:至。
⑨ 西县:今甘肃礼县。

而自临祭,为之流涕,抚其遗孤,恩若平生。亮上疏请自贬三等,诏以右将军行丞相事。亮于是引咎责躬,布所失于天下,厉兵讲武,以为后图。亮之出祁山也,天水参军姜维诣亮降①。亮美其胆智,使典军事。

纲 夏五月,吴人诱魏扬州牧曹休,战于石亭②,大败之。

目 吴使鄱阳太守周鲂诈以郡降于魏③。魏扬州牧曹休率步骑十万向皖以应之④。八月,吴主权至皖,以陆逊为大都督,朱桓、全琮为左右督,各督三万人以击休。战于石亭,逊令桓、琮为左右翼,三道俱进,冲休伏兵,因驱走之,追至夹石⑤,斩获万余,资仗略尽。

纲 冬十二月,右将军亮伐魏,围陈仓⑥,不克而还。斩其追将王双。

目 右将军亮闻曹休败,魏兵东下,关中虚弱,欲出兵击魏,群臣多以为疑。亮言于帝曰:"先帝以汉、贼不两立,王业不偏安,故托臣以讨贼。以先帝之明,量臣之才,固知臣才弱敌强,然不伐贼,王业亦亡,惟坐而待亡,孰与伐之!是故托臣而弗疑也。臣受命之日,寝不安席,食不甘味,思惟北征,宜先入南,故五月渡泸,深入不毛。臣非不自惜也,顾王业不可偏安于蜀都,故冒危难以奉先帝之遗意也,而议者谓为非计。今贼适疲于西,又务于东,兵法乘劳,此进趋之时也。且高

---

① 天水:郡名,治今甘肃甘谷县。
② 石亭:在今安徽潜山市。
③ 鄱阳:郡名,治今江西鄱阳县。
④ 皖:县名,今安徽潜山市。
⑤ 夹石:在今安徽桐城市。
⑥ 陈仓:县名,今陕西宝鸡市。

帝明并日月,谋臣渊深,然涉险被创,危然后安。今陛下未及高帝,谋臣不如良、平①,而欲以长计取胜,坐定天下。此臣之未解一也。刘繇、王朗各据州郡,论安言计,动引圣人,群疑满腹,众难塞胸,今岁不战,明年不征,使孙策坐大,遂并江东。此臣之未解二也。臣到汉中,中间期年,已丧赵云等及曲长、屯将七十余人,突将、武骑一千余人,皆数十年所纠合四方之精锐,非一州之所有。若复数年,则损三分之二,当何以图敌!此臣之未解三也。今民穷兵疲而事不可息,事不可息则住与行劳费正等②,而不及虚图之,欲以一州之地与贼支久。此臣之未解四也。夫难平者事也,昔先帝兵败于楚,曹操拊手,谓天下已定矣。然先帝东连吴、越,西取巴、蜀,举兵北征,夏侯授首,此操之失计而汉事将成也。其后吴更违盟,关羽毁败,秭归蹉跌,曹丕称帝。凡事如是,难可逆见。臣鞠躬尽瘁,死而后已,至于成败利钝,非臣之明所能逆睹也。"

十二月,引兵数万出散关③,围陈仓,不克。亮粮尽引还。魏将军王双追亮,亮击斩之。

单敏捷　评注
楼　劲　审定

---

① 良、平:汉初之张良、陈平。
② 住与行:守与战。
③ 散关:即大散关,在今陕西宝鸡市西南。